新・消費者理解のための心理学

杉本徹雄 編著
Tetsuo Sugimoto

竹村和久
棚橋菊夫
秋山 学
杉谷陽子
前田洋光
永野光朗
牧野圭子

福村出版

JCOPY 〈(社)出版者著作権管理機構 委託出版物〉
本書の無断複写は著作権法上での例外を除き禁じられています。複写される場合は、そのつど事前に、(社)出版者著作権管理機構（電話 03-3513-6969、FAX 03-3513-6979、e-mail: info@jcopy.or.jp）の許諾を得てください。

まえがき

　本書の前身は，1997年に刊行した「消費者理解のための心理学」(福村出版)である。出版当初は，このような領域の書籍にどこまでニーズがあるのか，はなはだ不安な思いもあったが，おかげさまで20刷を重ねるに至った。長年，ご支持を頂いたことに心より感謝を申し上げたい。その後，15年の歳月が経過し，改訂のご要望を頂くことが多くなった。この間，消費者行動研究はますます進展するとともに，消費者を取り巻く社会や経済の環境は大きく変化した。そこで，この際，内容を思い切って刷新し，書名も「新・消費者理解のための心理学」に改め，新たな書籍として上梓することとした。

　前書の刊行後，Web等の利便性は向上し，さまざまなデジタルメディアの利用は飛躍的に増加した。ソーシャルメディアなどの新しい情報環境は，消費者相互の情報の受発信を可能とし，かつては見られなかった消費行動が出現した。リーマンショックに代表される金融危機，デフレ経済が続くなか，年金をはじめとする社会保障制度に対する不信が相まって，人びとは，将来の少子高齢化社会に対する不安が大きくなるばかりである。さらには，2011年の東日本大震災は日本の社会のあり方へ極めて大きな衝撃を与えた。このような変化は，消費者行動にさまざまな影響を与え，これまでの理論や枠組みでは理解できない側面も出現してきた。

　社会や経済が大きく変化するなか，消費者行動を理解し，予測するのはますます難しくなっている。消費者行動を適切に研究するためには，人びとが企業，社会，経済などの動きに対して刻々と行動を変化させる側面と，人びとが環境や状況の変化には影響を受けにくく，洋の東西や時代を超えて普遍的な心理のメカニズムの両面から，バランスよくとらえることが必要である。

　以上のような認識に立ち，本書は前書から継続する部分と，内容を大きく変更した部分がある。消費者行動研究は日々発展しているが，消費者意思決定を中心とした理論や行動モデルの基本的な枠組みは大きく変わっていない。消費者行動研究は，発展途上にある研究領域であるが，基礎的な理論や考え方はそれなりに頑健さを有しているとみることもできる。他方，デジタルメディアをはじめとする情報環境の変化は，マスメディアやリアルな口コミによる従来型の考え方からだけではとらえきれなくなっている。情報の伝播，グローバルな視点を含めた社

会や文化の要因に関係する章はもちろん，各章において最新の研究成果を取り入れるようにした。

　消費者行動は，さまざまな領域の研究や社会的な問題と関係するが，消費者行動を心理学的に理解することを中心に，体系的に理論や実証研究を提示するように心がけた。本書は，前書の4部16章の構成から3部12章に縮小した。I部は消費者行動の概略，II部は消費者行動の心理学的メカニズム，III部は消費者行動に影響する個人と外部環境要因，である。章の数は少なくなっているものの，内容的には前書と変わらないよう工夫した。通年科目でも半期科目でも利用して頂くことができると考えている。

　消費者行動を学び，研究したいというニーズは高まるばかりである。大学における消費者行動に関連する講座もさらに増えてきた。本書は，心理学系の領域で，消費者心理学，産業・組織心理学，社会心理学を学ぶ学生はもちろん，マーケティング論や広告論の領域で，消費者行動論を学ぶ学生をおもな読者として想定している。心理学を専攻する学生には個別の専門領域だけに特化するのではなく，消費者行動を通じて人間行動を総合的，多面的に理解が促進されること，マーケティングを専攻する学生には心理学の概念や考え方を正確に理解するきっかけになれば幸いである。さらに，顧客志向のマーケティングを実践するとき，消費者の心理や行動について科学的，総合的な理解をせずして，的確なマーケティング戦略や活動を実践することはできない。企業でマーケティングに携わる実務家，消費者問題に関心をもつ社会人の方にも十分に活用頂けるものと期待している。

　本書の著者は，全員が心理学の出身で消費者行動を研究している。このうち，新たに2名の若手気鋭研究者に執筆をお願いした。最新の研究の動向を反映しながら，幅広くわかりやすく説明するように心がけた次第である。

　なお，前書は，小嶋外弘先生（当時，同志社大学名誉教授）の薫陶を受けた研究者が先生の古希記念としての意味も含めて出版した。先生は，2004年に逝去された。また，前書の執筆者のお一人であられた堀啓造先生（当時，香川大学教授）が2010年に逝去された。両先生とも，博識で極めて鋭い研究の視点をおもちであっただけに，残念でならない。ご冥福を心よりお祈りするばかりである。

2012年4月

編者　杉本徹雄

目　次

まえがき (3)

I 部　消費者行動の概略

1 章●消費者行動とマーケティング ……………… 12
- 1 節　消費者行動とは ……………… 12
- 2 節　市場の変化とマーケティング ……………… 15
- 3 節　マーケティング戦略と消費者行動 ……………… 21
- 4 節　マーケティング・ミックス（4Ps）と消費者行動 ……………… 23

2 章●消費者行動への心理学的接近 ……………… 26
- 1 節　消費者行動と心理学 ……………… 26
- 2 節　消費者行動研究の目的 ……………… 29
- 3 節　消費者行動のとらえ方 ……………… 30
- 4 節　消費者行動研究の推移 ……………… 33
- 5 節　消費者行動研究の方法 ……………… 36

3 章●消費者の意思決定過程 ……………… 39
- 1 節　消費者の意思決定と問題解決 ……………… 39
- 2 節　消費者意思決定モデル ……………… 41
- 3 節　消費者意思決定の段階 ……………… 50

II 部　消費者行動の心理学的メカニズム

4 章●消費者の意思決定過程に及ぼす現象 ……………… 58
- 1 節　消費者の決定フレーミング ……………… 58
- 2 節　心理的財布と心的会計 ……………… 63
- 3 節　消費者の選択ヒューリスティクスの状況依存性 ……………… 69

5章●記　憶 …………………………………………………………… 77
　1節　記憶の構造と機能 ……………………………………………… 77
　2節　記憶と情報処理 ………………………………………………… 84
　3節　判断と記憶 ……………………………………………………… 93
　4節　忘却 ……………………………………………………………… 96

6章●消費者行動における動機づけと感情 ………………………… 99
　1節　動機づけとは何か ……………………………………………… 99
　2節　動機づけの内容理論 …………………………………………… 100
　3節　消費者の動機を探る──モチベーション・リサーチ── …… 104
　4節　感情の役割 ……………………………………………………… 107

7章●消費者の態度形成と変容 ……………………………………… 115
　1節　態度とは何か …………………………………………………… 115
　2節　多属性態度モデル ……………………………………………… 118
　3節　態度と行動の関係 ……………………………………………… 122
　4節　態度変容と説得 ………………………………………………… 127

8章●消費者の関与 …………………………………………………… 137
　1節　関与概念の重要性と背景 ……………………………………… 137
　2節　関与概念の整理 ………………………………………………… 138
　3節　関与と購買意思決定 …………………………………………… 142
　4節　関与の測定 ……………………………………………………… 146
　5節　関与と広告情報処理 …………………………………………… 148

Ⅲ部　消費者行動に影響する個人と外部環境要因

9章●消費者の個人特性 ……………………………………………… 152
　1節　消費者行動に関する個人特性研究とその意義 ……………… 152
　2節　パーソナリティ特性と消費者行動 …………………………… 155
　3節　ライフスタイルと消費者行動 ………………………………… 159

10章●状況要因と消費者行動 …… 167

1節 消費者行動における状況要因の重要性 …… 167
2節 店舗内消費者行動における状況要因 …… 172
3節 販売場面における対人的影響 …… 175
4節 家族の影響と消費者行動 …… 178

11章●情報の伝播と消費者行動 …… 183

1節 口コミと消費者行動 …… 183
2節 インターネットと消費者行動 …… 188
3節 情報の広がりと消費者行動 …… 194

12章●社会・文化的要因と消費者行動 …… 202

1節 消費者行動の社会・文化的差異 …… 202
2節 下位文化における消費者行動 …… 209
3節 グローバル・マーケティングと消費者行動 …… 212

引用・参考文献（218）
人名索引・事項索引（232）

目　次

──── トピックス一覧 ────

1	「第三の波」と消費者──新しい文明の創造 ………………………	17
2	日常の消費者行動をデータ化する …………………………………	38
3	情報処理実験にトライしよう！ ……………………………………	43
4-1	消費者の購買意思決定過程における属性の変化 …………………	62
4-2	ニューロマーケティングと消費者の意思決定研究 ………………	75
5	サブリミナル広告 ……………………………………………………	82
6	ネスカフェの教訓 ……………………………………………………	103
7	消費者の潜在的態度を探る …………………………………………	126
8-1	知覚リスク ……………………………………………………………	141
8-2	関与と非計画購買 ……………………………………………………	144
9	佐々木による購買態度の研究 ………………………………………	166
10	店舗内における販売促進のための陳列技術 ………………………	174
11	口コミはマーケティングに使える？ ………………………………	192
12	ハワイ観光と日系人 …………………………………………………	208

I 部
消費者行動の概略

1章○消費者行動とマーケティング

　製品やサービスを購買したり，それらを消費することなくして，日常生活は成り立たない。店舗やオンライン上ではさまざまな製品が提供され，サービスを享受することができる。いつでも，どこにいても，国内外の商品を容易に入手することができる。一方，企業は，市場での企業の生き残りをかけた競争はこれまで以上に激化し，豊かになった消費者に対してさまざまな工夫を行わなければならなくなっている。
　消費者行動を理解するためには，買い手である消費者行動そのものだけではなく，売り手である企業の市場に対する姿勢やマーケティング戦略について理解することが必要である。本章では，このような消費者行動とマーケティングの関係を市場や社会の変化を説明し，消費者の購買行動を心理学的に理解する意義と方向性について検討したい。

1節　消費者行動とは

1　消費者とは

　消費者は何らかの生活における目的や目標を達成するために，生産された商品や提供されるサービスを代金を支払うことによって入手する。消費者心理学あるいは消費者行動論で取り上げられる分析の対象は個人の消費者であるが，家族や世帯を単位としてとらえることもある。
　個人の消費者は，個人または家族が何らかの目的のために製品やサービスを最終的に消費することを目的とした消費者を指すことがほとんどであり，最終消費者とよぶ。一方，購入した製品を加工し，再販売を目的として原料や素材を購入する消費者を産業財消費者という。米を日常の食事用に購入する消費者は最終消費者であり，米を発酵させて清酒を醸造するために米を購入する酒蔵は産業財消費者ということになる。前者は，消費財を市場とするBtoC（Business-to-Consumer），後者は，産業財を市場とするBtoB（Business-to-Business）とよばれている。産業財消費者は，小さな組織の場合もあるが，多くは会社組織の企業

であることが多く，このような企業の消費者行動は組織購買行動とよばれる。

2 選択行動としての消費者行動

消費行動，購買行動，買物行動などを総称して，消費者行動とよばれる。図1-1 に示されるように，消費者行動は，消費行動と購買行動に大別される。

① 消費行動

消費行動では，家計における所得の貯蓄と消費への配分，食料費，衣料費，住居費，教養娯楽費などの消費の費目別配分の決定がなされる。商品を購入するために支出を行うかどうかの判断は消費者にとって重要な決定である。食事を充実させるのか，健康に気を配るのか，教育を充実させるのかといったように生活のどの領域を重視するのかにかかわる選択である。

また，購入した商品をどのように使用し，最終的には保管をしたり，リサイクルに廻したり，廃棄したりするかという側面を指す場合がある。成熟化した社会における消費者行動の研究は，購買行動の側面だけの研究では生活行動のなかでの消費者の理解が十分とはいえず，消費の意味や廃棄，リサイクルの問題を含めて総合的に検討する必要性が指摘されている。

② 購買行動

購買行動は，購買前行動，購買行動，購買後行動という，購買行動とその前後の行動を含んでいる。

購買前行動は，商品やサービスを購買する前に行われる情報の探索，獲得，評価といった情報処理や評価のための行動である。購買行動は，購買前行動によって評価された選択肢（商品やブランド）を店舗で購入したり，インターネット上で発注したりする行動である。購買後行動は，購買した商品を使用することにより，代金に見合った満足を得たり，不満足であったりする感情をもつ。これを購買後評価とよぶが，次回の購買機会に影響を与えることになる。

購買行動は，商品やサービスの入手に直接かかわる選択行動を含んでいる。パソコンを購入するのか，スマートフォンを購入するのか，あるいは海外旅行に行くのか（製品クラスの選択），商品を購入するときにどの店舗で購入するのか（店舗選択），あるいはインターネットで購入するのか，パソコンを購入するならばどのメーカーのどのようなタイプのモデルを購入するのか（ブランド選択，モデル選択），さらに，購入する商品の数量や頻度の決定が含まれる。マーケティン

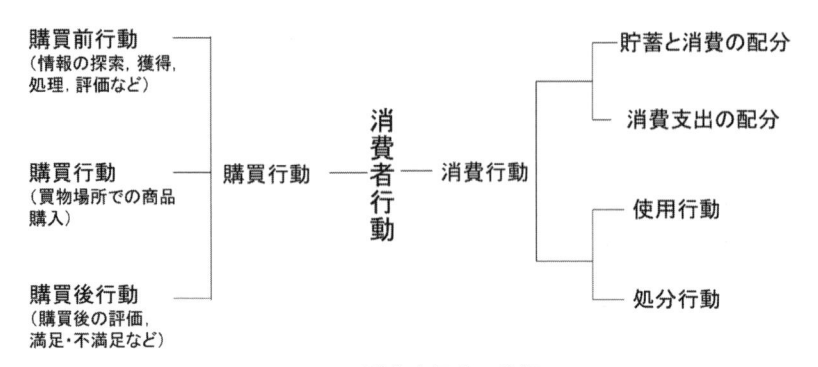

```
消費者行動 ┬─ 購買行動 ┬─ 購買前行動（情報の探索，獲得，処理，評価など）
         │           ├─ 購買行動（買物場所での商品購入）
         │           └─ 購買後行動（購買後の評価，満足・不満足など）
         └─ 消費行動 ┬─ 貯蓄と消費の配分
                    ├─ 消費支出の配分
                    ├─ 使用行動
                    └─ 処分行動
```

図1-1　消費者行動の分類

グの視点から消費者行動をみる場合，最も直接的で，重要な選択行動の対象である。

③　主体の違いによる購買（選択）と消費

　購買行動と消費行動では，その主体は同一であることが多いが，必ずしも同一ではないこともある。例えば，子どものおもちゃが購入される場合，購買行動の主体は両親などの大人であるが，おもちゃを用いて遊ぶ消費行動の主体は子どもである。ギフトの場合も，ギフトの購買者とギフトの消費者は異なる。

3　買物行動としての消費者行動

　商品やサービスの選択行動を前提とした消費者行動の分類とともに，それらの商品やサービスがどこでどのようにして入手されるかについても重要な消費者行動の分析対象となる。

　買物行動と一般によばれている行動は，どこの買物施設を選択するか，また，その買物施設のなかでどのようにして商品が選択されるかである。オンライン上の買物行動はパソコンや携帯電話を利用したインターネットによる買物行動である。

①　店舗間買物行動

　店舗間買物行動は，どこの商業集積（例えば，銀座，新宿，渋谷，池袋など）へ買物に行くか，あるいはどの特定の店舗が商品購入の場所として選択されるか，である。商店街などでの買廻り行動やウィンドウ・ショッピングなども含まれる。

②　店舗内買物行動

　店舗内買物行動は，特定の店舗内における消費者の行動である。例えば，スー

パーマーケットのなかで来店者が入口からどのような経路を経てレジに至るか（動線分析），商品の棚位置や陳列方法，POP（Point Of Purchasing：購買時点）広告による買物行動の変化などが分析される。

③　インターネット・ショッピング

　近年，インターネットによる買物行動が飛躍的に増加している。無店舗販売が増加し，店舗へ出向いて買物をするか，あるいは自宅で居ながらにして商品を発注するかの選択も大きな問題となっている。インターネットで，購買前の情報収集行動と商品選択が可能であり，売り手の情報だけではなく，買い手による口コミ情報などが同時に利用できる。

4　選択対象としての製品，商品，ブランド

　製品，商品，ブランドという用語は，必ずしも厳密に区別されて用いられているわけではない。製品は，原料を加工することによって，販売を目的としてつくられた生産物である。テレビ，シャンプー，携帯電話など，特定の目的をもって生産された製品の集合のことを製品クラスとよぶ。これに対して，商品は売買の対象となっているものである。製品であっても，市場で売買の対象とならなければ商品ではない。

　一方，ブランドは銘柄，商標と訳されることもあるが，特定の企業が提供する商品やサービスであることを示し，他の企業のものとは区別するために用いられる名称（ロゴ等を含む）である。ブランドは，有名ブランドを指して用いられることもあるが，基本的には個々の商品を識別するために用いられる。

　(1) 生産者→（牛肉）→消費者　の場合，生産者が提供する牛肉という商品を消費者が購入するに過ぎないが，(2) 生産者→（松阪牛）→消費者　の場合は，消費者は松阪牛という特定のブランドを購入したことになる。単に商品が売買されることとブランドが売買されるのとは，生産者にとっても消費者にとっても意味や価値のあり方が異なっている。

2節　市場の変化とマーケティング

1　わが国における消費市場の発展

　第2次世界大戦後，わが国はめざましい経済発展を遂げてきた。戦後，経済的

に目覚しく復興し，工業技術は飛躍的に進展してきた。その結果，製品の大量生産が可能となり，市場に安定的に大量に製品が供給されるようになった1950年代後半から，家電製品が急速に家庭に普及し始めた。

白黒テレビ，電気洗濯機，電気冷蔵庫は「三種の神器」とよばれ，電気掃除機，電気炊飯器とともに，主婦をそれまでの重労働から解放するとともに，家庭のライフスタイルを一変させた。1970年代以降は，頭文字をとって3Cとよばれるカラーテレビ，乗用車，エアコン（クーラー），あるいは電子レンジが家庭に着実に普及していった。「新・三種の神器」ともよばれ，高度経済成長のシンボルともなった。

1980年代には情報化の時代を迎え，パソコンやビデオなどの電子機器が普及し始めた。バブル経済は崩壊するが，1990年代には携帯電話が普及し始め，インターネットの利便性が高まるとともに，本格的な情報社会が到来することとなった。薄型テレビ，DVDレコーダー，デジタルカメラは「デジタル三種の神器」とよばれることもある。2000年代後半からはスマートフォンが登場し，多機能携帯情報端末として進化し続けている。

図1-2に示されるように，衣食住といった生活の基盤を支える主要耐久消費財

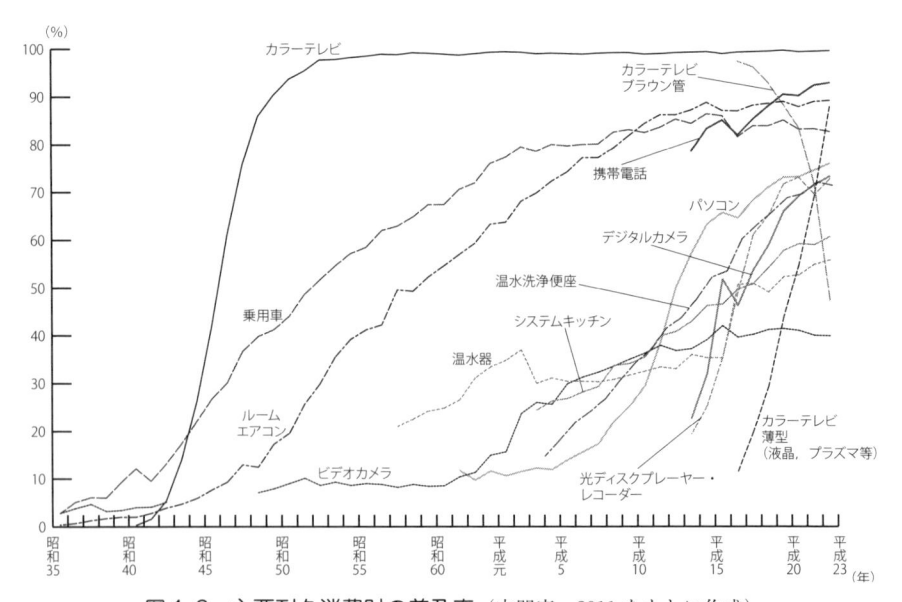

図1-2 主要耐久消費財の普及率（内閣府，2011をもとに作成）

の多くが家庭に行き渡り，世帯普及率は極めて高くなった。それに伴って，生活をいっそう便利に快適にするよう工夫された消費財が市場に投入されてきた様子が読み取れる。戦後から20世紀後半は，家計消費支出に占める食料費の割合を示すエンゲル係数が低下の一途をたどった。終戦直後に60％以上を占めていたエンゲル係数は，1980年に29.0％，1990年に25.4％，2000年に23.2％まで低下した。

　食料に支出を向けざるを得なかった経済的に豊かでない時代から，教養娯楽費やその他支出などの選択的消費に向けられる割合が増加していった。戦後の混乱期から高度経済成長，バブル経済，低経済成長やデフレ経済に移行するなかで，消費社会は進化し，成熟を続けながらも消費者の価値観や関心事に大きな違いを生み出してきた。このような市場，経済，社会，技術等の変化は，企業が市場や消費者に対してどのように関わるかと密接に関連している。

トピックス1◇「第三の波」と消費者―新しい文明の創造

　アメリカの未来学者アルビン・トフラー（1980）は，三つの大きな波から未来社会の有り様を予測している。第一の波は，狩猟採集社会から，ゆるやかな農業革命によって出現した農耕社会である。第二の波は，18〜19世紀の産業革命によって工業化が進み，産業社会が出現した。蒸気機関に代表されるように，技術革新による工業化によって大量生産，大量流通，大量消費の社会を生み出した。第三の波は，産業社会の後に脱産業社会が到来することを予測した。生産や消費のシステム，家庭生活から政治経済，エネルギー資源に至る社会の構造を一変させつつあるといった未来予測を行った。

　日本における流通革命を論じた林（1987）は，生産者と消費者の関係について，農耕社会では両者が未分離であり，家族が消費の単位であるとともに生産の単位でもあった。産業革命によって大量生産が可能となり，消費の単位と生産の単位が分化した。さらに，コンピュータの登場と普及（情報革命）によって情報社会が到来し，産業社会では分化していた消費の単位と生産の単位が再び重なり合うであろうことを指摘した。

　トフラーが予言したプロシューマー（生産する消費者）は，プロデューサーとコンシューマーの機能を併せもっている。消費者が企業の商品開発に参加できるさまざまなインターネット上のサイトや誰もが編集に参加できるウィキペディアなど，現代版プロシューマーの存在が見てとれる。

インターネットが普及した現在，第三の波で予言されたさまざまなアイデアが当たり前のように現実のものとなっている。売り手と買い手の機能や関係性は日々変化し，マクロ社会から消費やマーケティングのあり方を考察することも重要である。

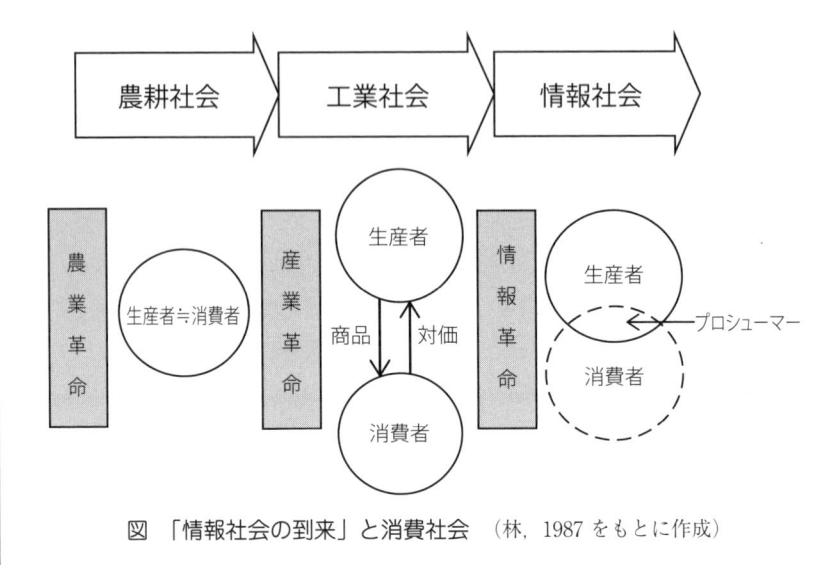

図 「情報社会の到来」と消費社会　（林，1987をもとに作成）

2　市場の変化とマーケティング

市場に対する企業の姿勢についてコトラー&ケラー（Kotler & Keller, 2006）は，生産コンセプト，製品コンセプト，販売コンセプト，マーケティング・コンセプト，ホリスティック・マーケティング・コンセプトの5つをあげている。ホリスティック・マーケティング・コンセプトには，統合型マーケティング，リレーションシップ・マーケティング，社会的責任マーケティング，インターナル・マーケティングを含んでいる。企業が市場に対してどのようにかかわっていくかという考え方の違いである。この考え方を中心に，消費者行動とマーケティングのあり方を検討する。

① 生産志向と製品志向のマーケティング

市場が成長期にあり，供給より需要が多い売り手の市場においては，生産能力を高め，製品を大量に生産し，手頃な価格で商品を提供すればよいという姿勢を生産志向という。また，品質や性能が最高であったり，革新的な製品が消費者に

好まれるという姿勢を製品志向という。安くて良い製品であったり，製品そのものが優れていれば消費者に自然に受け入れられるはずだという考え方である。いずれも，売り手の論理に立つもので，「作ったものを売る」という考え方である。

② 販売志向のマーケティング

　企業が市場に対して何もしないと消費者は製品を買ってくれないものであり，販売を促進する努力をしなければならないというのが販売志向である。製品が優れていても，他社との競合が激しかったり，消費者が普段は購買の意欲をもちにくい商品は，販売の努力が必要となる。「作ったものは売る」という考え方である。販売志向も，生産志向や製品志向と同じように，売り手中心の考え方であることに変わりはない。

③ 顧客（消費者）志向のマーケティング

　企業間の競争が激化し，社会が成熟すると，製品を市場に出して売るという売り手の論理では顧客を獲得できなくなる。自社の製品にふさわしい顧客を見つけるのではなく，自社の顧客にふさわしい製品を見つける必要がある。すなわち，消費者の欲求を的確にとらえ，消費者の望む製品を作るようになる。「売れるものを作る」という買い手の立場に立った考え方である。

　ドラッカー（Drucker, 1973, 1974）は，マーケティングは「何を売りたいか」ではなく「顧客は何を買いたいか」を問うことであると指摘している。マーケティングが目指すものは，顧客を理解し，製品とサービスを顧客に合わせ，おのずから売れるようにすることであるとしている。また，マーケティングの理想は，販売の努力を不要にすることであるとも指摘している。マーケティング・コンセプトは消費者や顧客志向が基本であり，それゆえ，消費者の行動や心理を理解することは現代のマーケティングで最重要な課題になっている。

④ リレーションシップ・マーケティング

　市場が拡大しない状況では，顧客志向であっても企業から消費者への一方向的なかかわり方では限界がある。企業は売り手，消費者は買い手というような単純な関係から，両者の双方向的な信頼関係を長期的に構築し，マーケティングの目的を達成するという考え方がリレーションシップ・マーケティングである。単に顧客を獲得すればよいという考え方から，はじめて購入した顧客にはリピート顧客に，さらに，得意客やサポーターとなってもらえるような関係性を構築する。個々の消費者との一対一の関係性づくり（one-to-one マーケティング）が重

視される。顧客の購買履歴や個人データに基づくデータベース・マーケティングやCRM（Customer Relationship Management）なども同じ発想によるマーケティング対応である。

⑤ ブランド構築によるマーケティング

ブランドは個別企業と消費者をつなぐ重要なコンセプトである。表1-1に示されるように，青木（2011）はブランド戦略の変遷と重要性を示している。ブランド・イメージやロイヤルティの問題（マーケティングの手段）から1990年代には資産価値としてのブランド・エクイティ（マーケティングの結果）に関心が移行し，ブランド構築は1990年以降，マーケティング最大の関心事となった。マーケティングの起点として強いブランドを構築するために，消費者行動研究の知見が盛んに活用されるようになった。2000年代に入ってから，脱コモディティ化の手段としてブランド構築の重要性が再認識され，ブランドが提供する経験価値や顧客との関係性からの関心が強まっていることを指摘している。

表1-1 ブランド概念の変遷（青木2011をもとに作成）

時代区分	～1985年	1985年～	1996年～	2000年代
主たるブランドの概念	ブランド・ロイヤルティ ブランド・イメージ	ブランド・エクイティ	ブランド・アイデンティティ	ブランド・エクスペリエンス ブランド・リレーションシップ
ブランド認識	マーケティングの手段	マーケティングの結果	マーケティングの起点	価値の共創

⑥ 社会的責任マーケティング

マーケティングは，消費者が満足を得て，企業が利益をあげることだけで完結するものではない。マーケティング活動や人々の消費行動は，環境，倫理，制度など多くの社会的責任と関係している。コトラー＆ケラー（2006）は，ソサエタル・マーケティング・コンセプトと命名し，企業の役割は標的市場のニーズ，欲求，利益を正しく判断し，消費者と社会の幸福を維持・向上させるやり方で，要望に沿う満足を競合他社よりも効率的に提供することとしている。資源が枯渇するなか，日本の経済は成長の方向性が見いだせない状況で，国内外の消費者をどのように認識し，マーケティングを実施していくのか，難題が山積している。

3節　マーケティング戦略と消費者行動

1　マーケティングと消費者行動

　マーケティングは，通常，売上げや利益，市場占有率（マーケット・シェア）の目標を達成するために行われる企業の活動である。売上げは消費者が商品を購買した結果の積み上げである。消費者からの支持なくして，自社製品の継続的な販売実績を獲得することはできない。

　そのためには，消費者のニーズや心理を出発点とした顧客志向のマーケティングが必要である。マーケティングに関わる活動はさまざまな手段やアイデアからなっている。どのような消費者に対していかなるアイデアやベネフィットをもつ製品やサービスを提供するのか，そのときの競合する企業はどこか，競合企業とはどのような位置関係にあるか，さらにどのような販売促進が効果的であるのかといったことがマーケティング戦略の中核をなす。

　池尾（2010）によると，マーケティングにおいて重要なのは，特定のニーズをもった標的市場に対して，差別的な価値を生む差別的な便益をいかに提供していくかである。そのための枠組みが，STPに要約される，マーケティング戦略である。SはSegmentation（市場細分化），TはTargeting（標的設定），PはPositioning（ポジショニング）である。ここでは，マーケティング戦略構築を消費者行動との関連から検討する。

2　市場細分化（標的市場の設定）と製品コンセプト

　成熟した社会において，特定の製品を市場全体を対象として販売ができるものは少ない。消費者のニーズや特性を分類し，対象を決定することを市場細分化（マーケット・セグメンテーション）という。多様化した消費者のニーズに応えるためには，同じようなニーズをもった消費者のグループをターゲットとして製品やサービスを開発し，販売した方が効率的である。ターゲットを的確に設定することにより，対象となる消費者の特性が明確にでき，製品コンセプト，価格，流通，広告などによる販売促進等の活動を効率的に展開することが可能となる。

　市場を細分化するためには，ターゲットとなるセグメントを区分するための基準（軸）が必要となる。最も基本的な基準は，図1-3に示されるように，性別と年齢，家族構成・住居形態などを含む人口統計学的（デモグラフィック）特性，職業・

I部　消費者行動の概略

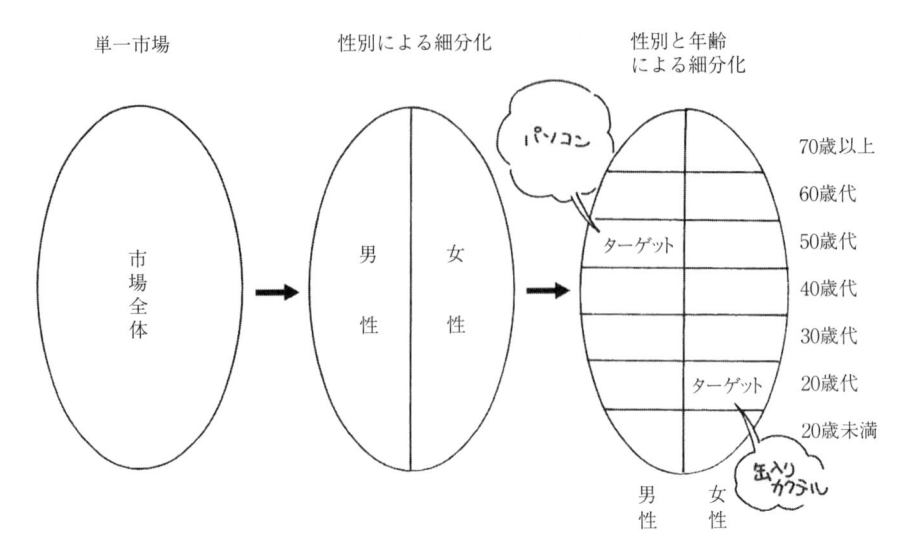

```
単一市場          性別による細分化        性別と年齢
                                    による細分化
                                    （パソコン）
                                        ターゲット    70歳以上
                                                    60歳代
   市                                                50歳代
   場        男    女                                40歳代
   全        性    性                                30歳代
   体                                        ターゲット 20歳代
                                                    20歳未満
                                         男  女    （缶入り
                                         性  性    カクテル）
```

図1-3　市場細分化の基準と方法

年収・学歴などの社会経済的特性が基本的な特性となる。しかしながら，女性・30歳代・高収入というターゲットが定まったとしても，このセグメントに分類される消費者は同じニーズをもっているとは限らない。

年齢や性別が同じであっても，生活様式，趣味・嗜好，感性などによってさらにセグメントを細かく分類したほうがよい場合がある。消費者の関心領域・価値観・行動パターンなどのライフスタイル特性などの基準によって分類されることも多い。このほか，特定の製品やブランドの購入の数量や頻度などによる行動的変数など，多様な変数によって市場が細分化される（9章参照）。

ターゲットとして設定された消費者セグメントに適合する製品やブランドが開発される。製品は，便益の束（bundle of benefits）ともいわれ，さまざまなベネフィットから構成される。チョコレートは，味や香りの良さ，糖分補給，気分転換，ポリフェノールの効用など，さまざまなベネフィットを含んでいる。同じチョコレートであっても，どのようなベネフィットを消費者に提供するかによって，異なる製品コンセプトが形成される。どのようなニーズをもつ消費者のターゲットにいかなるコンセプトの製品を開発するのかが問題となる。

3 ポジショニングと製品差別化

　同じカテゴリーの製品は，他社も類似した製品を市場に投入し，多くのブランドが競合する。適切なマーケティング活動を実行するためには，自社製品が他社製品とどのような競合関係になっているのか，消費者がその違いをどのように受け止めているのかを把握する必要がある。これを，製品あるいはブランドのポジショニングという。

　ポジショニングを確認するための手法にはさまざまな方法がある。競合する製品やブランドのベネフィットやイメージを消費者がどのように認知しているかの調査を行い，因子分析や多次元尺度構成法などの統計的手法によって分析されることが多い。分析結果から2次元あるいは3次元で視覚的に競合製品の位置づけが示される。これを知覚マップという。

　知覚マップ等によって競合関係が確認できれば，投入する自社製品やブランドと他社製品との差別化が必要となる。他社製品と比べて，性能が著しく優れている，他社製品にはない便利な機能が装備されている，品質や価格が同等でもアフターサービスが良い，などである。これらは，さまざまなマーケティングの手段を組み合わせることによって自社製品のコンセプトと魅力を消費者へ伝達することになる。

4節　マーケティング・ミックス（4Ps）と消費者行動

　ターゲットとなる市場が設定されると，対象となる製品やサービスのマーケティング目標を達成できるように，さまざまなマーケティングの手段の組み合わせが検討される。Perreault & McCarthy（2005）は，図1-4に示されるように，数多くのマーケティング手段を4Psとして，(1) 製品（Product），(2) 価格（Price），(3) 流通（Place：内容は distribution），(4) 販売促進（Promotion）に分類している。4つのマーケティング手段を適切に組み合わせることによって，できる限り大きなマーケティングの効果を得られるように工夫することになる。マーケティング・ミックスは，マーケティング手段を組み合わせることを指している。

① 製品

　製品の品質，性能，スタイル，パッケージ，アフターサービスなどを含めて，どのようなコンセプトの製品やブランドを構築し，育成していくかということで

ある。ターゲットとなる市場に提供する製品は、消費者のニーズに適合したベネフィットが含まれていなければならない。製品のラインやアイテムを整合的に構成することも必要である。製品やブランドに関連する要素は、消費者が製品やブランドに対して形成するイメージや態度を決定づける本質的な要素となる。

② 価格

価格は売上げや利益や消費者の購買決定に大きな影響を与える。製品のコンセプトやターゲットとなる市場の状況を含めて、適切な価格を設定する必要がある。競合他社がどのような価格で販売しているかも重要である。価格の水準は、商品の品質や性能を推測する手がかりともなり、ブランド・イメージの形成と密接に関連する。ディスカウントは消費者の購買意欲を促進する一方で、ブランド・イメージを損なうこともある。価格の要素には、製品の価格を決める他に、流通業者へのリベートなどの価格政策も含まれる。

③ 流通

流通は、小売や卸売、インターネットなどを含め、どのような流通経路を経て、消費者に商品を供給するかということである。一般の消費者は、小売店やインターネットで商品を購買する。小売店の形態は、百貨店、専門店、スーパーマーケット、コンビニエンスストア、ディスカウントストア、アウトレットなど多岐にわたる。消費者にとっては、どこで、いかにして商品を購入するかということになる。小売店の立地、店の品揃えやイメージ、店舗のレイアウト、店舗内の販売促進の方法などが消費者の購買に影響を与える。

④ 販売促進

品質が良く、適切な価格で商品を提供しても商品が順調に売れるわけではない。製品の販売を促進する手段を工夫しなければならない。販売促進（セールス・プロモーション）には、テレビなどのマス広告、交通広告、折込チラシ、ダイレク

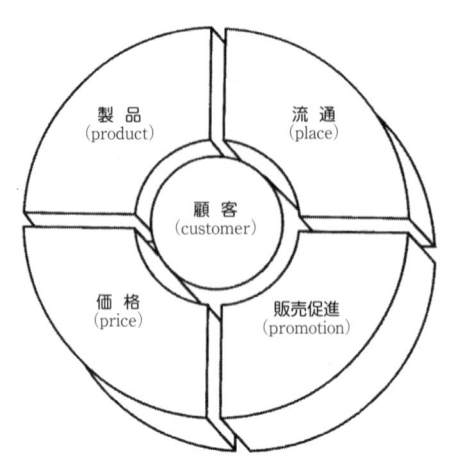

図1-4 マーケティング・ミックスの要素
（Perreault & McCarthy, 2005）

1章 消費者行動とマーケティング

トメールのような各種の広告，広報やパブリシティ，人的販売，クーポンの配付，ポイントカード，イベントの実施などさまざまな活動が含まれる。これらの手段を適切に選択し，より大きな効果が得られるように組み合わせることが必要である。販売促進活動が消費者にどのような心理的な変化をもたらし，購買にどのように影響したかを検証することは，マーケティングの活動を評価するうえで重要である。

　図1-5は，このようなマーケティング・ミックスを主体とする売り手の活動と消費者行動との関係を図示したものである。新行動主義心理学の枠組みにあてはめると，企業のマーケティング活動は刺激（Stimulus）であり，消費者の意思決定過程を含む購買行動は反応（Response）となる。刺激は企業の活動だけではなく，口コミを含む社会経済等の情報や環境が消費者へ入力される変数となる。同じ製品やブランドが市場に投入されても，異なった購買行動がとられることは他の刺激の要素とともに，認知・動機づけ・態度等の心理学的構成概念（Organism）から説明するのが心理学的な消費者行動研究の課題である。

　人間はどん欲なまでに欲望をもち，企業は利潤を追求しようとする。マーケティングが利益を生み出す手段であるとしても，反社会的であったり，公正を欠いているならば許容できるものではない。消費者が欲望の赴くままに浪費することも，環境保護の視点から大きな問題がある
　人間が真に豊かで幸せな生活を送るために，限りない欲望をうまく充足させ，なおかつ自然や社会の環境を維持していくためにはどうすればよいのかを考えることは，消費者の行動や心理を研究しようとする人たちに課せられた最重要な課題である。

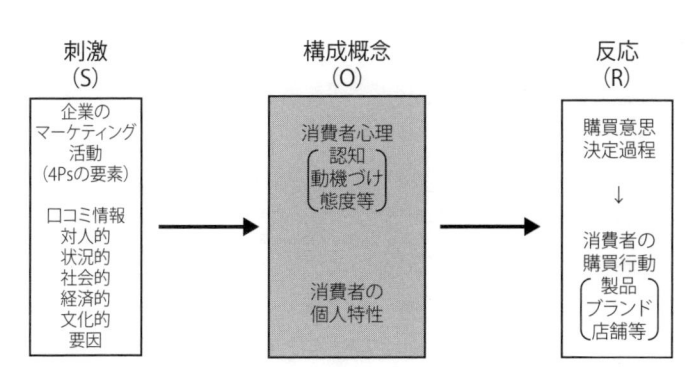

図 1-5　S-O-R型消費者行動モデルの概念図

2章○消費者行動への心理学的接近

> 　現代に生きる人びとは，商品を購買し，購買した商品を使い，消費することによって日常の生活を営むことができる。消費者の行動は，日常的に繰り返される誰にでもみられる人間行動であるが，個人の心理や特性だけではなく，集団や社会の影響を受けて変化するとても複雑で多様な行動である。消費者行動を分析し，理解するためにはさまざまなアプローチがある。ここでは，心理学を中心としながら，その関連領域を含めて，消費者のとらえ方や分析方法，研究の歴史について概観する。

1節　消費者行動と心理学

1　消費者行動の心理学

　消費者行動に関する心理学的研究は，古くはミュンスターベルグ（Munsterberg, 1913）によって産業心理学の一分野として取り組まれてきた。その当時，広告や販売方法の違いが売上げにどのような効果をもたらすかといった実務的な関心や必要性から研究が発展していった。商品はなぜ選択されたのか，消費者はいかにして選択したのか，広告の効果はどのくらいみられたのかなど，これらは売り手にとって素朴であるが，重要な疑問である。

　消費者心理学は，心理学の枠組みのなかでは主として企業経営における人間行動にかかわる産業・組織心理学，あるいは，経営心理学の研究領域として位置づけられている。しかしながら，消費者心理学は個別の一領域にとどまるだけで理解できる問題ではなく，ほかの心理学領域と密接に関係している。とりわけ，社会のなかでの人間行動を扱う社会心理学，知識や意思決定を扱う認知心理学の領域と類似した関心が向けられている問題が多くある。

　消費者行動の研究は，消費者の生活行動，企業のマーケティングをはじめ，さまざまな社会科学的な問題と密接に関連している。消費者行動は日常的な関心から研究にアプローチすることができる社会科学的課題である。消費者行動を研究の対象にすることによって，心理学で蓄積されてきた理論や分析技法の実際の社

会における人間の行動への適用可能性を確かめることができる。

2 消費者行動と心理学の諸分野

消費者行動は多様な側面の行動から成り立っている。消費者行動を理解するためには，消費者個人の心理学的メカニズムや特性，対人や社会からの影響を含め，心理学のさまざまな研究領域からアプローチすることが必要となる。消費者が商品を購買するまでには，商品を買いたいという気持ちを抱く，商品に関連する情報を入手する，商品のパッケージや広告を認知する，価格が適切かどうかを判断する，多くの商品のなかからもっとも好ましいと評価する商品を意思決定する，商品選択で他者の影響を受けるなど，いろいろな行動の側面がある。表2-1に示されるように，消費者行動は心理学のなかで多様な研究領域と密接に関係している。これらの行動の側面は，いずれも消費者心理学の重要な研究課題であり心理学の多くの研究領域と密接に関連している。

消費者行動へ心理学のさまざまな方向から研究を進めることができる一方で，消費者行動の全体像を理解するためには特定の領域にとどまらず，心理学の諸分野にまたがって研究を進める必要がある。例えば，人気のあるブランドに好意をもち，購買に動機づけられる消費者は多い。このような有名ブランドに対する消費者の指向性は心理学のなかでいずれか1つの理論によって説明することはできない。

有名ブランドを選択することはブランド名を信頼することで多くの詳細な情報処理を回避でき（認知），同時に消費目標を達成することで，満足度も高まる（動機づけ）。ファッション・ブランドなどでは他者からどのように思われるのか（社会）といった要因を含めて，特定のブランドに対する態度が形成される（社会）。

表2-1 心理学の研究領域との関係

生理	商品や広告に対する反応と測定（脳活動など）
知覚	商品，広告，価格，店舗等の知覚や判断
認知	ブランドや広告に対する知識や記憶，意思決定のルール
学習	購買の反復性，広告の反復的接触
動機づけ	消費者ニーズ，購買動機，感情の役割
人格	消費者の個人特性，ライフスタイル
社会	消費者の態度形成と変容，製品関与，集団や社会の影響

このように，心理学の研究ではまったく異なる領域で行われている知見を総合して，消費者行動を理解することが必要な場合が多い。

3 学際的研究の必要性

個人の消費者行動に注目すると，多くの側面では心理学的なアプローチが有効である。現在の消費者行動研究は，心理学的色彩の強いアプローチが数多く見られる。しかしながら，消費者行動の多様な側面は，心理学だけによって解明できるものではない。消費者行動は社会における人々の日常的な行動であり，社会や文化の枠組みからとらえた方が有効な知見が得られることも多い。

消費者行動の研究は，古くから経済学のなかでの主要な研究課題とされ，社会学のなかでも集団や社会階級の問題として研究が進められてきた。また，消費者行動は人間生活のなかの文化を色濃く反映する現象でもあり，文化人類学や消費の意味解釈として近年では記号論的な手法を用いてのアプローチも盛んになってきた。

消費者行動を理解するためには心理学の研究成果だけですべてを説明できるものではなく，心理学以外の研究分野との学際的な視点や関心が必要である。これまでにも消費者行動の研究は，特定の研究領域だけにとどまることなく，さまざまな領域から消費者行動の説明に有効であると思われる理論，概念，分析手法などを貪欲に取り入れてきた。

企業のマーケティングや広告活動は顧客を獲得する活動であり，売り手の活動に対する知識なしに買い手の行動を十分に理解することはできない。また，社会，経済，文化など個々の人間を超えた知識や情報から消費者行動を理解することによって，より深い洞察が得られる。

消費者行動研究の成果は，マーケティング戦略や広告戦略の立案などに適用さ

表2-2 学際的研究としての消費者心理学

マーケティング論	マーケティング活動，マーケティング・リサーチ
広告論	広告活動，広告コミュニケーション効果
経済学	消費者の合理的選択行動，行動経済学
社会学	社会規範，社会階層，ライフスタイル
文化人類学	文化，下位文化，エスノメソドロジー
記号論	消費や所有の意味，広告の意味解釈

れていくだけではなく，消費者行政や環境保護など，多様な分野に知見を提供することができる。消費者行動を研究する人は，心理学だけではなく，近接する分野に対する関心が必要とされ，実際の市場や社会に対しても常に問題意識と好奇心，新鮮な観察眼と知識が必要とされる。

2節　消費者行動研究の目的

1　科学としての消費者行動研究

　消費者行動は，日常の生活で体験する現象である。阿部（1978）は，自分自身の行動や周囲の人々の行動を観察することから大なり小なりの知識を有しているが，問題が大規模化した場合は常識的な知識だけでは十分対応できなくなるとして，体系的知識を得ることを目指した消費者行動の科学的研究の目的を次のように提示している。
①消費者の行動がどのようなものであるのかを記述するもので，どうしてそうなるのかという説明的記述を意味する。
②消費者が将来あるいはある条件のもとでどのような行動をとるかを予測する。
③消費者行動の記述・予測にもとづき，問題解決という視点からそれを望まれる方向へ向かうように一部の要因の制御の仕方を明らかにすることを目的とする。
　どのような特性（例えば，性別，年齢，職業，ライフスタイル等）や購買動機をもつ消費者が，どの商品を購入したかといったことは記述の段階である。それらの要因のうち，結果としての購買行動がどの要因によって引き起こされたものであるのかといった関係に言及されていれば，説明的記述になる。説明的記述は，原因（消費者を取り巻く要因）と結果（選択された商品やブランド）の因果関係に言及するものである。
　説明的記述が可能となれば，どのような特性をもつ消費者がいかなる状況において，どの商品やブランドを選択するかを予測することが可能となる。さらに，売り手は，どのような消費者にいかなるマーケティングや広告による働きかけを行えば，売り手の意図する（購買）行動へと導く（制御する）ことができるのかといったマーケティング戦略の構築と密接な関係がある。各段階で用いられる調査研究や実験の手法や方法論はその目的に応じて異なる。記述の段階では探索的，帰納的研究，その後の段階では仮説演繹的な研究が主体となることが多い。

2 消費者行動研究とマーケティング・リサーチ

消費者行動研究とマーケティング・リサーチは，非常に類似した課題や問題を扱う。しかしながら，その目的とするところは大きく異なる。消費者行動研究は，消費者の心理や行動に関する基本的な原理や普遍的な法則を探求する学問領域である。それに対して，マーケティング・リサーチは，企業等がかかえる個別のマーケティングに係る問題解決に向けて実施される情報収集である。一見似たような調査研究が行われていても，その目的や方向性は異なることが多い。

自然科学において，理学が自然現象の原理を解明する基礎研究が主目的であるのに対して，工学は理学の成果を応用し，社会に役立つ技術開発や製品化を目的とする。消費者行動研究が理学に相当するのに対して，マーケティング・リサーチは工学に対応する。消費者行動研究で開発された理論や測定手段が実際にマーケティング・リサーチで活用されるケースは多い。

3節 消費者行動のとらえ方

1 消費者のみかた―心理学と経済学―

消費者行動の問題はさまざまな領域で取りあげられるが，古くから経済学では消費者行動の問題が扱われてきた。ここでは，消費者行動を心理学の側面からと経済学の側面からを対比することによって明らかにしてみたい。

現代の経済学に大きな影響を与えてきた新古典派経済学では，消費者は完全に合理的な行動をするという前提のもとで理論が構築されてきた。クルーグマン＆ウェルス（Krugman & Wells, 2007）によると，消費者は消費する財（商品）・サービス，すなわち消費の組み合わせから得る総効用の水準を決定する効用関数をもち，効用という満足の尺度を最大化する。経済学のモデル上では，消費者は効用を極大化する合理的経済人としての選択行動が前提とされる。

スティグリッツ＆ウォルシュ（Stiglits, J. E. & Walsh, C. E., 2005）は，経済学の完全競争モデルでは，消費者はどのような価格で何を入手することが可能であるか，すべての財（商品）のあらゆる性質にいたるまで十分な情報をもっているとしている。これは完全情報とよばれている。

これらは経済学におけるモデル化のための前提条件である。現実の消費者は，完全情報下の市場で効用極大化を求めて完全な合理的意思決定ができるわけでは

ない。選択可能な多数の商品についてそれぞれの価格，品質，性能，デザインなどを選択前に十分に情報を収集し，満足度を極大化するような行動をとることは実際には起こりえないことである。今日の消費者行動研究では消費者の情報処理能力の有限性を前提として考えられているように，人間の判断や情報処理能力には限界がある。多くの場合，消費者は限られた情報処理能力のなかでベストな選択をしようとする。

　実際の消費者行動は，経済学のモデルが仮定するような厳格な合理性はないが，消費者はまったく非合理的な行動をするわけでもない。完全な合理性をもたなくても支出を抑制し，満足をできるだけ大きくしたいと思って行動することは多い。一方で，好みや感覚だけで判断したり，購入予定のない商品を衝動的に購入したり，消費者を取り巻くそのほかの状況によって合理的とはいえない行動をとることもある。感情や感性による意思決定が必ずしも非合理的な行動であるとは限らない。このような側面に対するアプローチは，近年，経済学の領域でも盛んに取り組まれており，行動経済学とよばれている。

　小嶋（1972）によれば，何が合理的かということは，人によりまた時と場合によって異なり，目的を何におくかによって合理的であったり，そうでなかったりする。現実の消費者行動は，合理性を求める一方で，必ずしも合理的でないともいえる行動のせめぎ合いによって規定される。消費者行動は人間の合理性と非合理性，あるいは感情や感性がぶつかり合う場として，人間行動をとても興味深く分析できる研究領域である。

2　意思決定を主体とした消費者行動の全体像

　マーケティングとの関係から消費者行動を理解するとき，消費者の購買意思決定過程の解明が中心となる。Blackwell, Miniard, & Engel（2006）は図2-1に示されるような消費者意思決定モデルを提示している。本書もこのモデルの枠組みに準拠して構成されている。

　欲求認識から処分へと至る購買に関わる意思決定の過程がモデルの中核である。意思決定過程は，欲求認識　→　情報探索　→　購買前選択肢評価　→　購買　→　消費　→　消費後評価　→　処分　という7つの段階が想定されている（3章，4章）。消費者の意思決定は情報処理の過程でもあり，情報処理は記憶のメカニズムを基盤としている（5章）。このようなモデルの中心に据えられた意思

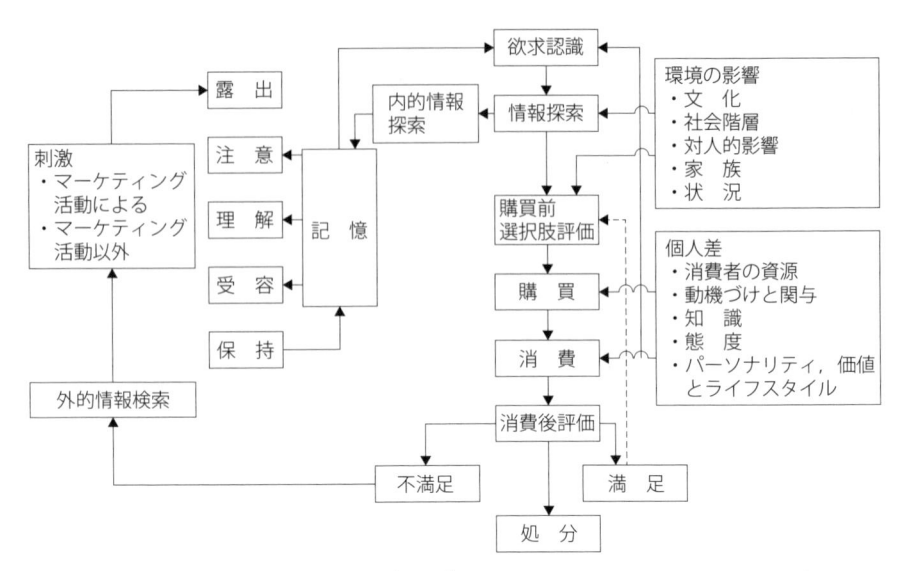

図 2-1　消費者意思決定の概念モデル（Blackwell, Miniard. & Engel, 2006）

決定過程に影響を与える要因として個人差要因と環境要因があげられている。

　個人差要因は，消費者自身の資源（時間，金銭，情報処理能力），動機づけ（6章）と関与（8章），製品やサービスなどに関する知識（5章），態度（7章），パーソナリティ，価値観，ライフスタイル（9章）である。個人差要因は消費者個人に内在する特性や心理的メカニズムを説明する要因が含まれている。

　環境要因はその消費者がおかれている状況，家族（10章），対人関係（11章），社会階層，文化（12章）などの要因である。これらの要因は消費者を取り巻くさまざま状況や環境が消費者個人の意思決定に影響を与える。

　消費者行動の全体像を把握するためには，記憶メカニズムを基盤とした情報処理過程を個人差要因と環境要因を含めて総合的に分析する必要がある。このような意思決定モデルは，概念や要因の複雑な関係をなるべく簡潔に表現したものである。ファッションモデルやプラモデルのように，モデルは何かあるものをほかのものを用いて表現するものである。このようなモデルを用いることによって，問題に対して共通の基盤から理解することができる。消費者行動モデルはいずれも完成されたモデルではなく，仮説的なモデルであり，必ずしも消費者行動のすべてを説明できるわけではない。消費者行動の全体像を理解し，研究仮説の発見

や創造に概念モデルを適切に利用することが望ましい。

4節 消費者行動研究の推移

1 1950年以前

消費者行動の萌芽的な研究は，1900年代初期のスコット（Scott, 1903）による広告心理学の研究にみることができる。その後，スターチ（Starch, 1914）によってより体系的に，実証的に広告効果に対する心理学的アプローチが盛んに行われるようになってきた。この時代に行動主義の創始者であるワトソン（Watson）は，広告会社であるJ. W. トンプソン社に学界から転身し，広告や販売に心理学を実務的に応用して，大きな成果をあげている。産業心理学を最初に体系化したミュンスターベルグ（Münsterberg, 1913）は『実業能率増進の心理』において，産業心理学を「最良人物論」「最良作業論」「最良効果論」の3領域によって構成している。このうち，第3篇「最良効果論」において消費者行動と広告に関する6章が記述されている。

今日の消費者行動に関する心理学的研究が直接に遡れるのは古くてもせいぜい1950年代の研究までである。しかしながら，消費者行動や広告の研究が心理学の題材として取りあげられたのはこれよりずっと古く，20世紀の初頭であった。

2 1950年代

質問紙調査によって得られる消費者の回答は，真の購買理由を表していないのではないかという疑問から，この時代には「モチベーション・リサーチ」とよばれる購買動機調査が非常に脚光を浴びた。なぜ，商品を買うのか，なぜ，特定のブランドを選択するのかといった動機を探ろうと，投影法や連想法などの臨床心理学的な方法で無意識下の深層の動機を探ろうとした。しかしながら，有効な分析法がなく，結果の一般化も難しかったためにその後は下火となった。

3 1960年代

初期の販売や広告に関する研究は素朴な実務的動機から出発した研究が多かったが，1960年代に入るとより実証性の高い体系的な科学的研究が輩出し始めた。1960年代後半には，消費者行動の統合的な概念モデルが提案されるようになり，

現在の消費者行動研究の原型がみられる。この時期の理論的研究は、新行動主義のS-O-R型学習理論の影響がみられるが、行動的研究よりもむしろ実際には、イメージ、知覚されたリスクや態度など認知に関連する研究が多くみられるようになった。パーソナリティや心理生理学的手法による消費者行動の解明にも関心がもたれるようになった。

4 1970年代

1970年代前半は、「期待―価値」系の態度理論にもとづいて開発された「多属性態度モデルの研究」が精力的に行われ、態度を主要な媒介概念として消費者のブランドの選択を予測しようとした。態度研究は一定の成果をあげるようになったが、マーケティング刺激に対する消費者の購買行動としての反応を態度という静態的な媒介概念だけでとらえることに限界が指摘され、購買の意思決定過程そのものの分析に関心がもたれるようになった。ベットマン（Bettman, 1979）による「消費者選択に関する情報処理理論」がその後の研究に大きな影響を与えた。

5 1980年代

ベットマン以降、心理学における認知研究や認知科学への関心の高まりから、購買意思決定過程における情報処理、記憶、知識に関する研究が非常に多く行われるようになり、「消費者情報処理パラダイム」が形成されていった。情報処理の過程そのものを分析する手法なども開発されるようになった。消費者行動の個人差を説明する変数として製品関与の概念に大きな関心が集まった。

1980年代後半以降になると、研究領域は細分化されると同時に「消費者情報処理パラダイム」に属する研究が消費者の合理的、分析的な側面に関心が過度にもたれ過ぎるという批判から、感情などの非合理的側面や消費の意味の解釈などに対する関心が高まり、ポストモダンの消費者行動研究が報告され始めた。

6 1990年代以降

1990年代に入り、消費者情報処理や行動的意思決定に関する研究は膨大な量の研究が行われ、それに関連して分野も多岐にわたるようになった。同時に、消費者行動研究の多数を占める科学的な実証研究と消費の意味解釈を主体とするポストモダンの消費者行動研究との間で論争が盛んに行われた。

Loken（2006）は，1994年から2004年に報告された理論志向の実証研究を4つの流れに分類している。第一に，この時期にマーケティングでもっとも注目を集めたブランド論との関係から，ブランドのカテゴリー化や判断に関わる動機的基盤などの消費者のカテゴライゼーション，第二に，ブランド評価等に関わる認知的・経験的推論，第三に，感情が情報処理，態度形成や行動意図等への影響，第四に，説得に関連する精緻化の役割や二重過程理論，態度形成や広告反応の問題が概観されている。

7 わが国における消費者行動研究

　佐々木（1988）によると，わが国の消費者行動研究に対する心理学的接近は，戦後におもに実務的なマーケティング・リサーチの一環として始められ，実態調査，意見調査と並んで広告効果分析に関心がもたれ始めた。わが国の消費者行動研究は，アメリカの研究動向に強い影響を受け，その後，モチベーション・リサーチ，パーソナリティ分析，イメージ測定などが相次いで登場した。消費者行動についての認知的特性への関心が高まるにつれて，1970年代以降生活意識や価値観とともに態度の分析が中心となり，ライフスタイル分析として発展していった。

　心理学者による代表的な消費者行動研究には，小嶋（1972，1986）による消費者の動機づけに関するHM（必要条件―魅力条件）理論や心理的財布，佐々木（1988）による購買態度の基本次元として開発されたREC（Rationality and Emotionality of Consumer）スケール（トピックス9を参照），馬場（1989）による消費者心理学，飽戸（1994）による社会心理学的アプローチ，竹村（2000）による地域，文化を含めた実社会の問題に対する社会心理学的アプローチ，仁科・田中・丸岡（2007）による広告心理などがあげられる。戦後の日本における消費者心理学の研究は，欧米のパラダイムの影響を受けながらも，独自の研究がなされてきた。

　80年代以降，マーケティング研究者による行動科学的な消費者行動研究の成果が数多く報告されるようになった。中西（1984）による消費者情報処理パラダイムを含む消費者行動分析，田島・青木（1989）による店舗内購買行動の分析，高橋（1999）による買物行動，新倉（2005）によるブランド認知を中心とした消費者知識の研究，清水（2006）によるマーケティング戦略の視点から分析した消費者行動，池尾・青木・南・井上（2010）による消費者行動の総合的分析等，精

力的に研究が展開されている。

5節　消費者行動研究の方法

　消費者行動を理解するためにはさまざまな研究方法が必要とされる。科学的な方法によって，消費者行動を記述や説明することが可能となり，将来の消費者行動を予測できる可能性が生まれる。消費者行動は，科学的定量的な測定方法や定性的な分析手法を用いて研究される。ここでは代表的なデータ収集法を紹介する。
① 　質問紙調査法　消費者の態度，関与，ライフスタイル，価値観，商品イメージ，個人特性の分析等，消費者行動研究では最もよく用いられる方法である。近年はインターネットを用いた調査も増加している。研究では実験計画法による研究手法とあわせて用いられることも多い。
② 　面接法　個人への面接と集団での面接（グループインタビュー）がある。新製品開発などマーケティング・リサーチではグループインタビュー（図6-2参照）が用いられることが多い。消費者行動研究では個人面接法が用いられる場合が多いが，定量的研究の事前調査や消費の意味解釈などの分析に用いられる。
③ 　プロセス分析法　購買意思決定過程を分析する手法である。実験室内で言語化された情報を提示し，商品選択を行わせ，情報取得の過程をデータ化する情報モニタリング法（トピックス3参照），実際のスーパーマーケットの店頭等で購買決定を行わせ，被験者に情報処理の様子を逐次，言語化させ，そのプロトコールを分析するプロトコール法（トピックス4-1参照），アイカメラを用いて情報取得の過程にともなう眼球運動を測定するアイカメラ法などがある。インターネットのアクセス履歴を用いることによってデータ化することもできる。
④ 　観察法　店舗内での購買の様子や街頭でのファッションなど，外部からの観察可能な対象に対してビデオや写真などによって記録する方法である。家庭内で商品がどのように使われているかといったデータを得ることもできる。
⑤ 　POSデータ　スーパーマーケットなどで蓄積されるPOSデータを個人の買物情報として利用する。店内の販売促進活動の効果，ブランドレベルでの個人の反復購買履歴などが分析できる。また，視聴率データとドッキングさせるシングル・ソース・データによって広告接触と購買の関係が分析できる。

⑥ 心理生理学的方法　広告や商品に対する生理的な生体反応を測定する方法である。近年，MRI, fMRI, PET などを用いて脳活動の様子を測定する手法（トピックス 4-2 参照）が注目されている。GSR（皮膚電位反射）等が用いられることもある。

トピックス２◇日常の消費者行動をデータ化する

　下の図は，上智大学における学生のジーンズ着用率の経年変化である。このデータは，筆者が毎年4月に消費者行動論の授業初日にキャンパスのメインストリートで合計60名（男30名，女30名）をできる限り無作為に抽出し，観察したデータである。16年間で累計960名のデータである。いずれも1人の観察者によるデータであるので，信頼性には限界があるが，多くのデータを積み上げることによって興味深い事実を発見する可能性につながる。

　ジーンズ着用率は98年と06年に高い山があり，07年以降はジーンズ着用率は低下の傾向にある。いずれの年も，ジーンズ着用率は女子学生に比べて男子学生の方が高い。データをとるとき，性別や年齢，その他の属性による比較，時系列による比較を行うことで，消費者行動の原因となる要因を探ることに役立つ。消費者行動研究では，質問紙調査によるデータ収集が用いられることが多いが，日常生活のさまざまな場面でデータ化することが可能である。当たり前だと思っていることでも鋭い感性と分析力があれば，意外な発見にもつながる。

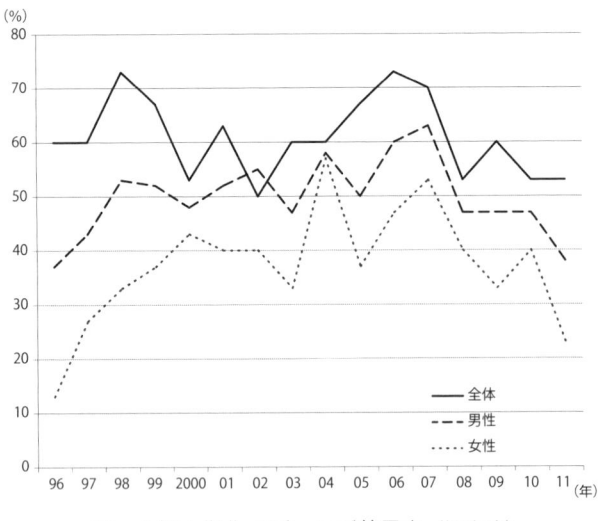

図　上智大学生のジーンズ着用率（観察法）

3章○消費者の意思決定過程

　私たちの日常生活は意思決定や選択の連続である。自動販売機やコンビニエンスストアでの商品選択はもとより，将来に備えての計画的な買い物の決定もある。今日，市場には膨大な商品やサービスが提供されている。それらのなかから，自分や家族などにとって最も適切な商品やサービスを購入しようとする。消費者の意思決定はより良い生活を実現するために，多くの選択肢から適切な選択肢を選び出す行動である。売り手にとっては，消費者の意思決定過程を知ることはマーケティング戦略を立案するうえで有用な情報や知見となる。

1節　消費者の意思決定と問題解決

1　問題解決としての意思決定

　仲の良い友人たちと夕食をともにすることにしたとしよう。きっかけは話題になっているレストランに一度行ってみたい，久しぶりのおしゃべりを楽しみたい，ストレスを発散したいなどである。このように，外食をともにすることとなった欲求や動機はさまざまであるが，話題のレストランを数あるグルメ情報のなかから選択し，食事を楽しむことで欲求が充足されることになる。

　日常的に繰り返し行う購買はもとより，生命保険に加入したり，マンションを購入したりといった頻度の低い購買まで，購買は何らかの欲求や動機によって始発される行動である。消費者行動研究では，このような商品やブランドの購買を問題解決事態ととらえるのが一般的である。

　図3-1にみられるように，認識された問題は商品を購入し，消費することで，問題が解決されることになる。疲れを認識した場合，スイーツを食べる以外にもさまざまな問題解決の手段や方法がある。それらは個人によってあるいは状況によって選択される手段は異なる。どのような手段をとるのかはまさに消費者の意思決定（decision making）である。

　スイーツを食べることを選択した場合，どのようなスイーツを選択するのか，

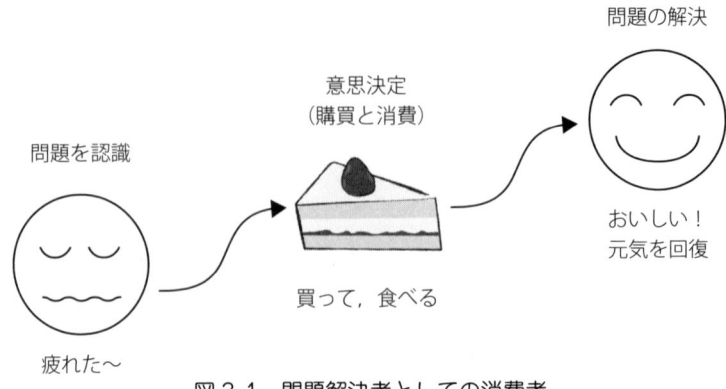

図 3-1　問題解決者としての消費者

どの店やブランドの商品を選択するのか，問題を解決するためにさらにさまざまな意思決定をすることになる。

　消費者の問題解決は情報処理の立場からとらえられる。問題を認識した初期の状態から問題が解決される理想の状態へと至る過程が購買意思決定過程である。消費者はその過程で問題解決のためのプランやヒューリスティクス（発見的方略）を用いることになる。

2　目標階層構造

　消費者が解決すべき理想の状態を消費目標とよぶ。消費者は特定の商品やブランドを購入し，それを消費することによって消費目標に到達することができる。選択されるべき商品やブランドは，「最も優れた性能をもっている商品」「最も価格が安い商品」「コストパフォーマンスが最も優れた商品」などが設定されることが多い。

　「仕事で蓄積したストレスを解消したい」という消費目標が設定されたとしよう。この消費目標に到達するには，図3-2に示されるように，問題が認識されると，その後，複数の段階からなる下位目標でそれぞれ必要な選択がなされることになる。ストレスを解消するためには，「旅行にでかける」「お酒を飲みに行く」「スポーツクラブを利用する」などの選択肢のなかから選び出す。これは製品クラスの選択に相当する。さらに，スポーツクラブを利用するとした場合，スポーツクラブの選択基準を設定し，候補となるスポーツクラブの評価をして，ベスト

3章 消費者の意思決定過程

と考えたスポーツクラブに加入することになる。ベットマン（Bettman, 1979）はこのような選択や意思決定の構造を目標階層構造とよんだ。

目標階層構造は到達すべき消費目標とそこに至るまでに決定すべき下位の消費目標から構成される。目標階層構造は消費者が問題を認識した時点ですべて構造が記憶に構成されるわけではない。選択過程が進むとともに漠然とした上位の目標からより具体的で詳細な下位の目標が順次構成され，発展していくものである。目標階層構造は階層構造が複雑で多段階のものもあれば，単純な構造もある。目標階層構造は購買行動を方向づけるだけではなく，選択過程における情報処理量にも関連する。

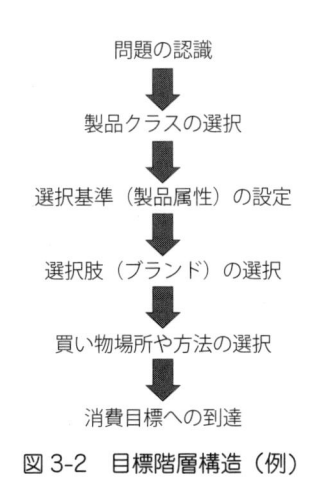

```
問題の認識
  ↓
製品クラスの選択
  ↓
選択基準（製品属性）の設定
  ↓
選択肢（ブランド）の選択
  ↓
買い物場所や方法の選択
  ↓
消費目標への到達
```

図3-2　目標階層構造（例）

2節　消費者意思決定モデル

消費者の意思決定行動を説明するためには，消費者としての行動が始発される以前の状態から購買行動や消費行動が終結するまでに，意思決定過程の時間的経過とともに極めて多数の概念や説明変数を必要とする。1960年代後半には，現在の消費者行動研究に直接に大きな影響を与えてきた消費者意思決定を説明する複数の概念モデルが登場した。これらのモデルは，心理学等の行動諸科学において研究されてきたさまざまな概念を適用して，消費者の意思決定行動を記述しようとするものである。

消費者の意思決定過程はあまりに複雑かつ多様であるが，これらのモデルは消費者の意思決定過程をフローチャートとして記述されている。多くの概念の関係性をできるだけ単純化することで消費者意思決定の全体像をわかりやすく図式化している。しかし，消費者行動に関連するすべての概念を明確に規定できるほど単純ではないが，意思決定モデルを鳥瞰図的に用いることにより，それぞれの研究の位置づけを確認し，分析する方向性を検討するためには非常に有用である。

企業経営的な視点からすると，マーケティングの目的は顧客を開拓し，自社の製品を繰り返し購入してもらうことにある。消費者意思決定モデルは，マーケ

ティング目標を達成するために消費者の意思決定行動を予測し、制御することにある。消費者意思決定過程を理解することで、消費者に対して意思決定過程のどの段階で、いかなるマーケティングやプロモーションの働きかけを行うことが適切かを知ることができる。

ここでは、新行動主義のS－O－R型モデルを代表するハワード＆シェス（Howard & Sheth, 1969）の学習モデル、および、その後の認知科学へのパラダイム・シフトから登場したベットマン（Bettman, 1979）の消費者情報処理モデルを紹介する。

1　ハワード＆シェス（Howard & Sheth, 1969）のS－O－R型モデル

ハワード＆シェス（Howard & Sheth, 1969）モデルは、ハルの学習理論、オズグッドの認知理論、バーラインの探索行動理論等を統合して構築されたS－O－R型の消費者意思決定モデルである。

a　モデルの構造

ハワード＆シェス（Howard & Sheth, 1969）モデルは、S（刺激）－O（構成概念）－R（反応）型の購買意思決定に関する初期の代表的なモデルである。図3-3に示されるように、入力変数（刺激）と出力変数（反応）の関係を知覚および学習に係わる構成概念（媒介変数）によって説明しようとする概念モデルである。

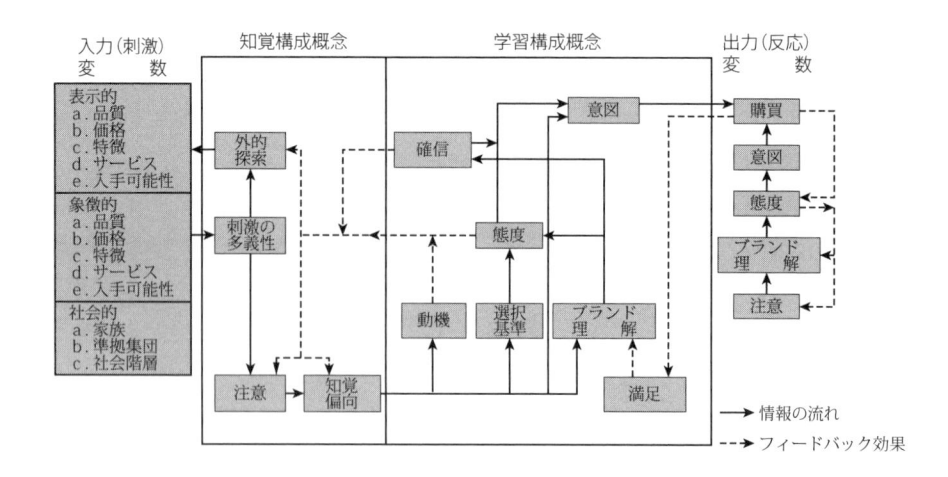

図3-3　買い手行動理論の簡略図（Howard & Sheth, 1969）

3章 消費者の意思決定過程

入力変数は，主として企業のマーケティング活動によるもので，表示的刺激はブランド自体の品質や価格などの情報，象徴的刺激は広告等によってもたらされる言語やビジュアルの情報である。社会的刺激は口コミなどの情報である。

トピックス3◇情報処理実験にトライしよう！

　消費者情報処理研究は，態度形成を中心としたそれ以前の研究からのパラダイム転換であったが，同時に，消費者行動研究独自の研究方法を産み出してきた。その1つがIDB（Information Display Board）法である。開発者（例えば，Jacoby, Chestnut, & Fisher, 1978）の名前をとってジャコビー・ボードによる方法とよばれることもある。実験の手続きは次のようなものである。①関心のある製品クラスを1つ取りあげ，表3-2にあるような情報マトリックス（複数のブランド×性能，価格等の製品属性）を紙ベースで作成する。情報は実際のブランドでも架空のブランドでもよい。各情報は個別に収集できるよう分割して数枚ずつ準備する。②被験者にはブランド名と製品属性だけがわかるようにして情報を提示する。ベストなブランドを1つだけ選択するように教示し，必要な情報を必要なだけ取得するように指示する。③取得された情報から，探索情報量（総数，ブランド数，属性数）を分析したり，用いられた選択ヒューリスティクス（取得された情報の順序）を推定する。
　実際にあるブランドのなかに独自に考えた新製品を含めたり，値引きをしたり，自由自在に情報を操作することができる。簡便法として，プリントした情報マトリックスを被験者に提示し，ブランド選択をさせたあとに意思決定の過程を言語的に報告させる方法もある。IDB法をネット上で実施するサイトも公開されている。

図　杉本（1982）で用いられた情報ボード（IDB）

出力変数は，購買意思決定の最終的な到着点であるブランドの購買が最も主要な変数として構成されるが，注意，理解，態度，意図が言語報告などによる顕在的な行動変数として含まれる。

b 仮説構成概念

仮説構成概念は，入力された情報処理に関係する知覚構成概念とよばれる媒介変数群と，購買決定のための概念形成に関係する学習構成概念とよばれる媒介変数群から構成されている。

知覚構成概念は，購買決定に必要な情報の取得と意味づけの機能に関係している。購買決定に必要な外的情報の探索や注意，入力された情報を整合的に意味づけたりする概念によって構成されている。刺激に対する関心が強ければ，注意が強くなり，それらがあいまい性をもつならば外的探索が促進される。入力された情報は購買者の心的状態により歪められることもある。

学習構成概念は，意味づけられた情報をもとに概念形成をし，購買決定を判断する機能に関係している。この概念のなかで，動機は購買者の生理的，心理的欲求から生じる購買者の目標である。ブランド理解は，購買者の想起集合（evoked set）に入っているブランドについての知識に関係している。想起集合は購入の候補になるブランド群（集合）である。選択基準は購買者の動機を体系づけたり構造化する機能を果たす。態度は，選択対象となるブランドに対する理解（知識）と選択基準によって形成されるブランドに対する評価的信念である。形成された態度は，ブランド理解によって影響された確信の程度によって，購買予定や見込みである意図を規定する。特定のブランドに対して形成された好意的な態度が確からしいと判断されると購買行動に結びつく。購買の結果によって，購入したブランドが購買以前の期待水準を上回るかどうかによって満足の水準が決まり，出力（反応）の結果が新たに学習構成概念の変数にフィードバックされる。

知覚構成概念と学習構成概念に影響を与える変数として，外生変数群が想定されている。外生変数は，①購買の重要度，②文化，③社会階層，④パーソナリティ特性，⑤社会的および組織的環境，⑥時間的圧迫，⑦財政状態の7変数である。

c 購買の反復による学習

購買行動は多かれ少なかれ反復的になされるということがハワード＆シェスモデルの前提にある。住宅やマンションのように滅多に購買しないものもあれば，食料品のように日常的にしばしば購入するものもある。まったくはじめて購入す

3章 消費者の意思決定過程

る製品の場合，ブランドに関する情報はおろか，いかなる選択基準によってブランドを評価してよいのかさえもわからないことがある。しかしながら，何度か同じクラスの製品の購入を経験するうちにブランドに関する情報も多くなり，選択基準も明確になってくる。

反復的に購買が行われる過程は，条件づけによる学習の成立でもある。購買の反復性についてはハル（Hull）の新行動主義の学習理論を基盤としている。ブランド選択が反復的に行われる場合，消費者は購買に関連する情報を貯蔵し，意思決定を習慣化する。蓄積された情報や経験によって，初期には複雑であった購買意思決定を単純化させるととらえている。

d 意思決定段階の特徴

消費者の意思決定が繰り返されることにより，消費者に蓄積された情報や経験によって，初期には複雑であった意思決定を「単純化の心理」によって簡略化させる。意思決定の段階は，ハワード＆シェス（Howard & Sheth, 1969）以降の研究の発展を含めると，次のような特徴がある（表3-1）。

(1) 広範的問題解決（extensive problem solving）　購入経験のまったくない製品クラスの購入に直面したような場合，ブランドに関する知識はなく，選択基準について何ら手がかりをもっていない。特定のブランドに対する態度や選好は形成されていない。非構造的な問題解決事態における意思決定である。意思決定に要する情報探索や処理の量は大量に必要とし，意思決定に要する時間も長い。購買頻度の低い高額品で，製品に対する関与は高く，リスク知覚が大きい製品の意思決定である場合が多い。

表3-1　意思決定段階の特徴

問題解決の段階	広範的問題解決	限定的問題解決	習慣的反応行動
ブランドの知識	あいまい		明確
ブランドに対する態度	未形成		形成
選択基準	構造化されていない		構造化されている
情報探索や処理の量	多い	⟷	少ない
決定に要する時間	長い		短い
製品の価格	高額		低額
購入頻度	低い		高い
消費者の関与とリスク	高い		低い

(2) 限定的問題解決（limited problem solving）　購買がある程度繰り返された段階での決定である。特定のブランドに対する強い選好はないが，ある程度の選択基準や態度は形成されている。意思決定に要する情報探索や処理の量は広範的問題解決よりも少なくてすむ。

(3) 習慣的反応行動（routinized response behavior）　購買が多く反復された段階での決定である。この段階での意思決定は構造化された問題解決事態となる。消費者は意思決定に十分な情報をもち，選択基準も明確である。特定のブランドに対する態度や選好が形成され，次回の購買機会に選択の候補となる想起集合（evoked set）に少数の特定ブランドが入る。意思決定に要する情報探索や処理の量はわずかですみ，意思決定に要する時間も短い。購買頻度の高い低額品で，製品に対する関与は低く，リスク知覚が低い場合が多い。日常的に繰り返す多くの購買意思決定でみられる。広範的問題解決から習慣的反応行動に移行するにつれて消費者の認知的一貫性は強くなる。

　消費者は購買意思決定を繰り返すなかで「単純化の心理」によって，広範的問題解決から習慣的反応行動に移行していくと考えられ，この間，特定のブランドに対する愛着や信頼（態度的ブランド・ロイヤルティ）が強くなり，同一のブランドを反復的に購入する（行動的ブランド・ロイヤルティ）が多く出現するようになる。他方，新製品を試すトライアル（試用購買），いつもとは違ったブランドを試してみたりするバラエティ・シーキングの行動が出現する場合もある。このような場合は，習慣的反応行動から限定的問題解決の逆方向へ揺り戻されたとみることができる。

2　ベットマンの消費者情報処理モデル
a　モデルの構造

　ベットマン（Bettman, 1979）は消費者を情報処理者とみなし，消費情報処理モデルを構築した。消費者は，消費者が置かれた選択環境のなかでさまざまな情報源から情報を取得し，それらを処理して，ブランドの選択に至るという視点を提示した。図3-4に示されるように，ブランド選択過程の基本的要素は，情報処理能力，動機づけ，注意と知覚，情報取得と評価，記憶，決定過程，学習からなっている。

3章 消費者の意思決定過程

消費者がブランド選択を行うのは消費目標を達成するためであり，動機づけが選択過程で重要な概念となっている。消費者が消費目標に向けて動機づけられると，目標を達成するために利用できる情報に注意を向ける。消費者は消費者自身の記憶に貯蔵された内部情報や，内部情報だけで情報が不足するならば外部の情報を取得し，情報の内容や意味を解釈することになる。

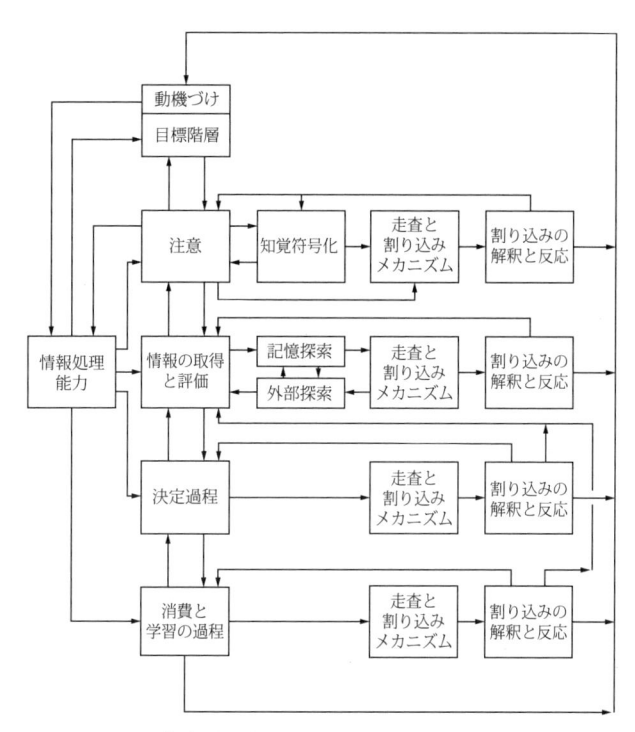

図3-4 消費者情報処理理論の基本構造 (Bettman, 1979)

しかしながら，問題は消費者が処理できる情報の量や力には制限がある。選択肢となる多くのブランドを評価し，比較するには，広範的問題解決のように膨大な情報処理が必要とされるが，消費者は必ずしも複雑な計算や分析を行っているわけではないという前提に立っている。ベットマンの情報処理モデルの関心は，限られた情報処理能力のなかで消費者がいかに情報を取得し，評価してブランド選択に至るかという情報処理過程そのものにある。

b 情報処理の基本的方略

ある特定の製品クラスにおいて，選択肢となる多くのブランドのなかから自分に最も適したブランドを1つ購入する場合を想定する。表3-2の仮想例にみられるように，「ブランド（選択肢）×製品属性（選択基準）」の2次元の情報マトリックスから消費者は必要な情報を取得するものとする。

ベットマン (Bettman, 1979) は，情報処理の方略をブランド処理型選択 (Choice

表 3-2　東京 K 駅周辺のホテル情報（仮想例）

ホテル名	価格 (1泊)	駅からの アクセス	部屋の 広さ	アメニティ や雰囲気	クチコミ 評点
A	7,350 円	徒歩 8 分	12㎡	かなり良い	★★★
B	3,900 円	徒歩 7 分	9㎡	やや劣る	★★
C	12,300 円	徒歩 5 分	21㎡	非常に良い	★★★★★
D	9,500 円	徒歩 3 分	16㎡	かなり良い	★★★★
E	5,300 円	徒歩 10 分	10㎡	普通	★★★

by Pcosessing Brand，以下 CPB と略）と属性処理型選択（Choice by Pcosessing Attribute，以下 CPA と略）の 2 つに大別した。

①ブランド処理型選択（CPB）は，ホテル毎に各属性の情報を取得，処理し，個別ホテルを全体的に評価する。その結果から，選択すべきホテルを決定する。

②属性処理型選択（CPA）は，まず，いずれかの属性（例えば，価格〈1泊〉）に着目し，各ホテルの価格を比較し，評価をする。さらに，2番目の属性（例えば，部屋の広さ）に着目し，各ホテルの価格を比較し，評価をする。これを繰り返して，選択に至る。

したがって，表 3-2 の仮想例では，ブランド処理型選択は情報マトリックスの行方向（水平方向），属性処理型選択は列方向（垂直方向）の情報処理がなされることになる。

c　選択ヒューリスティクス（choice heuristics）

ベットマン（Bettman, 1979）は，選択の候補となる複数のブランドから最終的に購入するブランドに絞り込むために消費者が用いる意思決定方略を選択ヒューリスティクス（choice heuristics）と命名した。ヒューリスティクスは発見的方略とよばれる問題解決法である。問題解決法のうち，アルゴリズムは，方程式のような特定の解法を使い，必ず問題解決（正解）に至るのに対して，ヒューリスティクスは，必ずしも解決に至る保証はないが，試行錯誤をしたり，手間ひまを軽減する方法で問題を解決しようとする解法である。消費者の意思決定はヒューリスティクスを用いて選択肢を決定する場合がほとんどすべてである。代表的な選択ヒューリスティクスの概略を表 3-2 を用いて説明する。

①態度参照型（affect referal）　外部情報を処理することなく，過去の経験からブランドを選択するような場合である。消費者の記憶のなかで最も高い評価が与えられているブランドが選択されることが多い。仮想例では，ホテルのなかで過去に宿泊経験があり，そのホテルを再び選択する場合などである。新たな情報処

理をしない単純なヒューリスティクスである。

②線形代償型（linear-compensatory）　ブランド毎にすべての属性を評価し，属性別にウェイトづけして各ブランドが評価される。ブランドのなかで最も高い評価を得たブランドを選択する。多属性態度モデル（7章2節参照）による方略に相当し，情報処理はCPBが想定されている。多属性態度モデルは属性の評価と各ブランドに対する信念を乗算し，ブランドの各属性の合計得点を求め，かつ，各ブランドのなかで属性の評価の高低は相殺されるので，線形代償型と命名されている。仮想例では，ホテル毎に各属性の情報を評価し，ホテル別に各属性の評価を合計し，最も高い評価のホテルを選択する。情報処理量は最も多い選択ヒューリスティクスである。

③連結型（conjunctive）　属性毎に足切りの水準を設定し，ブランド別に1つでもその水準を充たさない属性があれば，他の属性の評価がいかに高くても，そのブランドは選択肢から除外される。属性間の代償関係はないことから，非代償型である。情報処理はCPBが想定されている。連結型で選択肢が足切りされても複数の選択肢が残されることがあるが，その場合はさらに別のルールを使って選択肢を絞り込む必要がある。仮想例では，価格が5,000円以上は除外すると設定している場合，ほかの属性の評価とは関係なくホテルBが選択される。

④分離型（disjunctive）　属性毎に受入可能な水準を設定し，ブランド別に1つでもその水準を充たす属性があれば，ほかの属性の評価がたとえ低くても，そのブランドは選択肢として残される。設定される属性の水準は連結型よりも高く設定されるであろう。非代償型で，情報処理はCPBが想定されている。分離型も複数の選択肢が残されることがあるが，その場合はさらに別のルールを使って選択肢を絞り込む必要がある。仮想例では，駅からのアクセスが3分以内と設定している場合，ほかの属性の評価とは関係なくホテルDが選択される。

⑤辞書編集型（lexicographic）　属性の重要度を順序づけ，重要度の高い順に各ブランドが評価される。重要度の最も高い属性で1つの選択肢に絞り込めない場合は，次に重要な属性で絞り，決定できるまで繰り返される。非代償型で，情報処理はCPAが想定されている。仮想例では，アメニティや雰囲気を最も重要な属性だとする場合，「非常に良い」か「かなり良い」を条件とすれば，ホテルA，C，Dがまず残される。次に重要な属性が価格であり，1万円以下を条件とすれば，ホテルA，Dが残される。これと同様の情報処理が繰り返され，決定に至る。

以上のヒューリスティクスのほか，逐次削除型（sequential elimination）は属性毎に足切り水準を設定する点で連結型と同様であるが，情報処理は CPA が想定される。逐次削除型に属性のウェイトに対応させた確率ルールを含む EBA 型（elimination by aspects）がある。そのほかにも選択ヒューリスティクスのルールはいくつもある。

なお，現実に用いられる選択ヒューリスティクスは，意思決定段階の推移のなかで複数のヒューリスティクスが用いられることが多い。これは段階的戦略（phase strategies）とよばれている。例えば，意思決定の初期の段階では連結型によって多くのブランドのなかから条件に合う選択肢を残し，そのあとの段階で残された選択肢のなかから，線形代償型によって慎重に詳細に選択肢を比較評価し，選択決定に至るような場合である。

3節　消費者意思決定の段階

エンゲル，コラット＆ブラックウェル（Engel, Kollat, & Blackwell, 1968）は，消費者の意思決定過程の段階を時間的な流れから明示した。エンゲルらによる消費者の意思決定モデルは，その後，幾度も修正が加えられ，ブラックウェル，エンゲル＆ミニアード（Blackwell, Engel, & Miniard, 2006）に至っている。

初期のエンゲル，コラット＆ブラックウェル（Engel, Kollat, & Blackwell, 1968）の意思決定過程は，問題認識→選択肢の外部情報探索→選択肢の評価→購買過程→成果（購買後の評価／将来の行動）としてモデル化された。最新のブラックウェル，エンゲル＆ミニアード（Blackwell, Miniard, & Engel, 2006）では，欲求認識→情報探索→購買前の選択肢評価→購買→消費→購買後評価（満足・不満足／処分）としてモデル化されている。

ここでは，エンゲル系の意思決定モデルを

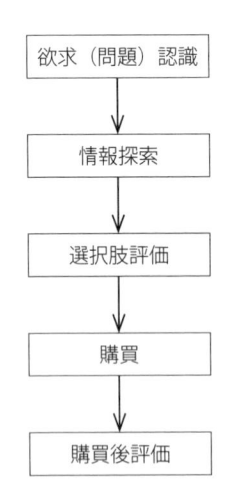

図 3-5　消費者の意思決定過程（簡略図）

欲求（問題）認識
↓
情報探索
↓
選択肢評価
↓
購買
↓
購買後評価

3章 消費者の意思決定過程

ベースにして，図3-5に示されるような5段階の意思決定過程を説明する。

① 問題認識（problem recognition）

　意思決定の最初の段階は問題認識である。この段階は欲求認識（need recognition）とよばれることもある。自己の欲求や問題を認識したときに消費者は購買に動機づけられる。消費者は「空腹を感じる」「おしゃれを楽しみたい」「地震に備えて保険に加入しておきたい」などさまざまな欲求を認識すると，その欲求を充足しようとして行動を始発する。

　図3-6に示されるように，消費者は現実の状態が望ましい状態とかい離していることを認識し，両者のかい離によって購買行動を始発させることが必要であると考えたときに購買に動機づけられる。空腹を感じた場合のように，現実の状態が一定の水準より下がり，欲求を認識する場合と，おしゃれを楽しみたい場合のように，さらに上位の欲求を認識したときに欲求を認識する場合に大別される。前者は生理的欲求など低次の欲求（101-102頁マズローの項参照）が充足されない場合に認識されることが多く，後者は社会的欲求など高次の欲求を求める場合に認識されることが多い。消費者は現在の状態を望ましい状態に移行させるべく，商品やサービスを購買することによって欲求を充足させようとする。

　問題認識のきっかけは，シェス&ミタル（Sheth & Mittal, 2004）によると，内的刺激と外的刺激があると指摘している。内的刺激は空腹や退屈など肉体的・心理的に不快な状態であることに消費者自身が気づく場合である。外的刺激は広告など売り手が発信するメッセージや消費者が五官を刺激された場合など外から与えられた情報や刺激によって消費者が欲望を喚起された場合である（図3-7）。

　問題認識の段階では欲求を認識するだけではなく，欲求を充足しようとする問題をいかに解決するかという意思決定プランの構築も含まれる。週末にリフレッシュしたいという漠然とした欲求を充足しようとする場合，週末をどこで誰とどのように過ごすのか，予算はどのくらいか，情報はどこから収集するのかといったよ

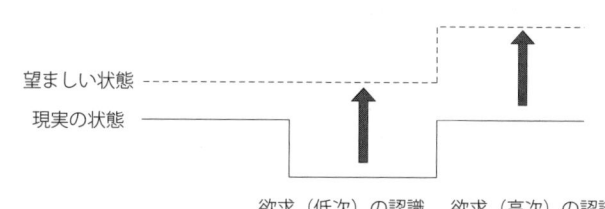

望ましい状態
現実の状態

欲求（低次）の認識　　欲求（高次）の認識
問題は認識されない　　問題が認識される

図3-6　問題認識の構図

図 3-7 欲求の喚起と認識

うに解決すべき下位目標は数多くあり，限られた時間的・心理的制約のなかで適切に効率的に問題を解決するために，意思決定のプランが構築される。

② 情報探索

消費者が問題解決に必要性を認識したあと，望ましい解（選択肢）に至るために意思決定に必要な情報の探索を行う。情報探索は内的情報探索と外的情報探索に大別される。内的情報探索は消費者自身が過去の購買経験などからすでに有している情報を利用することである。内的情報は長期記憶に貯蔵されている。内的情報探索だけで意思決定に必要な情報が取得できなければ，消費者は外的情報探索を行う。

外的探索される情報源は売り手がマーケティングのために意図的に発信する情報源（マーケティングによる刺激）と，そうでない情報源（マーケティング以外の刺激）がある。さまざまな広告，販売員の説明，売り手のウェブサイト，店頭のPOP広告などの情報源は前者にあたり，友人，家族，インターネット上の情報などの情報源は後者にあたる。

外部情報を取得する消費者は，露出（外部情報）→注意（情報処理容量の配分）→理解（記憶に貯蔵された意味カテゴリー化に対する分析）→受容（意味構造内に受け入れ可能かどうか）→（記憶における）保持の各5段階の情報処理を行う。

探索される情報の量は，ハワード＆シェス（Howard & Sheth, 1969）の外生変数（購買の重要度や時間的圧迫など）やベットマン（Bettman, 1979）の情報処理能力の制限などに影響される。さらに，意思決定に際して知覚されたリスク（perceive risk）が大きい場合はリスクを低減するためにより多くの情報が探索される。知覚されたリスクには，商品の品質や性能に対するリスク，支払う価格に対するリスク，健康被害を受けないかといった身体的リスク，自己や他者による心理的・社会的リスクなどが含まれる（8章トピックス8-1参照）。また，消費者の製品や購買に対する関与が高い場合は情報探索の量が多くなる。

3章 消費者の意思決定過程

③ 選択肢評価

選択肢評価は購買前に行われる選択肢となるブランド等に対する評価過程である。情報探索によって得られた情報から，問題解決にはどのような選択肢があり，どれを選択するのがベストかといった解を見つけるために，ブランドなどの選択肢に対する評価を行う段階である。選択肢評価は，ハワード＆シェス（Howard & Sheth, 1969）モデルのブランドに対する理解（知識）と選択基準によって形成される態度の形成に相当する。最終的には，消費者の想起集合に残された選択肢に対して総合的な評価が行われる。

モデルの意思決定段階では，情報探索と選択肢評価は異なる処理過程として区別されているが，実際の情報処理過程ではこの2つの段階における情報処理は複雑に入り組んでいる。

図3-8に示されるように，情報探索によって取得された情報は個別情報の意味づけと評価が行われ，選択肢別に情報が統合されたり，長期記憶に貯蔵されている過去の情報と統合されたりする。情報統合の結果，情報が不十分であり，新たな情報を取得する必要がある場合や情報を再度確認する必要がある場合には，改めて情報探索が行われることになる。情報取得と情報統合は状況に応じてさまざまに展開される。この間に展開される情報処理が前項の選択ヒューリスティクスである。

④ 購買

消費者は選択肢評価の結果にもとづいて，どの選択肢を購買するかを決定する。情報探索や選択肢評価を行ったが，満足できる水準に達する選択肢に出会わなかったり，予算を超える場合は購買が中止される場合もある。さらに，何らかの事情で購買そのものが延期される場合もある。

小売店の店頭であればその場で購入するが，インターネット上のeコマースでは購買を決定してクリックすることで購買に至ることになる。

⑤ 購買後評価

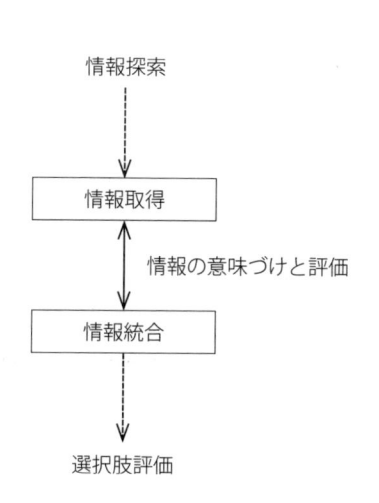

図3-8 情報の取得と統合の過程

購買された商品はすぐに消費（使用）されることもあれば，後からのこともある。商品を使用したことによって，消費者は意思決定の結果が適切であったかどうかを評価する。購買前の期待水準を上回った場合は満足であると感じるが，下回った場合は不満足であると感じる。満足・不満足の感情や評価はその後のさまざまな行動に影響を与える。

満足度が高い場合，同じ選択肢が反復して購入される可能性が高くなり，好意的なブランド・ロイヤルティが形成される。さらには，ネット口コミを含めて，他者にその選択肢を推奨することにもつながる。

満足度が低い場合，同じ選択肢が反復して購入される可能性が低くなり，企業やブランドなどの売り手に対して否定的な評価につながる。ネット上の口コミを含めて，否定的な情報が伝達されたり，売り手に対して苦情行動につながることもある。

購買した商品が消費されることで，意思決定過程は終了する。消費されなかった選択肢は，廃棄したり，リサイクルに供されることもある。

4　意思決定過程とマーケティング

消費者意思決定過程を研究する意味は，マーケティングの視点からすると，消費者のブランド選択に至る過程を分析し，意思決定を予測することで，マーケティング活動によって，自社の製品が購買されるように消費者の購買行動を制御することにつながる。図3-9に示されるように，異なるタイプのマーケティングやプロモーションの活動が意思決定の各段階で有効と考えられる。

テレビなどのマス広告やパブリシティなどは，消費者の情報源として非常に重要であるのみならず，斬新なアイデアによる商品を広告すると，消費者自身が認

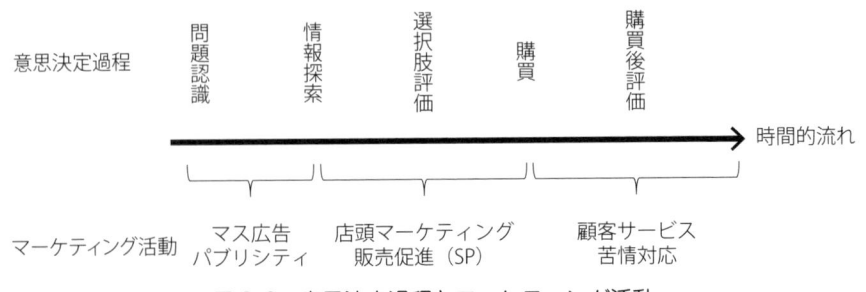

意思決定過程	問題認識	情報探索	選択肢評価	購買	購買後評価	時間的流れ →
マーケティング活動	マス広告パブリシティ		店頭マーケティング販売促進（SP）		顧客サービス苦情対応	

図3-9　意思決定過程とマーケティング活動

識していない欲求を喚起することにつながる。マス広告などのプル戦略によって購買に動機づけられた消費者に対して，さらに店内でのPOP広告，商品陳列の工夫，値引きなどの店頭マーケティングや販売員によるプロモーションなどの販売促進活動によって購買直前の消費者意思決定に大きな影響力がある。

　自社製品が購買された場合，消費者に対して良いアフターサービスや情報が提供されると，次回の購買機会に反復購買される可能性が一層高まる。顧客満足を高めることはリレーションシップ・マーケティングの基本であり，売り手と買い手の良好な関係性を維持し，ブランド価値を高めることにつながる。

II 部
消費者行動の心理学的メカニズム

4章○消費者の意思決定過程に及ぼす現象

　消費者は，購買意思決定をする際に，どのような心理的過程を経るのだろうか。また，消費者の購買意思決定過程に影響を与える要因は何であろうか。
　このような問題は，消費者心理学にとっても有用であるだけでなく，行動意思決定論，認知科学の研究のテーマでもあり，マーケティングの実務とも密接につながっている。この章では，まず，消費者が購買に関する意思決定問題をどのように認識しているかということが，最終的な購買意思決定の結果に影響を与えるというフレーミング効果について論じる。次に，このフレーミング効果に関する心的機制を，心理的財布や心的会計という概念を用いて説明する。最後に，消費者の意思決定のプロセス，とくに選択ヒューリスティクスに影響を及ぼす要因について説明する。なお，トピックスでは，消費者の購買意思決定問題の認識の事例や，近年のニューロマーケティングなどの神経科学的知見をとり入れた消費者意思決定研究について紹介する。

1節　消費者の決定フレーミング

　購買意思決定問題に直面した場合，消費者がその問題をどのように認識し，どのように解釈するかが意思決定の結果に大きな影響を与える（Bettman, Johnson & Payne, 1991；竹村，1994, 2009；Tverskey & Kahneman, 1981）。この購買意思決定問題の心理的把握は，消費者の意思決定を考えるときに非常に重要であり，また，消費者がどのように購買意思決定をするかを予測する必要のあるマーケティングの実務にとっても重要な事柄である。
　意思決定問題の客観的特徴がまったく同じで，かつその情報が指示する対象が同じであっても，その問題認識の心理的な構成，すなわち決定フレーム（decision frame）によって，結果が異なることがある。このような現象をフレーミング効果（framing effect）あるいは心的構成効果という（Tversky & Kahneman, 1981）。本節では，消費者の決定フレーミングの問題について説明する。

4章 消費者の意思決定過程に及ぼす現象

1 購買における決定フレームとフレーミング効果

例えば，限定的問題解決状況での購買意思決定を考えてみよう。19,800円の標準小売価格の電話機が14,850円で販売される場合，電器店のPOP広告で，「定価の4,950円引き」と金額表示されるのか，「定価の2割5分引き」と比率表示されるのか，POP広告（購買時点広告）の価格値引き情報の意味するところは同じであるが，その情報のフレーミングの仕方が異なる。その結果，表示の仕方によって購買行動に及ぼす効果が異なることがある。小嶋（1986）は，消費者に一流ブランドであると考えられている商品の場合，値下げの金額表示よりも，比率表示の方がよく売れ，逆に，消費者に二流以下のブランドであると考えられている商品の場合，比率表示よりも値下げの金額表示の方がよく売れると報告している。

フレーミング効果が存在することは，数理的表現では同一の意思決定問題であったとしても，心理的には異なる意思決定が行われることを意味しており，数理的な表現の一意性を暗黙に仮定する消費者行動理論の限界を示している。すなわち，この効果は，経済学において消費者行動を説明する代表的理論である効用理論（utility theory）やマーケティングにおける種々の消費者行動の数理的モデルでは，完全には説明できない。効用理論や数理的モデルの多くは，説明の一般化のために，意思決定問題の言語表現の形式の相違の問題を捨象しているからである。

トヴェルスキーとカーネマン（Tversky & Kahneman, 1981）は，フレーミング効果の典型例となる以下のような問題を考えた。

(問題A)「125ドルのジャケットと15ドルの電卓を買おうとしたところ，店員から，自動車で20分かかる支店に行くと15ドルの電卓が10ドルで販売されていることを聞かされた。その支店まで買いに行くかどうか」

(問題B)「125ドルの電卓と15ドルのジャケットを買おうとしたところ，店員から自動車で20分かかる支店に行くと125ドルの電卓が120ドルで販売されていることを聞かされた。その支店まで買いに行くかどうか」

どちらの問題も，電卓とジャケットを買うという購買意思決定として共通しており，さらに総額140ドルの買物をするか，5ドルの利益を得るために20分間自動車を運転するというコストをかけて支店に買いに行くかという点についてもまったく同じである。支店にまで行くかどうかの決定を考慮する際に，問題A

とBとで回答が異なるということを合理的に支持する理由はない。

しかし，トヴェルスキーとカーネマン（1981）は，ある被験者集団に問題Aを与え，別の被験者集団に問題Bを与えたところ，前者の問題Aでは68％の被験者が支店まで出かけると回答したのに対して，後者の問題Bでは29％の被験者しか支店まで出かけると回答しなかったのである。この結果の理由として，被験者が電卓の買物とジャケットの買物という2つの意思決定問題に分離してフレーミングを行ったことが考えられる。すなわち，問題Aでは電卓の定価である15ドルが10ドルになるという部分が注目され，問題Bでは電卓の定価である125ドルが120ドルになるという部分が注目されたのである。

2 フレーミング効果を説明するプロスペクト理論

フレーミング効果がなぜ生じるのかについて，トヴェルスキーとカーネマン（1981）は，彼らの提案したプロスペクト理論（prospect theory：Kahneman & Tversky, 1979；Tversky & Kahneman, 1992）をもとに説明している。このプロスペクト理論によると，意思決定過程は，問題を認識し，フレーミングする編集段階（editing phase）と，その問題認識にしたがって選択肢の評価を行う評価段階（evaluation phase）とに分かれる（図4-1）。

編集段階では，わずかの言語的表現の相違などによってフレーミングのされ方が異なってしまうので，意思決定問題の客観的特徴がまったく同じであってもその問題の認識が異なってしまうのである。このことが，フレーミング効果を説明する第1の説明原理になっている。しかし，それだけでは，フレーミング効果は説明できない。もし，金額とそれに対する価値（効用）との関係が線形関数（1次関数）で表現されるならば，フレーミング効果は生じないからである。評価段階では，図4-2に示されているように，選択肢を評価する価値関数は非線形であるので，異なるフレーミングによって異なる選択がなされてしまうのである。

例えば，先の問題AとBについて考えてみよう。図4-2

①編集段階：	②評価段階：
文脈や言語的表現に影響されて問題の心的構成（フレーミング）が行われ，参照点が定まる。 ⇒	参照点が定まり状況に依存しない評価関数による評価が行われる。

図4-1 プロスペクト理論に過程される編集段階と評価段階

4章 消費者の意思決定過程に及ぼす現象

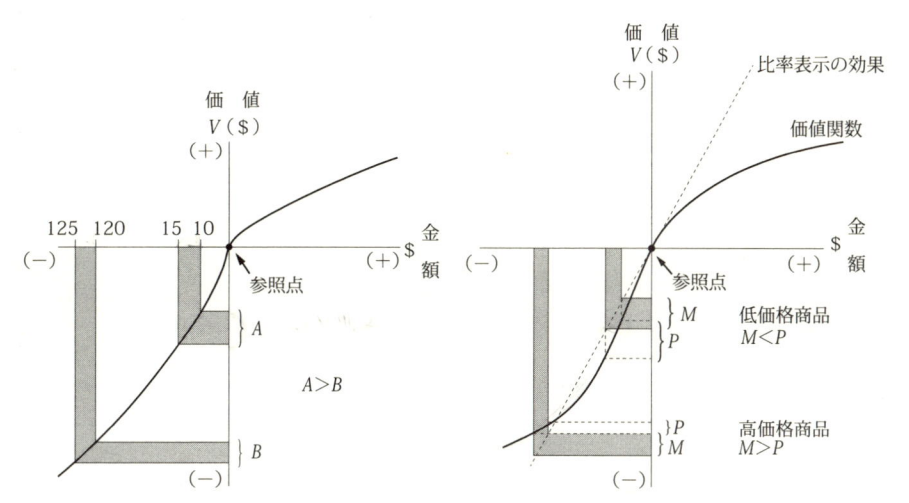

図 4-2 プロスペクト理論における価値関数によるフレーミング効果の説明
（Tversky & Kahneman, 1981 より作成）

図 4-3 プロスペクト理論における価値関数から予測される金額表示と比率表示の効果

に示されているように，もし消費者が電卓とジャケットの購買問題を別々に分離して認識したなら，電卓の定価の 15 ドルが 10 ドルになるというコストの低下は，125 ドルが 120 ドルになるというコストの低下に比べて，大きく価値づけられる。しかし，総額 140 ドルの買物をするか，135 ドルの買物をするかという問題認識をすれば，問題 A と B との評価は同じになるのである。したがって，店頭マーケティングにおける価格政策の観点からいうと，消費者が複数の商品を購入しようとしている場合，価格が安い商品の値下げ額を大きくする方が，価格が高い商品の値下げ額を大きくするよりも，有効であると予測される。

さらに，小嶋（1986）が報告した値下げの金額表示と比率表示の問題も，プロスペクト理論からは，以下のように解釈される。まず，消費者に一流ブランドであると考えられている商品は一般に標準小売価格が高く，消費者に二流以下のブランドであると考えられている商品は一般に標準小売価格が低い。図 4-3 の価値関数をみるとわかるように，価値関数は負の領域で下に凸であるので，低価格の商品の場合は，比率表示よりも金額表示による値下げの方が負の価値の低減の度合いが高い。また，逆に，高価格の商品の場合は，金額表示よりも比率表示による値下げの方が負の価値の低減の度合いが低いことがわかる。したがって，プロ

トピック4-1 ◇消費者の購買意思決定過程における属性の変化

　消費者の意思決定過程において，購買問題認識は変化していく。このような購買問題認識の変化を追跡できる方法に，言語プロトコル法（verbal protocol method）という方法がある（Bettman, 1979；Bettman, Johnson & Payne, 1991）。言語プロトコル法とは，意思決定過程に関する言語報告を分析する方法である。竹村（1996）は，実際に購買を計画している数人の消費者に毎日日記を書いてもらい，どのような購買意思決定問題の認識が行われているかを検討している。図1は，ある社会人の自動車の購買意思決定における購買意思決定問題における属性や選択肢の推移パターンを示したものである。これをみると，探索される選択肢数（自動車のブランド数）が増加し，ピークを迎えたあとに，探索される属性数が増加していることがわかる。このことは，選択肢に関する情報の学習を通じて，属性が細分化し，明確化していることを示唆している。

　このように，自動車に関する知識が変化したことが推察されるが，具体的にどのように変化したかをエンジンに関する知識を例にして報告しよう。図2に示されているように，エンジン（駆動部と変速器を含める）については，当初"1300cc"というような容量とオートマチックやマニュアルの区別に関する言及しかなかった。しかし，次第に多くの種類があることが学習されていく。このような知識の変化は，想起属性数の急激な増加となってあらわれているのである。また，この知識の変化は，量的にも質的にも深くなり，階層関係や包含関係が豊かに形成されていく方向に進むことがわかる。また，意思決定の最終局面では，検討される属性が少なくっている。

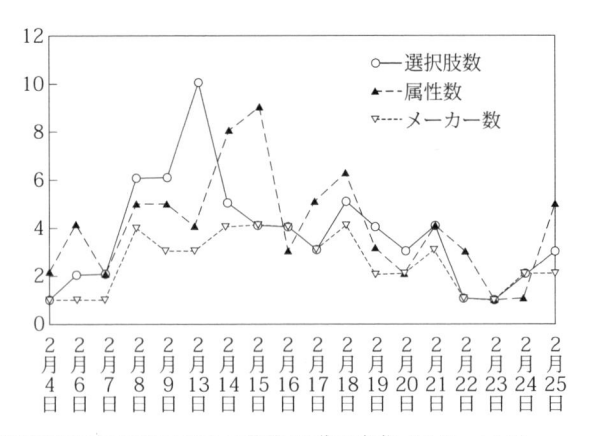

図1　購買意思決定過程における問題認識の変化（竹村，1996）

```
前　　期
　　エンジン：┬── 1300cc          変速器：┬── MT
　　　　　　  └── 1500cc                  └── AT
後　　期
                                         ┌── DOHC（1500cc以上）
                                         ├── ツインカム（1500cc以上）
                                         ├── ターボ（？）
　　エンジン：┬── ガソリンエンジン ──── MPI（1500cc以上）
　　　　　　  └── ディーゼルエンジン（1800cc以上）
　　変速器：┬── AT ──┬── 3AT
　　　　　　│        └── TMT
　　　　　　├── 4A ──┬── 4AT
　　　　　　│        └── 5AT
　　　　　　└── Navi5
```

図2　購買意思決定過程における知識構造の変化（竹村，1996）

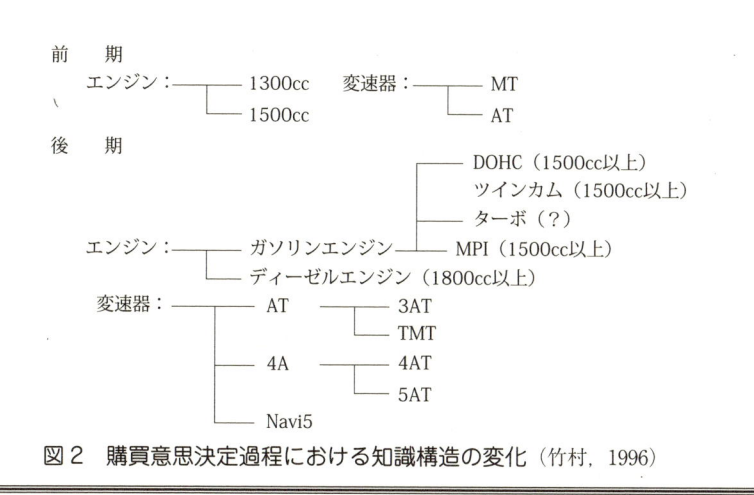

スペクト理論からは，消費者に一流ブランドであると考えられている商品の場合，値下げの金額表示よりも比率表示の方がよく売れ，逆に，消費者に二流以下のブランドであると考えられている商品の場合，比率表示よりも値下げの金額表示の方がよく売れることが予想できる。さらに，プロスペクト理論からは，これまで経験的にしかわからなかった現象を，数理的に解明することによって，超高額商品や超低額商品あるいは中間領域の価格の商品への値下げ戦略を導くことができるのである。プロスペクト理論は，消費者行動研究においても盛んに用いられているが，注意の焦点化や心的な「ものさし」などの別の心理的概念によってフレーミング効果を説明できるという説もある（竹村，1994，2009；Takemura, 2001）。

2節　心理的財布と心的会計

　フレーミング効果の現象が示すように，購買意思決定問題の認識のされ方が購買意思決定に大きな影響を示すことが明らかになった。このフレーミング効果の生起メカニズムについては，トヴェルスキーとカーネマン（1981）が，プロスペクト理論を用いて説明している。しかし，彼らはどのようなフレーミングがどのような状況においてなされるのかについては，十分に説明していない。この節では，どのようにしてフレーミングがなされるかを説明することが可能な心理的財布の概念と心的会計の概念について解説を行い，消費者心理学のなかでどのよう

表 4-1 種々の心理的財布とそれらに対する商品 (小嶋・赤松・濱, 1983)

心理的財布の因子	対応する商品の例
ポケットマネー因子	頭痛薬, 総合ビタミン剤, 目薬, 週刊誌, チューインガム, チョコレート, 共同募金などへの寄附金
生活必需品因子	冷蔵庫, 洋服ダンス, 洗濯機, カラーテレビ, 外出用のワンピース, ハンドバッグ, 電子レンジ, 家族旅行の費用, ルームクーラー, 口紅
財産因子	分譲土地, 分譲マンション, 建売住宅, 別荘用土地, セントラルヒーティング, 乗用車, ルームクーラー, ピアノ
文化・教養因子	絵・彫刻の展覧会, 音楽会, 観劇, LPレコード, ピアノ, 映画見物
外食因子	レストランで友人と食べたときの自分の食事代, ふだん食べるケーキ, 買物先・勤務先で食べるふだんの外での自分の昼食代, 友人といっしょに飲むコーヒー代
生活水準引き上げ因子	カセットテープレコーダー, 電子レンジ, セントラルヒーティング, ルームクーラー, 百科事典, カラーテレビ, 8ミリカメラ, ピアノ
生活保障・安心因子	火災保険料, 生命保険料, ヘアーセット代, 自動車の保険料, 仕事関係の人に贈るお歳暮
ちょっとぜいたく因子	ビデオレコーダー, 自動食器洗い機, ホットカーラー, 8ミリカメラ, ヘアピース, 乗用車
女性用品因子	ペンダント, ブローチ, 普段着用のワンピース, 栄養クリーム, ハンドバッグ, 外出用のワンピース, ホットカーラー, 香水, 口紅

なことがわかり，どのようなマーケティングの実務と関係しているかについて考察を行う。

1 心理的財布

　トヴェルスキーとカーネマン（1981）の研究に先立つこと22年前の1959年に，小嶋は状況依存的な問題認識によって，購買行動や購買後の満足感が大きく影響されることを指摘し，どのような状況依存的な問題が存在するのかを「心理的財布」という構成概念を用いて明らかにしている（小嶋, 1959；Kojima, 1994）。小嶋は，消費者が異なる複数の財布をあたかも所有しているように行動し，購入商品やサービスの種類や，それらを買うときの状況に応じて別々の心理的な財布から支払うと考えた。それらの心理的財布は，それぞれが異なった次元の価値尺度をもっているので，同じ商品に同じ金額を支払った場合でも，その金額を支払う財布が異なれば，それによって得られる満足感や，出費に伴う心理的痛みも異なると考えられるのである。

　各種の商品がどのような種類の心理的財布から購入されるかということを知る

ことは，その商品の広告や人的販売などのマーケティング戦略を検討する基礎になるだろう。小嶋・赤松・濱（1983）は，購入に関する心理的な痛みの質問紙データを因子分析（factor analysis）という手法によって分析し，心理的財布にはどのようなものがあるかを表4-1のように示し，これらの心理的財布の因子にはどのような種類の商品が対応しているかを明らかにしている。

2 異なる心理的財布の視点

心理的財布の概念は，個人内の同一商品に対する状況依存的な問題認識を説明する点では決定フレームの概念に非常に類似しているが，決定フレームの概念よりさらに広い適用範囲をもつ概念である。小嶋は，心理的財布を，①個人間商品間における心理的財布，②個人間商品内における心理的財布，③個人内商品間における心理的財布，④個人内商品内における心理的財布の4つの視点から考察している。

①の個人間商品間における心理的財布は，人によって商品によって心理的財布が異なるという観点からみた心理的財布である。例えば，若者にとっては新機能のたくさんついたステレオが好まれるが，高齢者にとっては機能が単純で使いやすいステレオが好まれるようなケースを説明する心理的財布の概念である。この心理的財布の分析は，「どの消費者セグメントがどのような商品に価値を感じるか」という観点からのマーケティング戦略と対応している。

②の個人間商品内における心理的財布は，同一商品に対する心理的財布が，人によってあるいは消費者層によって異なるという観点からみた心理的財布である。例えば，アウトドアを好むライフスタイルの消費者層にとって，マウンテンバイクは価値が高く魅力的に感じるが，アウトドアに関心のない消費者層にとっては，荷台も泥よけもついていないマウンテンバイクには購入する価値を感じないというようなケースを説明する心理的財布の概念である。この心理的財布の分析は，「それぞれの消費者セグメントによって，同一商品に対する価値がどのように異なるか」という観点からのマーケティング戦略と対応している。

③の個人内商品間における心理的財布は，同じ消費者で商品によって心理的財布が異なるという観点からみた心理的財布である。例えば，3,000円の本を購入するときには非常に心理的な痛みを感じるのに，会費が3,000円の飲み会に参加するのにはまったく心理的な痛みを感じないようなケースを説明する心理的財布

の概念である。

④の個人内商品内における心理的財布は，同じ消費者で同一商品でも心理的財布が異なるという観点からみた心理的財布の概念である。この観点からみた心理的財布は，決定フレームの概念に極めて近い。例えば，フレーミング効果のところで説明した金額表示と比率表示の問題や，普段の生活では食費をけちっているのに旅行先では高級レストランで食事をしても心理的な痛みをまったく感じないようなケースを説明する心理的財布の概念である。

個人内商品内における心理的財布について，小嶋は次のような知見を報告している（小嶋，1986）。まず，ボーナスや宝くじで賞金を得るなどの一時的な経済的収入によって，心理的財布は一般に拡大し購買行動は促進される。また，一時的な経済的収入によって心理的財布が縮小して購買行動が抑制されることはない。しかし，お金を落とすなどの損失によっては，心理的財布は一般に縮小し購買行動は抑制される傾向があるが，興味深いことに，大きな損失によって逆に心理的財布が拡大するという知見も見出されている。例えば，ギャンブルなどで大金を失ったり，マンション購入などで多額の出費があった場合，「いまさら1，2万円のお金を倹約しても仕方がない」と考えたり，「3,000万円のマンションを購入するのだから20万円のカーペットの購入も気にならない」ということがこのケースに含まれる。

また，小嶋（1986）は，商品購入におけるクレジットやローンの利用は，心理的財布の拡大に大きな影響を与えると指摘している。クレジットやローンは，①当初の支払いが頭金だけで済むこと，②商品代金を直接支払わず預金からの自動引き落としになること，③購入と支払いのタイム・ラグ（時間的ズレ）があること，④購入時点で支払いのことを強く意識しないで済むこと，⑤所持金に制約されないことなどにより，支出に伴う心理的痛みを減少させ，心理的財布を拡大，購買行動を促進させることが指摘されている。

3 心的会計

金銭に関係する意思決定における心理状態を，トヴェルスキーとカーネマン（1981）は，心的会計（mental accounting）という概念を用いて説明している。心的会計というのは，人々が金銭的な意思決定問題を心的に処理するための様式を指しており，小嶋（1986）が指摘した心理的財布のあり方と非常に類似している。

4章　消費者の意思決定過程に及ぼす現象

トヴェルスキーとカーネマン（1981）は，計383名の被験者に下記のような質問を行って，心的会計のあり方を検討している。彼らは，200名の被験者にチケット紛失条件の下記の質問を行った。

チケット紛失条件：「以下の場面を想像してください。あなたは，ある映画をみに行くことに決め，代金10ドルのチケットを購入したあと，映画館に行きます。映画館に入る段になって，あなたは，そのチケットをなくしたことに気づきました。あなたはチケットをもう一度買い直しますか？」

また，残りの183名には，現金紛失条件の下記の質問を行った。

現金紛失条件：「以下の場面を想像してください。あなたは，ある映画をみに行くことに決め，映画館に行きます。チケットの代金は10ドルです。映画館に入る段になって，あなたは現金10ドルをなくしたことに気づきました。あなたはチケットを買いますか？」

質問の結果，チケット紛失条件では46％の被験者がチケットを買うと答えたのに対して，現金紛失条件では，88％の被験者がチケットを買うと答えたのである。

ここで注意する必要があるのは，どちらの条件でも，10ドル相当の損失をして，10ドル相当のチケットを買うかどうかの意思決定を求められているということである。トヴェルスキーとカーネマン（1981）は，チケット紛失条件と現金紛失条件とでは心的会計のあり方が異なるために，結果が異なったと説明している。つまり，チケット紛失条件では，チケット支出のアカウント（一種の心理的財布）からもう1回チケットを買わなければいけないのに対して，現金紛失条件では，現金とチケットの支出が別のアカウントになっているために二重にチケットを買うという痛みにならず，チケットの購入意向が高くなったと解釈できるのである。チケットを購入するときは，チケットのアカウントのみが使われるため，現金の紛失が影響をそれほど与えなかったと考えられるのである。このように，心的会計は，金銭の総合的評価でなされるのではなく，トピック単位でなされやすいとトヴェルスキーとカーネマン（1981）は説明している。

セイラー（Thaler, 1985, 1999）は，心的会計のあり方は，総合評価値が高くなるように，意思決定問題の種々の要素を統合したり分離したりする快楽追求的フレーミング（hedonic framing）の原理でなされるとしている。彼は，2つの要素x, yを考え，x＋yをxとyとの結合であるとすると，快楽追求的フレーミングは，

$$v(x+y) = \text{Max}(v(x+y), v(x)+v(y))$$

というルールでなされるとしている。彼は，プロスペクト理論の価値関数の仮定から，快楽追求的フレーミングについて，以下のような特徴があると指摘している。

(1) 利得はトピックごとに分離してフレーミングされる（利得の価値関数は下に凹なので，分離するほうが総合評価値は高くなる）。

(2) 損失は種々のトピックを統合してフレーミングされる（損失の価値関数は下に凸なので，統合する方が総合評価値は高くなる）。

(3) 小さな損失と大きな利得は統合してフレーミングされる（損失忌避が差し引き勘定される）。

(4) 小さな利得と大きな損失は分離されてフレーミングされる（利得領域の価値関数は原点付近は急勾配をもっているので，大きな損失をわずかだけ減らすことより，利得をわずかに増やす方が大きいインパクトがある）。

セイラー（1985, 1999）の快楽追求的フレーミングの原理によると，割引などの消費者にとっての利得は分離されてフレーミングされやすいことになる。したがって，トヴェルスキーとカーネマン（1981）の電卓の質問結果が示唆するように，割引が商品ごとに分離されてフレーミングされると，消費者が複数の商品を購入しようとしている場合，価格が安い商品の方の値下げ額を大きくする方が，価格が高い商品の値下げ額を大きくするよりも，マーケティング的には有効であることが予測される。例えば，スーパーマーケットでは，レタスやキャベツを通常価格150円のところを，50円などに大幅値引きして集客し，ほかの高額商品の価格はあまり下げずに，総合的な購買単価を上げる戦略をとることが多い。もし，そのスーパーマーケットがトータルではそれらの野菜と同程度以上の値引きをした場合，たとえテレビなどの高額商品を500円以上値引きしたとしても，野菜の100円引きの効果の方が大きいと考えられるのである。このように，心的会計の特徴を把握して利用すると，マーケティング的に有意味な戦略を考えることができ，消費者の立場からは企業に躍らせられないように気をつけることができるのである。

3節 消費者の選択ヒューリスティクスの状況依存性

3章でも説明されているように,種々の選択ヒューリスティクスが見出されているが,これらを代償型と非代償型というように2分類して考察することがよくある。前者は,線形代償型のように,ある属性の評価値が低くても他の属性の評価値が高ければ,補われて総合的な評価がなされる決め方である。一方、非代償型は,そのような属性間の補償関係がないような決定方略であり、態度依拠型,連結型,分離型,辞書編纂型などがこれに含まれる。代償型と非代償型とでは,意思決定の結果のプロセスが大きく異なり,消費者へのマーケティング的対応も異なってくる。さらには,同じ消費者でも,状況に応じて,代償型と非代償型のヒューリスティクスを変化させる現象も知られている。このことが消費者の意思決定過程の理解を複雑にさせているだけでなく,店頭マーケティングなどのマーケティング対応を難しいものにさせている。この節では,消費者の選択ヒューリスティクスの状況依存性について説明し,マーケティング実務との関連性についても考察を行う。

1 選択ヒューリスティクスの状況依存性

非代償型のヒューリスティクスのもとでは,選択肢や属性を検討する順序によって決定結果が異なることがある。そのため,情報探索順序に依存した一貫しない意思決定の原因になることがある。例えば,消費者が連結型で意思決定を行う状況を考えてみよう。連結型では,最初に必要条件をクリアしたブランドが選択されるので,どのような順番でブランドを検討するかが非常に重要である。もし別の店にその消費者が最も気に入るブランドが置いてあったとしても,最初に訪れた店に必要条件を満たすものがあれば,そのブランドが購入される。したがって,その消費者が最も気に入るブランドを購入するかどうかは,店頭の商品配置や店舗の位置などの状況要因に左右されやすくなるのである。

また,実際の消費者の意思決定過程においては,さまざまな選択ヒューリスティクスが,決定段階に応じて混合されることが多い。消費者は,認知的緊張を低減するために,まず辞書編纂型のような決め方で選択肢を少数に絞ったあとに,線形代償型のような決め方が用いられることが多い (Bettman, 1979；竹村, 1996, 2009)。

これまでの消費者の意思決定の研究は，これらの選択ヒューリスティクスが選択肢数や属性数などの課題の性質に応じて変異することを示している（Bettman, 1979；Bettman et al., 1991；竹村, 1996, 2009）。例えば，選択肢数が少ない場合は，代償型が採用され，選択肢数が多くなると非代償型が採用されやすいことが報告されている。

なぜ選択ヒューリスティックスが選択肢数や属性数の変化に伴ってこのように変異するかというと，選択肢数や属性数が多い条件では，多くの情報を処理しなければならないために情報過負荷になり，それによる認知的緊張を回避するために，情報処理の負荷の低い単純な決定方略が採用されたと解釈できる。

選択ヒューリスティックスは，属性数や選択肢数だけではなく，意思決定問題の情報提示の形式，意思決定の反応モードなどの意思決定課題変数の操作，意思決定者の関与（involvement）などの動機づけの変数の操作，ムード状態などの感情操作によって，影響を受けることもわかっている。つまり，状況要因の影響を非常に強く受けるといえるのである（Abelson & Levi, 1985；Bettman et al., 1991；Cohen & Areni, 1991；Engel, Blackwell, & Miniard, 1993；竹村, 1996, 2009）。アイセンとミーンズ（Isen, & Means, 1983）は，ポジティブな感情（よい気分）が決定方略に及ぼす効果について検討している。彼女らは，知覚運動課題に成功したという偽のフィードバックを受けた被験者（ポジティブ感情群）が，フィードバックを受けていない被験者（統制群）と比べて，架空の自動車の選択に要する時間が短く，決定に際して情報をあまり探索しないことを明らかにしている。このことは，ポジティブな感情が非代償型の意思決定を促進することを示唆している。

2　消費者の選択ヒューリスティクスの状況依存性を説明する理論

このように，選択ヒューリスティクスが種々の状況要因に依存して採択されるために，決定の結果も状況に依存してしまう。したがって，消費者の購買行動は，状況に大きく左右されるのである。それでは，なぜ状況依存的なヒューリスティクスの変異現象が生じるのだろうか。このような状況依存的な変異現象を説明する代表的な理論の枠組みとして，計算論的枠組みによる研究がある。計算論的アプローチでは，意思決定者が状況に適応するように，当該の決定方略を使うことによるコスト（出費）とベネフィット（利益）を計算して，適切な決定方略を採

択すると仮定している。そして、コストとベネフィットの計算の際に考えられるのは、意思決定に必要な認知的努力の大きさや意思決定の最適性などがあげられる。

この計算論的アプローチによる最初のモデルは、ビーチとミッチェル（Beach & Mitchell, 1978）による状況即応的モデルである。このモデルの基本的アイデアを拡張し、コンピュータ・シミュレーションができるように精緻化させたのは、ペインら（Payne, Bettman, & Johnson, 1993）による適応的意思決定モデルである。ペインらは、意思決定者が決定に必要な認知的努力の大きさと意思決定の最適性（正確さ）をトレードオフした結果、ある状況で特定の決定方略が採択されると考えている。彼らは、選択肢数と属性数を変化させて、コンピュータ・シミュレーションを行い、各方略の実行に伴う認知的努力（基本的情報処理の操作数によって操作的に定義される）と、決定結果の相対的正確さ（荷重加算型とまったく同じ結果の場合に1の値をとり、まったくランダムな反応をした場合に0をとる指標により操作的に定義される）を各条件において計算した。

図4-4に示されているように、荷重加算型は、正確な決定が可能であるが、選択肢数や属性数の増加とともに、認知的努力をたくさん必要とすることがわかる。また、辞書編纂型は、選択肢数や属性数が増加しても、ほとんど認知的努力を必要とせず、しかも正確さもある程度保持していることがわかる。さらに、非代償型は、選択肢数や属性数が増加しても、認知的努力を、荷重加算型ほど要求しないことがわかる。

これまでの実験研究は、選択肢数や属性数の増加に伴って非代償型のヒューリスティクスの採択率が高まることを示している。この現象をこのシミュレーションの結果から整合的に解釈することができる。すなわち、選択肢数や属性数の少ない状況では、認知的努力をあまり必要としないため、正確さの高い荷重加算型のような代償型の方略が用いられやすい。しかし、選択肢数や属性数の多い状況では、認知的努力を多く必要とする相補型の決定方略は採択されず、認知的努力をあまり多く必要としない非相補型の決定方略が採択されやすいと考えることができる。

ペインら（1993）は、このシミュレーションの結果と多くの心理実験の結果を結びつけて、選択の正確さと認知的努力をトレードオフすることで、意思決定者が適応的に決定方略を選択していると結論づけている。ペインらのモデルは、ど

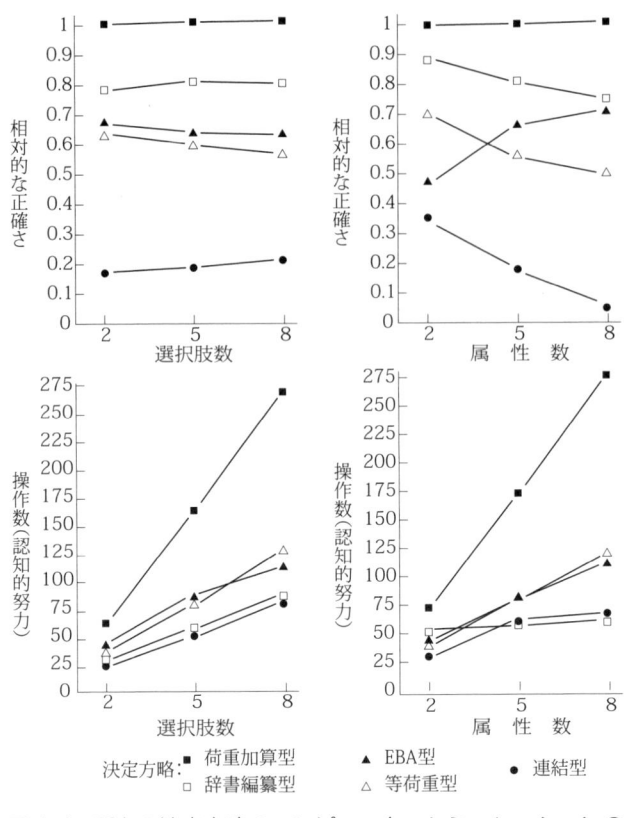

図4-4 種々の決定方略のコンピュータ・シミュレーションの結果（Payne ほか，1993）

決定方略： ■ 荷重加算型　▲ EBA型　● 連結型
　　　　　□ 辞書編纂型　△ 等荷重型

のような状況においてどのような決定方略が採用され，どのような決定がなされやすいかを定量的に予測することができるので，マーケティングにおける消費者行動の予測や消費者の意思決定支援においても有用であると考えられる。このような観点は，近年の消費者行動の意思決定理論においても採用されている（竹村，2009）。

しかし，このペインらのモデルだけで，状況依存的な選択肢評価や意思決定が説明できるとは限らない。プロスペクト理論に示されるような意思決定過程の編集段階にあらわれるフレーミング効果や感情や動機づけの効果などについては，計算論的には現在のところ十分に説明できない。また，彼らのモデルでは，どのようにして選択の正確さと認知的努力をトレードオフして，意思決定者が適応的に決定方略を選択しているかについて説明されていない。このような問題を解明するために，竹村（1996）は，与えられた処理資源のもとで意思決定過程をモニターしてその制御を行うメタ認知を仮定するモデルを提案しているが，その経験的例証が十分得られているとはいえないのが現状である。また，このようなメタ認知に注意の配分が関係しているという指摘もあり（竹村，2009），消費者の意思決定過程の全体構造を今後解明す

4章　消費者の意思決定過程に及ぼす現象

るような研究が必要になってくるだろう。

3 消費者の選択ヒューリスティクスの状況依存性を説明する研究アプローチの動向

　最後に，消費者の選択ヒューリスティクスの状況依存性を説明する研究アプローチの歴史的変遷と今後の研究アプローチについて概観しよう。

　消費者の購買意思決定を，初期状態から目標状態に至る心的操作の系列とみなして消費者の選択ヒューリスティクスを理解しようとする研究は，情報処理パラダイム（information processing paradigm）とよばれる研究枠組みの代表例である。情報処理パラダイムでは，人間を1つの情報処理システムとみなし，コンピュータとの機能的な等価性や類似性に注目して，消費者の意思決定過程を説明しようとする。したがって，消費者の意思決定過程は，コンピュータ上でプログラムによって表現できることになる。実際に，問題解決研究においても，意思決定研究においても，その心的操作の系列をプログラムとして表現して，シミュレーションを行い，実験結果との比較を行うなど，さまざまな成果が生まれている（Payne, et al., 1993）。このような情報処理パラダイムは，これまでの刺激と反応の関数関係を中心に扱ってきた刺激―反応パラダイムの問題点を解決するうえで多くの貢献を生んでいる。とくに，ベットマン（Bettman）らを中心にするグループの消費者行動研究への貢献は大きい（例えば，Bettman, 1979；Bettman, et al., 1991）。

　しかし，1990年代ごろ，情報処理パラダイムは，さまざまな批判を浴びた。とくに，ハーシュマンとホルブロック（Hirschman & Holbrook, 1992）が，情報処理パラダイムの認識論的問題点を指摘している。彼らは，情報処理パラダイムでは，消費者間の相互作用が軽視され，記憶や思考などの心的機構が文化や状況や個人間において普遍性をもっていることが暗黙に仮定されることを批判的に考察している。情報処理パラダイムについてのこのような問題指摘は，消費者行動研究だけでなく，さまざまな分野においてなされている。情報処理パラダイムでは，選択ヒューリスティクスの概念で心理的過程を抽象化して問題を捉えるが，購買意思決定の状況に応じて，その具体的な購買行動の意味が異なる可能性がある。そのため，消費者の心理的理解の重要な観点を見失う可能性もある。情報処理パラダイムの代替的なアプローチとして，記号論を援用した解釈主義的アプ

ローチ（例えば，Holbrook & Hirschman, 1993）や自然言語を用いた相互作用を重視する会話分析的アプローチ（例えば，Hilton, 1995）などが提案されているが，現在のところは代替的なアプローチとして十分な成果が生み出されているとはいい難い。また，選択ヒューリスティクスの状況依存性を十分に説明しているとはいえないのが現状である。

　むしろ，近年では，情報処理論パラダイムのような認知科学的なアプローチをさらに推進させて，人間の情報処理過程を脳神経科学的に研究しようという機運も出ている（竹村・井出野・大久保・松井，2008）。とくに，ニューロマーケティング（neuromarketing）とよばれる研究アプローチが出現しており，これはマーケティング，心理学，神経科学を統合しようとする研究領域である。種々の理論的アプローチや実験的方法を用いて消費者の選択や意思決定のモデルとしてどれが相応しいかを特定したり，消費者の意思決定現象の神経科学的基盤を明らかにして，マーケティング研究や実務に役立てようとする研究分野である（例えば，Fugate, 2007；Hubert & Kenning, 2008；Lee, Broderick, & Chamberlain, 2007，竹村・井出野・大久保手・松井，2008）。このアプローチでは，まだ選択ヒューリスティクスの状況依存性についての研究はあまりあらわれてはいないが，この研究パラダイムにおける消費者の選択ヒューリスティクスの研究は，今後増加していくものと考えられる。

　ニューロマーケティングが進展してきた理由は，第一には，機能的核磁気共鳴画像（fMRI）や陽電子放射断層撮影装置（PET）などの非侵襲的脳活動計測法が発展し，これまでマーケティング研究者，心理学者，経済学者が行動実験のみで扱ってきた知見を神経科学者と協同で明らかにできる体制が整ったことが指摘できる。実際，ニューロマーケティングとして，脳内の血流を測定するfMRIやPETなどのほかに，脳波や皮膚電気活動の測定や，眼球運動測定なども含める立場もある。しかし，これらの測定装置は，数十年前からすでに開発されており，近年の動向ではない。第二には，これまで経済学に仮定されてきた「合理的経済人」の人間モデルに，多くの経済学者や心理学者が疑いをもち，実際の人間の意思決定行動を記述し，それを理論化するという行動意思決定論（behavioral decision theory）や行動経済学（behavioral economics）が発展してきたということが指摘できる（竹村，2009）。これらの動きは，1978年のノーベル経済学賞のサイモン（Simon, H. A.）と，同じく2002年同賞受賞者のカーネマン（Kahneman, D.）

4章 消費者の意思決定過程に及ぼす現象

らの研究にもすでにあらわれている。また，第三に，ニューロマーケティングが近年注目を浴びるようになった背景に，マーケティング研究のなかで，これまで質問紙法，WEB調査，面接法，行動観察法に頼った消費者行動研究では，十分に行動の予測ができず，客観的なデータの裏づけがないという問題意識が実務家や研究者の間で高まってきたことも指摘できる。

> ### トピックス 4-2 ◇ニューロマーケティングと消費者の意思決定研究
>
> 　ニューロマーケティングが研究者の強い興味をひくようになったのは，2004年に Neuron という神経科学系の雑誌に，ベイラー医科大学の神経科学者 Montague の研究グループによるコカ・コーラとペプシ・コーラの選好に関する実験結果を報告したことに始まるといえる。彼らは，コカ・コーラが好きな被験者に対して，ブランド名を伏せた場合と伏せなかった場合について飲用中の脳の血流を fMRI で計測した（McClure, et al., 2004）。その結果，前者では，それがコカ・コーラだと選んだ回数と前頭葉の腹内側前頭前野（ventromedial prefrontal cortex）の脳活動とが有意に相関していた。このことは，腹内側前頭前野はブランド名にかかわらず，純粋に個人の嗜好性を表現していると解釈できる。他方，1つのカップにブランドのラベルを示して，ほかのカップを無記入（コカ・コーラかペプシかどちらかが入っている）にした条件では，コカ・コーラのラベルのあるカップのほうを多く選ぶという結果が得られた。コカ・コーラの絵をみせたあとにコカ・コーラを飲んだときと，何がくるかわからない刺激のあとにコカ・コーラを飲んだときの脳活動を比べると，コカ・コーラの絵をみせたあとには海馬（hippocampus）と背外側前頭前野（dorsolateral prefrontal cortex）などが有意に活動した。しかし，ペプシの絵を見せた後には有意に強い活動は認められなかった。このことから，消費者の欲求生起には，少なくとも2つのシステムが存在し，広告などのコミュニケーション戦略によるブランド情報によっては，本来の生理的な反応にもとづく嗜好とは異なる選好が存在するということが示唆された。
> 　この Montague のグループの研究によって，マーケティングの研究者からは，マーケティグのコミュニケーション効果を側定する客観的な手法としてニューロマーケティングが注目を受け，また，神経科学者からは実社会のマーケティングの問題に神経科学的手法が使用可能であることが強く認識されるようになったのである。
> 　ニューロマーケティングにおける主要な脳の関心領域（region of interest：

ROI)は，報酬関連領域と位置づけられる．線条体（striatum）を含む大脳基底核（Basal Ganglia），扁桃体（amygdala），そして前頭前野内側部（medial prefrontal cortex：MPFC），前頭眼窩野（orbitofrontal cortex：OFC）(O'Doharty, 2004) と，葛藤事態でのコントロールプロセスと関連が深い前頭前野背外側部（dorso-lateral prefrontal cortex：DLPFC）と前部帯状回（anterior cingulate cortex：ACC），といった2つの領域を中心としてこれまで展開されてきた（竹村他，2009）。これらの脳部位の概略図を示している（竹村他，2008）。サルやひとを用いた多くの研究では，線条体，前頭前野内側部の活性が報酬の期待を反映していることが示されており，最近では，実在するブランドや商品を題材とした評価過程と意思決定過程を扱った神経科学的研究知見が蓄積されだしている。このような研究パラダイムを用いた消費者の選択ヒューリスティクスの研究も今後増えてくると考えられる。

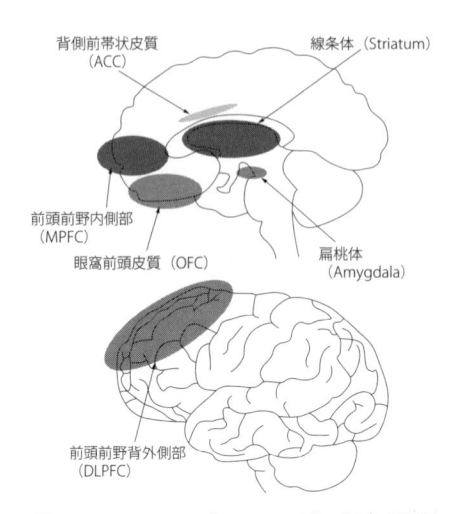

図 ニューロマーケティングで対象領域となる主要な脳部位（竹村他，2008）

5章〇記　憶

　消費者が広告に接触してから，実際に購買に至るまでには時間差がある。テレビをみているときに，新製品のCMに偶然接触する。そして数日後に，スーパーの店頭で新製品をみかけたときに，テレビCMを思い出して，その製品を買い物かごに入れる。消費者は多くの場合，広告との意図しない接触を通して商品を購入する。このような意図しない接触から，消費者は広告に含まれる映像やメッセージをどのように思い出すのであろうか。

　記憶は，感覚を通して取得した情報を記録し，貯蔵し，検索するだけでなく，情報を知覚し，符号化し，貯蔵するのに影響する。外的な刺激を内的な表象に変換する符号化によって情報を取り入れ，認知システムに保持する。貯蔵庫はある時間，情報を保管する働きをする。この貯蔵庫は，コンピュータのランダムアクセス・メモリのように，短時間情報を保持したり，ハードディスクのように比較的永続的に情報を貯蔵する。検索は，記憶に保持されている情報を見つけ出す過程であり，忘却は記憶に貯蔵された情報をみつけることを妨げる過程である。消費者の情報処理過程を理解するためには，人の記憶を形成している構成要素の機能を理解する必要がある。

1節　記憶の構造と機能

1　記憶モデル

　記憶についての考え方は，人間を情報処理装置とみなして，その心理的なメカニズムを明らかにしようという情報処理アプローチの影響を強く受けてきた。コンピュータは，異なる機能をもつ記憶装置を組み合わせて，情報処理システムを構築している。ひとの記憶もコンピュータと同じように，複数の記憶システムから構成されているという考え方に従って，多くのモデルが提案されている。これらのモデルのうち最も記憶研究に影響を与えたのが，アトキンソン＆シフリン（Atkinson & Shiffrin, 1968）の二重貯蔵庫モデルである。アトキンソン＆シフリンのモデルでは，記憶を感覚記憶，短期記憶，長期記憶の3つの主要な要素に区分している（図5-1）。このモデルによれば，外界からの情報は感覚レジスタに入

り，選択的注意によって選び出されたものだけが，短期貯蔵庫に転送される。そして非常にわずかな情報だけが，長期貯蔵庫に記憶痕跡として残る。

a 二重貯蔵庫モデル

①感覚記憶

　感覚記憶は，外界の刺激を検知して，意味づけや解釈を行う知覚過程の一部を担っている。アトキンソン＆シフリンの二重貯蔵庫モデルによれば，外界からの情報はまず感覚レジスタに入る。感覚レジスタに貯蔵された情報は，コード化されずに生のかたちで，非常に短時間保持される。保持様式は感覚によって異なると考えられており，視覚情報はアイコニック・メモリに，聴覚情報はエコーイック・メモリに貯蔵される。アイコニック・メモリの情報は約1秒，エコーイック・メモリの情報は約2秒で消滅する。

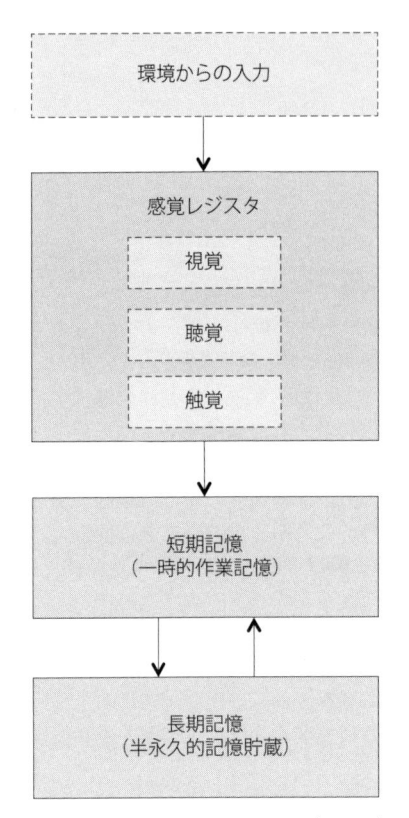

図5-1　Atkinson & Shiffrin(1968)のモデル

②短期記憶と長期記憶

　感覚レジスタに入った情報のうち，注意が向けられた情報だけが短期貯蔵庫に転送され，一定間保持される。しかし短期貯蔵庫は記憶容量に制限があり，保持される時間が短い。そのため新しい情報が入ってくると，古い情報は押し出されて消滅してしまう。消滅を防ぐために，情報を意識的に繰り返すこと（リハーサル）によって，短期記憶に留めておくことができる。感覚レジスタを通して処理システムにとり込まれた情報は，短期貯蔵庫で意味的なコード化が行われ，長期貯蔵庫に転送される。長期貯蔵庫は，無限の容量の情報を，永久的に貯蔵できると考えられている。アトキンソン＆シフリンのモデルでは，情報が短期貯蔵庫に留まっている時間が長いほど，長期貯蔵庫に転送されやすくなると仮定しているため，リハーサルの回数が増えるほど，情報が長期貯蔵庫に転送されやすくなると考えられている。

短期記憶と長期記憶は別のシステムであると考えるアトキンソン＆シフリンのモデルでは，情報は短期記憶を通してのみ長期記憶に到達すると考えられている。しかしながら，人は何回もみたことがあると思われることさえはっきりと覚えていないという事実は，頻繁にリハーサルされた情報は長期記憶に貯蔵されるというモデルの仮定と一致しない。ニッカーソン＆アダムス（Nickerson & Adams, 1979）は，1セント銅貨の両面を再生させる実験をしたところ，正確に再生できた実験参加者は非常にわずかであったことを報告している。このように私たちが毎日手にしている硬貨を再生できないのは，硬貨の外観に注意を払っていないためである。

　b　処理水準モデル

　入力情報は長期記憶に転送される前に，短期記憶に保持されるというアトキンソン＆シフリンのモデルを批判して，クレイク＆タルビング（Craik & Tulving, 1975）は処理水準モデルを提唱している。彼らは，記憶されている時間の長さの違いを説明するために，2つの記憶システムを区別する必要はないとし，貯蔵時間が長くなればより深い処理が生じているのであり，短期記憶から長期記憶に情報が転送されたからではないと主張している。処理水準モデルでは，刺激の分析水準によって記憶の成績が変化する。すなわち深い意味的な処理は高い記憶成績を生み出し，感覚属性の判断のように浅い処理は，低い記憶成績しか生み出さないと仮定している。

　c　ワーキングメモリ

　バドリー＆ヒッチ（Baddeley & Hitch, 1974；Baddley, 2002）は，二重貯蔵庫モデルの短期記憶の代わりに，複数のサブシステムから構成されるワーキングメモリを提唱している。ワーキングメモリは，単なる情報の貯蔵庫ではなく，意図的な思考や問題解決，推論などの認知活動で重要な役割を果たす記憶である。バドリー＆ヒッチのモデルでは，中央制御部，音声ループ，視・空間スケッチパッドの3つのシステムを想定している。中央制御部は，サブシステムの働きを管理し，ワーキングメモリ内での情報の流れを統制する。音声ループは，二重貯蔵庫モデルの短期記憶に相当し，音声情報の一時的保持と操作を行い，視・空間スケッチパッドは，視覚情報や視覚イメージ情報を貯蔵し，操作する働きをする。バドリーは3つのサブシステムに加えて，長期記憶からの情報とワーキングメモリのサブシステムからの情報が，一時的に保持され，統合され，操作される場所とし

て，エピソディック・バッファをのちに追加している。このエピソディック・バッファ内に，消費者が商品を選択するときに，頭に浮かぶブランドの集合（考慮集合）があらわれると考えられている。

2 長期記憶の構造

長期記憶は，貯蔵された情報の検索の仕方によって，顕在記憶と潜在記憶に分けられる。顕在記憶は，経験した事実や出来事が記憶にあるかどうか意識される記憶であるのに対して，潜在記憶は，記憶にあるかどうか意識されない記憶である。

a 顕在記憶

顕在記憶は，意識的に想起できる事実や出来事に関する記憶であり，エピソード記憶と意味記憶に分けられる。エピソード記憶は，例えば「昨晩，新しいコーラのテレビCMをみた」のように，特定の場所や時刻に起きたでき事に関する記憶である。一方，意味記憶は概念や知識に関する記憶であり，特定の経験に関連していない記憶である。例えば「コーラは，缶や瓶に入っており，炭酸が入った茶色の甘い液体である」といったコーラに関する知識は，すべてのコーラに共通であり，特定のブランドと結びついていない。顕在記憶は，覚えていることを意識的に想起してもらうことによって測定される。

測定方法には，再生法と再認法がある。再生法は以前学習した事柄を自由に再現してもらう方法であり，再認法は提示した事柄と提示していない事柄を，提示したものかそうでないものかの区別を求める方法である。これらの測定方法は両方とも，以前の経験の意識的な想起を必要とする。

b 潜在記憶

潜在記憶は，以前の経験を思い出したり，記憶成績への影響に気づくことなく，以前の経験がその後の記憶成績を促進する記憶である。自己の経験を思い出しているという意識のない，さまざまな行動に影響する記憶の働きである。なにげなく行っている日常行動や，ものごとの知覚，意味処理などに働く。例えば，広告をみたということは思い出さないが，その後の商品選択において，広告が製品に対する態度や購買意思決定に影響する。

顕在記憶と潜在記憶を区別する考え方は，広告研究にとって非常に意味がある。意識して広告メッセージに接触する消費者はほとんどいない。広告による効果は，広告への偶発的な接触によることが多い。私たちは，インターネットを閲覧して

いるとき画面にあらわれる広告や，新聞を読んでいるとき記事中にある広告を無視する。しかしこのような広告への偶発的な接触には，潜在記憶が介在する。私たちが注意を払った広告の内容は，顕在記憶に貯蔵されるのに対して，広告との偶発的接触は潜在記憶の働きをもたらす。

c プライミング

　潜在記憶を説明するのに用いられる手法に，プライミングがある。プライミングは，特定の知識や概念を活性化させ，その活性化が後続の情報処理や行動にどのように影響するのかを調べる手法である。ある概念や処理機能の活性化が，のちにそのものあるいは関連する概念の処理に影響を与えることをプライミング効果という。既有知識は，直前に作動された場合に，より作動されやすくなる。例えばマクドナルドには，「ジューシーで美味しい」「健康にはあまり良くない」というイメージがある。マクドナルドのイメージを聞く前に，マクドナルドとはまったく関係のないバーベキューの雑誌を読んでもらったあとにイメージを聞くと，「ジューシーで美味しい」と答える人が多くなる。一方，事前にマクドナルドとはまったく関係のない健康に関する雑誌を読んでもらってからイメージを聞くと，「健康にはあまり良くない」と答える人が多くなる。これがプライミング効果である。直前に読んだ雑誌の内容によって，内容に関係ある既有知識が活性化され，マクドナルドのイメージに影響を及ぼす。ハー（Herr, 1989）は，価格帯の異なる自動車のブランド名をプライム刺激として提示して，その後のテスト車の評価への影響を明らかにしている。またプライミング効果は，提示されても感覚器官で検知できないサブミリナル刺激によっても生じることが知られている。

> **トピックス5◇サブリミナル広告**
>
> 　1957年にビッカリら (Vicary, J.M. & Thayer, F.) が，映画の上映中スクリーンに「ポップコーンを食べよう」「コーラを飲もう」というメッセージを1/3000秒間（閾値以下の間隔）5分間隔で繰り返し提示したところ，ポップコーンの売上が57.5％，コーラの売上が18.1％増加したという。目にみえない刺激が消費者の購買行動に影響を与えたということが，政治的なプロパガンダに利用されて洗脳されるのではないかという人々の恐怖心を煽った。また同じ年にパッカードが著書『隠れた説得者』で，マーケティングや広告のプロが消費者の無意識のニーズや欲望にアピールするために使うトリックを明らかにしたことが，サブリミナル広告に対する消費者の不安に一層火をつけた。しかしその後，ビッカリらの実験の追試が行われ，実験が捏造であることが判明した。
> 　近年，サブリミナルな刺激や意識されない刺激が，感情や行動，認知に影響するということが明らかになってきている。消費者の認知は，多くの面で潜在的である。サブリミナル広告のような刺激，刺激と結果との関係を媒介している認知的過程，現実に起こった結果に消費者はほとんど気がつかない。しかしこれらは，消費者の判断や行動に影響を及ぼす。このような潜在的認知に関する研究は，記憶研究の領域にとどまらず，態度やステレオタイプ，自尊心といった社会的認知研究へと波及し，さらに消費者認知研究へと進展してきている。潜在的認知に関する研究の近年における急増は，意識的な認知の外で生じる精神的過程が，人の判断や行動に重要な影響をもちうることを明らかにしている。

3　長期記憶の知識構造

　長期記憶に情報を貯蔵するためには，刺激やでき事を解釈し，認知的表象の形態にコード化する必要がある。コード化は，既有知識に依存する。刺激を既有の知識と関係づけ，刺激が特定のカテゴリーに属することを認識することによってコード化される。

a 連想ネットワーク

　長期記憶のなかには膨大な知識が蓄えられているが，それらの知識はバラバラに蓄えられているのでなく，関連のあるもの同士が結びついて連想ネットワークを構成している。知識と知識を結びつけている要素をリンクとよび，個々の知識をノードとよぶ。連想ネットワークモデルでは，個々の知識の心的な表象を，さまざまなタイプのリンクによってほかのノードと結びつけられた個別のノードと

考えられている（Collins & Loftus, 1975）。概念や属性は，ノードによってあらわされる。例えば，飲料についての知識をあらわしている連想ネットワークでは，清涼飲料水，ビール，コーラなどに対応するノードが存在し，また辛口，喉の渇きを癒す，美味しいといった属性に対応するノードが存在する。概念と属性は，リンクを通じてほかの概念や属性と結びついている。これらのリンクは，概念や属性を同時に経験したり考えるときに，形成され強化される。たとえば「ビール」と「喉の渇きを癒す」のリンクは，消費者が初めてビールを飲み，この飲み物はとくに喉の渇きを癒すと実感したときに形成される。そして，ビールがどのように喉の渇きを癒すのかと考えたり，喉の渇きを癒すビールのCMをみるたびにこれらのリンクが強化される。

　ある知識が記憶からとり出されるとき，その知識とリンクしている知識はとり出されやすい状態になる。このことを知識の活性化とよぶ。ある知識が活性化されると，それとリンクしている知識が次々と活性化される。このようにリンクを通して知識が活性化されることを活性化拡散とよび，活性化されることにより，知識を結んでいるリンクは強化される。

b カテゴリー

　カテゴリーは，いろいろな特徴と結びつけられた対象の小さなネットワークから構成されており，ある刺激を同じ種類の刺激であるとみなすときの，対象の分類に関する最も基本的な知識構造である。例えば，自動車や清涼飲料水といった製品カテゴリーに関する知識をいう。私たちは刺激を，自動車や清涼飲料水であるとカテゴリー化することにより，刺激に対して意味を割り当て，その刺激の一般的な特性や機能について考えることを節約する（Bruner, 1957）。

c スキーマ

　何らかの対象に関する知識を表象する認知構造をスキーマとよぶ。スキーマは，構造化され組織化された枠組み的な知識であり，対象を意味づけるため用いられる。ひとは具体的な経験を一般化したり抽象化して，ひとまとまりの知識として長期記憶に貯蔵しており，必要に応じてとり出して利用することにより，新たに生じる状況に対処する。例えば，消費者はフィルムカメラについて，種々の経験を通してスキーマを形成しており，新製品が発売されるとそのスキーマを使って理解しようとする。フィルムカメラと異なるデジタルカメラが発売されると，はじめはフィルムカメラのスキーマを使ってデジタルカメラを理解しようとする。

フィルムカメラのスキーマで解釈できないとき、既存のスキーマを修正して、新しいスキーマを形成する。したがって、消費者がブランドや製品カテゴリー、店舗についてどのようなスキーマをもっているかを明らかにすることは、マーケターが新製品開発をするうえで非常に参考となる。

d ステレオタイプ

スキーマの一種で、特定の社会集団やその成員に対して抱いている、一般化された信念や期待などの認知様式をステレオタイプとよぶ。ステレオタイプは、カテゴリーに対する紋切り型の認知傾向で、固定的で否定的な内容となりやすいが、必ずしも否定的なものばかりではない。例えば、消費者は製品の製造国がドイツというと頑丈で壊れにくい、イタリアというとデザインがよいといったステレオタイプをもっており、商品の購買に影響することが知られている。

e スクリプト

ある状況下で予測される一連の出来事に関する知識をスクリプトとよぶ。スクリプトは、状況と行動的な出来事との因果関係の連鎖からなる一体化された知識構造である。例えば、レストランでの食事やスーパーでの買い物などのスクリプトは、一般的な日常の出来事を規定している、ステレオタイプ化した一連の出来事からなる知識構造を表現したものである。

2節　記憶と情報処理

消費者が環境から情報を取得し意味づけを行う情報処理過程は、図5-2に示す

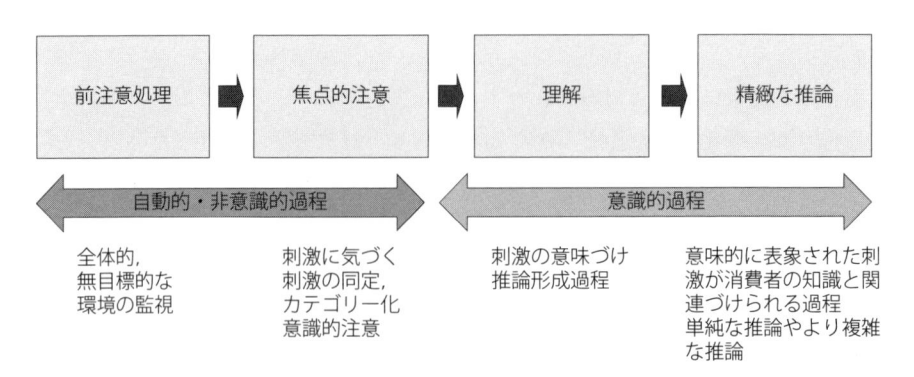

図5-2　消費者が情報を取得、表象、符号化するプロセス

ように①環境の全体的な監視をする前注意処理，②刺激の同定，カテゴリー化を行う焦点的注意，③刺激の意味づけを行う理解，④意味的に表象された刺激と知識との関連づけを行う精緻な推論の4つの段階に大別される（Greenwald & Leavitt, 1984）。情報処理過程のこれらの各段階は，記憶と密接に関係している。

1 前注意処理

前注意処理は，外界の情報を広範囲にわたって素早く自動的に処理するプロセスである。前注意処理で刺激が大まかに分析されたあと，既有知識により特定の情報に注意が焦点化され，深く分析される。

消費者は，広告に偶然，無意識に接触するうちに製品について学習する。新聞の記事の間にある広告，ホームページの周辺部にあるバナー広告やスクエア広告，テレビ番組中のCM，これらの広告を消費者はほとんど意識してみていない。消費者が関心のあるのは新聞記事であり，インターネット上の情報であり，テレビ番組であり，広告ではない。通常，情報取得には高次の認知活動は非常にわずかに関係しているだけであり，多くは自動的，非意識的に行われる。この前注意処理には，潜在記憶が関わっている。刺激への偶発的な接触は，消費者の経験を思い出させたり気づかせることなしに，消費者の判断や選択に影響を与える。潜在記憶は迅速に作用し，消費者自身の認知的努力を必要としない。前注意処理は，意識的な意図や注意，心的活動による推論なしに生じる処理過程である。認知システムに入ったマーケティング刺激は，知覚情報の特徴分析が行われるとともに，その意味を捉える意味分析が行われる。

a 特徴分析と意味分析

前注意処理は，意識の周辺で作動し，刺激の親近性と重要度についての効果的で迅速な環境の分析を行う。特徴分析は，刺激の輪郭や明るさ，コントラストのような知覚的情報の分析である。一方，意味分析は，刺激はどういうものか，何をするものかといった刺激の意味を捉える働きをする。

前注意処理過程は，刺激の基本的特徴や物理的特徴の分析だけではなく，概念的特徴といった抽象的な属性の分析を含んでいる。例えば，広告で提示された製品の性質や使用状況，使用結果のような分析を含んでいるため，広告で提示された製品と店頭の商品の形態が異なっていても，店頭で広告と同じ製品であると認知できるのである。シャピロ（Shapiro, 1999）は，広告への偶発的な接触が広告

の概念的な情報処理を誘発することを明らかにしている。典型的な使用シーンへの製品の埋め込みは，接触中に記憶にある製品概念の活性化を促進するために，製品単独での提示よりもいっそう製品を思い出させるという結果から，広告への偶発的な接触は，特徴分析だけではなく意味的に処理されると主張している。

b 注意の対抗活性化

外的刺激によってある対象に意識的に注意が向けられると，同時に潜在的な注意が働く。この2つの注意は，相互に作用することによって刺激の処理を行う。ジャニスキー（Janiszewski, 1988, 1990, 1993）は，潜在記憶の効果が意識的注意の副次的効果によることを明らかにしている。人間の大脳の右半球は，刺激に対する全体的な印象の処理をつかさどっており，画像処理では右半球の活性化レベルが相対的に高い。左半球はボトムアップ処理やデータ駆動型処理，特徴分析に適応しており，テキストデータの処理では左半球の活性化レベルが相対的に高い。

このとき視覚野の位置は，大脳半球と反対の位置に対応する。対抗活性化仮説（matching activation hypothesis）によると，一方の半球がその半球の情報処理スタイルに適合する情報によって活性化されると，もう一方の半球は2番目の刺激材料の精緻化を促進する。一方の半球が活性化されればされるほど，反対の半球の情報処理資源を増加させることによって対抗する。すなわち焦点情報の処理のために，一方の半球に認知資源が結集されると，もう一方の半球の認知資源も結集され，非焦点情報の処理の準備をする。したがって，意識的に注意が向けられないブランドネームや広告メッセージが，使われない半球によって処理されやすい位置に置かれていると，非意識的情報処理を増大させる。この非意識的な情報処理は，焦点情報処理の副次的な効果であり，消費者の態度に影響するという。

この仮説をジャニスキー（Janiszewski, 1990）は，香水のプリント広告を使って，女性モデルの写真とブランドスローガン，ブランドネームの配置を変化させることにより検証している。ジャニスキーによると，広告をみる人は最初に女性の写真をみて，次にブランドスローガンをみる。視覚野の周辺にあるブランドネームは，使用されない大脳半球の処理しやすい位置にあると処理されやすい。消費者が写真に注意を向けるとき，右半球が使われる。したがって，視覚野の左側に写真が配置されているとき情報処理されやすい。対抗活性化仮説によると，このとき写真の右側に置かれた周辺情報を処理するために左半球が準備をする。したがってブランドネームは，写真の左側より右側に配置されたとき無意識的に処理

されやすくなる。反対にスローガンを読んでいるときは，左半球が活性化される。ブランドネームのような簡単な単語は，いずれの半球によっても効率的に処理されるので，ブランドネームはスローガンの右側に配置された方が処理される機会が増えると考えられる。実験結果は，ブランドネームをモデルの顔の右に配置したとき，スローガンの横であれば左に配置したとき，ブランドネームに対する評価が高かった。

c 単純接触効果

　偶発的な接触による刺激に対するポジティブな効果を，単純接触効果とよぶ。人は繰り返し刺激に接触すると，刺激に対して好意的な感情を抱く。例えば，テレビCMに繰り返し接触すると，CMに好意的感情をもつようになる。

　単純接触効果は，人が露出された刺激に意識的に気づかないときにも生じる。クンスト－ウィルソン&ザイエンス（1980）は，瞬間露出器を使って10個の不規則な多角形を各々1ミリ秒間，5回繰り返し提示した。提示した図形（ターゲット図形）と提示しなかった図形（誤答選択肢）を対にして，どちらを前にみたかを選択させる二肢強制選択再認テストでは，実験参加者は誤答選択肢の比較セットとターゲット図形を区別することができなかった。これに対して感情選好テストでは，実験参加者は誤答選択肢よりもターゲット図形（みたことがある図形）を好んだ。このことは，実験参加者は刺激を認識することなく，感情によってターゲット図形と誤答選択肢とを区別することができ，刺激との単純接触が無意識レベルで刺激に対する親しみと好み（感情）を形成することを示唆している。このように単純接触効果は，以前にその刺激をみたという意識的な認識を必要としない。

　この現象を説明するために数多くの理論が提出されているが，そのなかで代表的なものが知覚的流暢性誤帰属説である。この説では，繰り返し接触した刺激は，知覚するときにより流暢に処理が行われるようになり，処理が流暢だと感じることが刺激に対する親近感や好意に誤帰属されることで起こると考えている。

2 焦点的注意

　焦点的注意は，特定の刺激に注意が焦点化され，刺激の同定，カテゴリー化が行われるプロセスである。人の認知システムには情報処理容量の制限があるため，非常に限られた刺激にだけ注意を払い，焦点が当てられない刺激は無視され

る。焦点的注意は，ほとんど無意識的に働き，刺激に気づき同定されると，カテゴリー化が行われる。

a 焦点的注意の影響要因

焦点的注意は，刺激特性と消費者特性によって影響を受ける。刺激に対して焦点的注意が働くには，刺激を背景から目立たせる独特な特徴を必要とする。また消費者の動機づけ，意図，好み，態度によって焦点的注意が誘発される。例えば，新車に関心の高い消費者は，ニューモデルの広告に気づきやすい。腹がすいていると，食べ物の広告やファストフードレストランに注意を向ける。これらは，ある部分は意図的な注意が関わっているが，多くは無意識的な注意による。

広告制作者は，広告の突出性，迫真性，新奇性が消費者の注意を引くことを経験的に知っている。そのため消費者が広告に気づく機会を増やそうと，これらの特性をもつ刺激を広告のなかで多用する。突出性（salience）は，刺激が環境と異なる程度と関係しており，状況によって変化する。例えば，トヨタのレクサスは満杯の駐車場では突出しているが，ベンツなどのほかの高級車のなかでは目立たない。突出性のある広告を制作するために，ユーモアやカメラアングルの変更（上方へのアングルはブランドを実物より大きくみせる）といった手法が用いられる。消費者の判断や意思決定への突出性の効果は，個人の情報処理への動機づけによって異なる。情報処理への動機づけが弱いときは突出性の効果が大きいが，動機づけが強いと効果は減少する。

迫真性（vividness）は，刺激に対する情緒的な関心や，具体的なイメージの誘発性，感覚的・時間空間的な近接と関連する刺激特性であり，文脈に依存しない。また迫真性は，知覚者の特性（ある消費者には情緒的に関心があるものが，他の消費者には関心がない）や，広告自体（製品情報の具体性，広告の要素との近接）によって変化する。

新奇性（novelty）は，消費者の"新しさ"の知覚に関係している。広告のなかの製品情報が，消費者の予期と異なっていたり，予期を否定する程度と関係している。既存の予期を否定する製品情報は，消費者に驚きの反応をもたらす。驚きは，予期したものと実際に出会ったものとの不一致を解消するために，消費者の認知的資源を結集させて情報処理を動機づける。したがって広告の送り手は，消費者の予期を助長するために，"無料"とか"新"という表現を広告のなかで頻繁に使用する（Fennis, B.M., & Stroebe, W., 2010）。

b カテゴリー化

　焦点的注意における重要なプロセスが，カテゴリー化である。カテゴリー化は，入ってきた情報をカテゴリーの特徴と比較評価して，どのカテゴリーに属するかというラベルづけを行う過程である。ひとは刺激に意識的に気づき同定すると，刺激をカテゴリーに分類する。例えば，ロレックスは腕時計，高級品，スイス製といったカテゴリーに分類される。このような分類はカテゴリー化の働きによるものであり，このカテゴリー化過程は，企業のブランド拡張戦略と密接に関連している。

　ブランド拡張とは，企業が新製品を市場に導入する場合に，すでに確立されたブランド名を用いて同一製品カテゴリーでの製品ラインの拡張や，他の製品カテゴリーに参入することである。ブランド拡張の成否は，消費者が新製品を親ブランドと適合するようにカテゴリー化するかどうか，親ブランドが喚起するキーとなる連想と一致するかどうかで決まる。消費者は，新しいカテゴリーメンバーについての推論をするのに，カテゴリー情報を利用する。カテゴリー化は，製品属性やブランド，製品の使用方法などの突出した特徴との比較がベースとなる。例えば，ブランドが確立している車のニューモデルが市場に導入されたとき，消費者はブランドについて知っていることを使って，ニューモデルの評価をする。カテゴリー化は，消費者の既有知識や関与が高まるとより精緻化される。また新製品が，同じブランド名を使用している既存製品の類似性を分かち合っているとき，より簡単にカテゴリー化される。

c 典型性

　カテゴリーの典型性は，消費者の認知過程に影響する。カテゴリーに典型的なものほどカテゴリー化が速く，カテゴリーの事例としてあげられやすい。また記憶に残りやすい。

　製品カテゴリーの典型性は，消費者の製品の好みと関係する。一般的により典型的な製品は，そうでない製品よりも消費者に好まれる傾向がある。新規市場の開拓は，企業にとって魅力があるため，企業は新規市場への参入に力を入れる。市場へ最初に参入したブランド（先発ブランド）は，製品カテゴリーにおいて最も典型的な製品となるケースが多い。市場への参入戦略に関する研究は，先発ブランドは追随ブランドと比較して，競争上の優位性を示している。これは，製品カテゴリーにおける先発ブランドには新奇性があり，消費者の関心を引くため，

消費者は製品情報を精緻に処理して製品属性を学習する結果，製品に対するポジティブな評価を形成するためである。

3 理解

理解は，刺激から高次の意味を引き出すプロセスである。前注意処理と焦点的注意のあと，入力情報の表象やコード化は，理解や意味づけに関連する推論を形成する。この過程は，入ってきた情報が以前に貯蔵された知識と関連づけられる過程である。

a 客観的理解と主観的理解

企業が発信したメッセージを消費者がどのように理解したかについて，マーケターは2つの面で関心がある。1つは，企業（送り手）が意図したとおりに消費者（受け手）がメッセージを理解しているかどうかという客観的理解である。もう1つは，消費者がメッセージに付加した意味を含んだ主観的理解である。客観的な理解は，送り手が伝えようと意図したメッセージを，正確に理解したかどうかに関係している。多くの消費者は，情報の提示の仕方や送り手と受け手の知識の違いにより，マーケティングメッセージを誤解する。主観的な理解は，理解したことが正確であるかどうかにかかわらず，消費者が理解したことを反映している。

b 消費者の誤解

広告メッセージの繰り返しは，広告の内容が事実に反していることを消費者が理解しているときでさえ，消費者は受け入れてしまう。このような広告メッセージの誤解は，理解と精緻な推論の中間段階で生じる。広告内容が事実に反しているということを，消費者の使用報告などによって警告されていても，情報が溢れているなかでは，消費者はできるだけ努力なしに簡便に意思決定しようとする。競合する広告により注意をそらされると，最初に受け入れた広告が事実に反していることを疑う余分な努力をしようとしない。したがって，広告の反復は，消費者の受容性を増すために，広告主は繰り返し広告をオンエアする。

ホーキンス＆ホック（Hawkins & Hock, 1992）は，広告の繰り返し提示によって，広告内容の信憑性が増加することを，カーデス（Kardes, 2002）は，メッセージの反復が信憑性を増加させる親近感を増すことを明らかにしている。これらの研究は，事実に反している広告を消費者に繰り返し提示すると，消費者は広告

を真実として誤記憶することを示している。事実に反している広告の反復提示は，短期的には消費者に懐疑的な態度を生じさせるが，時間が経つと消費者はそれを真実として覚えている。これはスリーパー効果とよばれ，広告の反復が広告に対する親近感を増加させ，広告内容が真実であるという知覚を助長する一方で，広告の最初の文脈の記憶を減少させることによる。

また，メッセージの理解は，与えられた情報を超えた推論を導く。とくに推論が広告スローガンに反応して形成されるとき，誤解を招きやすい。例えば，「ブランドXは世界で最高のビール」という広告表現は，事実に反する推論を誘導するために誤解を招く。この表現は，字義的には真実であるが比喩的には誤っており，消費者に誤った情報処理を導く。

4　精緻な推論

情報処理過程の最終段階である精緻な推論は，努力を必要とする熟慮的な思考過程であり，十分な意識を必要とする（Greenwald & Leavitt, 1984）。精緻な推論は，意味的に表象された刺激が，単純な推論や複雑な推論の準備として，以前に貯蔵された消費者の知識と活発に関連づけが行われる過程である。

a　刺激による推論

製品特性やパッケージ，ブランドネーム，価格，流通，プロモーションなどが，消費者の製品やサービスの推論に影響する。消費者は，製品知識がないときや熟慮する時間がないとき，これらの刺激特性から主観的理解や推論をする。

ブランドネームは，主観的な理解や推論を生み出す。例えば，スカイラインGTRのような自動車のブランドにつけられた英数字は，技術的な洗練さや複雑さと結びつけられる。また，製品特徴やパッケージによる推論をもとに，新発売された製品を主観的に理解する。例えば「保証期間が長い製品は，故障が少ない」というように，ある特性から他の特性の存在を推論する。消費者は，価格とパッケージの大きさとの関係についての既有知識を使って，「大サイズの商品は買い得である」と主観的に理解する。また，パッケージの特徴が，推論を引き起こす。パッケージが製品カテゴリーの典型的なブランドと類似していると，模倣品に対してネガティブに反応しない。製品の製造国についての情報は，消費者が製品について考えるときに影響する。日本の消費者は，「国産の製品は他国の製品より品質が高い」と推論する傾向がある。ときどき，消費者は価格にもとづいて製品

やサービスの推論をする。例えば,「価格が高い製品は,品質が良い」と推論する。美的満足感を与える小売店の雰囲気は,家庭製品のような実用的な製品でなく,宝石や貴金属のような品質の判断基準をもたない製品の知覚に,ポジティブな推論を引き起こす。

b 自己スキーマと推論

長期記憶には,自分自身に関する知識が体制化され保持されており,スキーマとして働く。精緻な推論には,この自己スキーマが大きな影響力をもつ。消費者の自己スキーマは,消費者個人の特性,価値観,信念を包含する集合体から形成されており,情報処理に強力な影響を及ぼす。例えば,広告に含まれる自己スキーマと一致する製品情報は,消費者を詳細に情報処理するように動機づける。フィーラーら(Wheeler et al., 2005)は,外向的な実験参加者は,外向的な広告(パーティの賑やかさを体験できる製品)が提示されたとき(広告と自己スキーマがマッチしたとき),強い論拠のある広告による説得効果が高い。反対に,自己スキーマと広告のフレームがミスマッチのときは,態度と広告の論拠のタイプとの関係が弱いことを明らかにしている。

c 消費者のメタ認知

人が自分自身の内面の状態を熟考したり,その過程から何らかの推論をすることをメタ認知という。消費者の熟考の対象が,広告や製品,ブランドではなく熟考そのもののとき,メタ認知が生じる。メタ認知は,消費者が知覚した情報をもとにしない。情報をどのように知覚したか,消費者自身の判断や評価過程について考えた範囲や方向が関係する。例えば情報の検索のしやすさは,「たやすく思い出すことができることは正しい」という推論を導く。

バンキートら(Wanke, et al., 1996)は,ひとは検索された情報の妥当性の診断に,検索しやすさを用いることを明らかにしている。彼らは広告を提示して,BMWの車を購入すべき(購入すべきでない)理由を1つか10個あげさせた。BMWを買う肯定的な理由を1つあげるよりも,10個あげるように教示されたグループで,BMWの車に好意的な人が少なかった(ネガティブ条件では反対の結果であった)。また10個の否定的な理由をあげるように教示されたグループより,10個の肯定的な理由をあげるように教示されたグループの方が,BMWの車に対して好意的な人が少なかった。このことは,メタ認知による推論が,消費者の態度に影響することを示している。

メタ認知過程は、ときどき自動的、非意識的に働くが、マーケターの広告による説得や動機づけに対する消費者のメタ認知的信念の形成には、消費者の認知的努力を必要とする。メタ認知的信念は、マーケターの隠された動機が明らかにされると、説得に対する懐疑的態度や不信、抵抗を消費者にもたらす。

3節　判断と記憶

　広告効果は一般に、広告に接触した消費者に、広告内容やブランドネームの再生知名や再認知名を調べることによって測定される。この手続きは、人の判断や態度はその根拠となる論拠の想起と関連しているという考え方が前提となっている。しかしながら、この前提にもとづく効果測定は、誤った方向に導く。広告との接触は、潜在記憶に影響を与えるため、顕在記憶の測定ではとらえることができない。広告のターゲットは、広告に接触しながらオンラインで製品判断をする。そのため、広告キャンペーン中のメッセージの論拠の想起は、製品に対する消費者の態度とは必ずしも一致しない。消費者は広告内容を想起することができなくても、広告の影響を受ける。また広告を価値がないと思っても、広告内容を覚えている。

　広告との接触は偶発的であるため、顕在記憶に影響しないが、潜在記憶に痕跡を残す。ヨー(Yoo, 2008)は、広告との偶発的な接触が潜在記憶に影響することを、インターネットのバナー広告を用いて明らかにしている。実験参加者は、広告のブランドに対してポジティブな態度を示した。しかしながら、広告再認テストでは、実験群によって違いがみられた。バナー広告に注意するように教示されたグループでは、教示されなかったグループより、広告再認テストの成績が良かった。一方、ホームページの内容を読むことに集中していた実験参加者は、ウェブ広告をみたことを思い出せなかったにもかかわらず、広告への態度は、広告に注意を払うように教示されたグループと同じように影響を受けた。

　したがって、もし顕在記憶の測度（広告再認テスト）だけでバナー広告のインパクトを評価をすると、誤った結論を導くことになる。広告キャンペーンの目的は、消費者が製品を購買する確率を高めるように、消費者の製品に対する態度を変化させることにある。したがって広告キャンペーン効果の測定には、広告内容の想起よりも、キャンペーンによる態度変化の指標が重要となる。

1 メモリベース判断とオンライン判断

長年，社会心理学ではコミュニケーションに含まれる論拠の記憶が，コミュニケーションの態度への影響を測定するための良い指標であると考えられてきた。マクガイア（McGuire, 1985）は，説得的コミュニケーションによって引き出される態度変化は，コミュニケーションに含まれる論拠の受容性によって決まると仮定している。しかしながら，この仮説の実験的な検証は，メッセージの論拠によって測定されたメッセージの受容性は，態度変化と関係しないことを明らかにしている（Eagly & Chaiken, 1993）。その理由について，ハスティ＆パーク（Hastie & Park, 1986）は，オンライン判断（現在進行中の即時的判断）とメモリベース判断の違いを指摘している。

消費者は，種々の広告をみているときに購買計画を立て，ブランドに対する態度を形成する。例えば，デジタルカメラを買おうと思ってカメラ雑誌を読んでいるならば，情報を取得しているときに，どのブランドにするか意思決定しようとする。あるいは，少なくとも限られたブランドに絞り込みを行う。不要な情報を切り捨て，特定の情報を精緻化し，その情報に対する態度にもとづいて意思決定する。オンライン判断をするとき，情報と接触しながら情報の統合を行うので，たとえ後でそれらの情報を想起できたとしても，ブランド評価は製品の論拠と一致しない。しかし，広告を読んでいるときでも，買う意図がないときとでは状況が異なる。もし，広告を読んだ数日後に，友人からカメラを買うのに助言を求められたならば，メモリベースの判断になる。雑誌で読んだ情報を検索し，想起した情報を基にブランドの評価をする。

想起と評価とに関連がないということは，オンラインで判断した後に，評価のもとになった情報をすぐに忘れたということを意味しているわけではない。オンライン判断する人の評価が，論拠の想起と関連しない理由は，人は情報に耳を傾けながら評価を形成し，与えられた情報をより精緻化しようとするためである。製品を評価するとき，提示された情報自体よりも，最初に形成された情報に対する自分自身の反応と精緻化に過度に依存する。

2 ブランド選択と認知的アクセスビリティ

ブランド選択状況は，メモリベースと刺激ベースのいずれで判断するかによって異なる。例えば，車を購入する場合ほとんどの消費者は，ディーラーに行く前

に価格や性能などの情報をもとに，購入する車を決定する。したがって，車の購入は，メモリベースの意思決定である。これに対して，スーパーマーケットで購買リストをもとに買い物をする場合は，事前に購入する製品カテゴリーを決めて店に行き，店頭でブランドを決定するので，刺激ベースの意思決定といえる。メモリベースの選択では，購入を考慮するブランド集合の構成は，ブランドへの認知的アクセスビリティによって強い影響を受ける。刺激ベースの選択においても，アクセスしやすいブランドは，そうでないブランドに比べて注意を引き，親しみを感じるため，ブランドへの認知的アクセスビリティが影響する。

　リー（Lee, 2002）は，概念の精緻化の違いは，刺激ベースの選択よりもメモリベースの選択において大きな影響力をもつという仮説にもとづき，メモリベースと刺激ベースのブランド選択における潜在記憶の影響を検証している。ブランドを単独提示する（例えば「Heineken」）か，文の一部として提示する（例えば「彼は Heineken のケースを車のトランクに入れた」）かによって概念の精緻化を操作し，操作の違いが顕在記憶と潜在記憶の測度とで異なる影響力をもつことを明らかにしている。文のなかでのブランド名の提示は，顕在記憶の測度である再認テストで成績が良かった。一方，ブランド名の単独提示では，潜在記憶の測度で良い成績を示した。また，これらの操作は，刺激ベースのブランド選択よりも，メモリベースの選択に影響力をもった。同様に強い選好をもたない製品カテゴリー（歯ブラシ，チューインガム，キャンディバー，咳止めドロップ）でのメモリベースの選択は，精緻化を促進する文脈で（文の一部として）提示されたときに，ブランド評価が高かった。一方，刺激ベースの選択では，ブランド名が単独で提示されたときにブランド評価が高かった。消費者のブランド選択は，特定のブランドに対して強い選好をもっていない場合や，好みのブランドを利用できない場合，認知的アクセスビリティの影響を受ける。

　認知的アクセスビリティは，上述したようにプライミングによって活性化される。ブランド名のプライミングは，認知的アクセスビリティを増加させる。見慣れないブランド名は，プライミングにより情報処理の流暢性を増加させるので，ブランドに対する好意度を増加させる。しかし，見慣れたブランドは，プライミングによる流暢性のさらなる増加を見込めない。したがって，プライム刺激が，ブランドロゴやブランドネームに加えてポジティブな説得情報を含んでいなければ，プライミングはブランド評価に影響しない。また，プライミングは，刺激ベー

スよりも記憶ベースのブランド選択に影響する。より多くの概念の精緻化を必要とするプライミングは，メモリベースの選択では効果的であるが，刺激ベースの選択では効果が少ない。刺激ベースの選択では，ブランド名の単独露出が効果的である。プライミングによるブランド名のアクセスビリティの増加は，購買意思決定よりも消費者の考慮集合にブランドを入れることに影響する。しかしながら，消費者が特定のブランドを選好していないときや，好みのブランドを入手できないとき，プライミングは購買意思決定に影響する。

4節　忘却

　記憶は，時間経過により減衰する。忘却と時間経過とには，強い正の相関関係がある。しかしながら，時間経過による記憶の減衰が，忘却の唯一の原因ではない。忘却は，情報との接触と想起との間の経験によって影響を受ける。この間に大量の競合情報と接触すると，忘却が加速される。競合情報による記憶の減衰は，記憶の干渉による。類似の刺激との接触が，すでに学習した刺激の記憶に干渉する。あとに学習したことが前の学習を妨げることを逆行干渉という。反対に，前に学習したことが，あとの学習を妨げることを，順行干渉という。
　消費者は，毎日，たくさんの広告によって記憶の順行干渉や逆行干渉の影響を受けている。大量の広告が消費者の注意を制限することは，広告クラッターとして知られている。広告クラッターとは，広告が溢れていて受け手が混乱し，広告内容を覚えていられなくなったり，広告に関心を示さなくなることをいう。視聴者は，テレビを消したり，チャンネルを変えたり，飲み物を補給したり，トイレにいくことにより，広告クラッターに対応する。

1　記憶の競合干渉

　消費者の記憶の競合干渉に，情報処理目標とブランドの親近性が影響する。消費者は製品を購入する目標をもって広告に接触するとき，広告しているブランドを入念に情報処理するため，競合情報による干渉を受けにくい。またブランドの親近性が高いと，同様に競合干渉の影響を受けにくい。消費者は，ファミリーブランドに対して確立した知識構造をもっており，この知識構造によって新しい情報を統合するため，新しい情報はブランドネームと強力にリンクされる。し

がって競合情報は，想起に影響しない。反対に馴染みのないブランドは，ブランドの知識構造が欠如しているため，ブランド情報は製品カテゴリーとリンクされる。そのためブランドネームと広告内容とのリンクが弱く，ブランド情報を活性化しない。

2 広告クラッターの干渉

広告クラッターによる干渉に対して，マーケターは検索手がかりの使用，広告の反復，広告ブロック内の有利な位置へ広告の配置などで対応する。クマー＆クリッシュマン（Kumar & Krishman, 2004）は，検索手がかりとして広告での画像の使用は，類似の画像が他の広告で使用されると混乱することを明らかにしている。しかしながら，もし広告で使用される画像が他と明確に区別されるならば，手がかりとしての画像の使用は，ブランドネームと広告内容を検索するのに役に立つ。検索手がかりの使用は，同じ製品カテゴリーの競合ブランドの干渉を低減するのに役立つであろう。

3 広告の反復と間隔

広告の反復提示と想起との関係は，提示の仕方によって影響を受ける。広告の反復提示は，集中より間隔をおいたほうが，その後の想起確率を増加させる。この効果の理論的説明に，注意仮説，符号化変動性仮説，検索仮説がある。注意仮説によると，人は広告が同一で，無視しても情報を見落とさないとわかると，2回目や3回目の広告の露出に注意を払わなくなる（Hitzman, 1976）。符号化変動性仮説では，広告露出の間隔があくことが，符号化の変動性を増加させるために想起を強化する（Appleton-Knapp, Bjork & Wickens, 2005）。情報の符号化の仕方の変化が，より多くの手がかりや連想を形成するために，その後の想起を促進する。もし，広告の反復が最初の露出のすぐあとならば，個人の心的状態や文脈はほとんど変化しないので，刺激は最初と同じように符号化される。しかしながら，時間間隔が長くなると広告の露出間に干渉がおこり，文脈と心的状態の変化により，最初とは異なる符号化がおこり，あとの想起確率が高まる。検索仮説は，検索自体が学習の結果であるという考え方にもとづいている。情報が記憶から検索されるたびに，次に想起される確率が高まる。検索が難しくなればなるほど，そのことが学習の結果であるという可能性が高まる。広告の最初の露出と2番目

の露出の時間間隔の増加によって，広告の検索がいっそう難しくなるために間隔効果が生じる。しかしながら時間間隔が長すぎると，検索が困難になり，検索手がかりとして働かなくなる。

4 系列位置効果

単語や無意味綴りからなるリストの系列学習では，中間で提示される項目より最初や最後に提示される項目がより想起される。系列の最初の部分の再生率が高いことを初頭効果，最後の数項目の再生率が高いことを新近性効果という。二重貯蔵庫モデルによると，初頭効果は最初の数項目が，空の短期貯蔵庫に入るためリハーサルを多く受け，長期記憶として定着する可能性が高いからとされている。これに対して，新近性効果は，リスト提示直後，それらの項目がまだ短期貯蔵庫のなかにあって，そこから読み出されるからであるとされる。リストの提示と想起の間隔があくと，新近性効果は消滅する。テレビCMは，番組の間（CMブレイク）にまとめて挿入されるので，CMの記憶も同様の系列位置効果がみられると考えられる。しかしながら，ニュージーランドと米国で実施されたフィールド調査では，CMの想起は，広告ブロックのあとよりはじめの方が高いという初頭効果のみがみられた。フィールド調査は実験室のテストと違い，CMがオンエアされてからある程度時間をおいて想起を測定しているために，新近性効果が観測されない。また，ブロックの最初のCMは，他のCMによる干渉を受けずに，より深い処理がなされるために想起がよいと考えられる。

6章○消費者行動における動機づけと感情

　新聞の折り込み広告をみて、数円でも安い商品を求めて遠くのスーパーまで買いに行く人もいれば、美味しいと評判のスイーツを求めて行列に並ぶ人もいる。なぜわざわざ遠くのスーパーまで買いに行くのか、なぜスイーツを買うために、長蛇の列に並ぶのか。これらの問いに答えるために、この章では、人々を行動に駆り立てる「動機づけ（motivation）」について考えてみたい。動機や欲求はどのように生じ、生じた動機が商品の購買に結びつくのか、また、欲求にはどのような種類があり、いかなる構造をしているのか、そして、このような欲求をいかに探るのかについて考えていきたい。

　欲求を上手に満たすことができれば、満足や幸福といった快さを感じるだろう。しかし、購入した物とは別の商品を買っておけば良かったといった後悔、すなわち不快な気持ちを抱くこともある。快や不快といった「感情（affect）」は、ディズニーランドでミッキーマウスと一緒に踊る楽しさや興奮といった商品やサービスの消費を通して経験できるだろう。これだけでなく、今晩観に行く予定のホラー映画を思い起こすと不安や驚きを感じるなど、経験はしていないが想像するだけで感じられることもある。また、今日は雨が降って憂うつだ、先生に理不尽な理由で怒られて腹が立ったといったことで、夕食が美味しく感じられないなど、まったく別の経験の評価に影響を及ぼすこともある。購買や消費という行為に対し、こうした感情がもたらす役割もこの章では考えてみよう。

1節　動機づけとは何か

　食事には目の前に食べ物が常に必要である。しかし、常に食べ物があれば食事を行うわけでもない。私たちの側に空腹という条件が必要である。空腹という状態は、ある程度の期間、食事を行わなかった結果であり、これによって人間に生理的欠乏状態あるいは不均衡な状態が出現する。このような生理的欠乏や不均衡な状態を欲求（要求：need）とよぶ。欲求には生理的なものだけでなく、友達と遊びたいとか、見知らぬ世界をみたいなども含む。欲求が生じることにより、この欲求を満たす方向へ行動を起こそうとする。すなわち、動因（drive）が強まり、この動因を低減する方向へ行動を起こそうとする。行動を起こすことによ

り，欲求に適合した誘因（incentive）が得られると欠乏あるいは不均衡な状態は回復する（河合，1976）。心理学では，このような過程を「動機づけ（motivation）」として検討してきた。この動機づけには先に述べたような行動を始発させる機能があるだけでなく，行動を特定の方向に指向し，選択的に目標を決定し，行動を持続させる機能をもつと考えられる（松山，1967）。消費行動では，消費者の欲求を満たす誘因は商品・サービスであり，それらを入手することで動因が低減する。

　消費行動においては，欲求を満たす商品・サービスが1つしかないことは珍しく，複数の商品・サービスのいずれもが消費者の欲求を何らかのかたちで満たすことが多い。欲求を満たし得る商品・サービスから，いずれを選択するかは，それぞれに誘因としての価値がどの程度備わるかによって決定される。すなわち，消費者の注意や興味，関心をよび起こすような特徴を商品やサービスがどの程度有しているかにより誘因の強さが規定される。とくに，購買行動では，消費者が自らの欲求を明確に認識していなくても，スマートフォンのような新しい商品・サービスの出現によって新たな欲求が喚起される場合もある。

　商品開発やマーケティングなどの商品を消費者に提供する側の立場から欲求を考える場合，生理的な欲求に代表される基本的欲求は漠然とした不満などを生じさせるが，特定の商品・サービスとの対応関係が必ずしも明快ではない。このため，マーケティングなどの領域では，基本的欲求をニーズとよび，ニーズがより具体化し，商品・サービスを欲する状態をウォンツ（wants），そして具体的なブランドレベルで商品やサービスを欲するデマンド（demand）として区分する場合もある（田中，2008）。例えば，ニーズとして空腹を感じた際に，これを満たすために，そばやラーメンを食べたいと欲することはウォンツ，「カップヌードル」を欲することはデマンドに相当すると考えられる。

2節　動機づけの内容理論

1　欲求の階層構造

a　欲求階層説

　私たちが，商品を購入することで満たされる欲求は1次的な欲求と2次的な欲求の2つに分けることができる。1次的な欲求は前述したような生理的な欲求であり，飢え，渇きなど人間の生存に不可欠なものである。2次的な欲求は承認，

所属，愛情，達成，金銭などへの欲求であり，経験や学習を通じて獲得した社会的な欲求が主となる。マズロー（Maslow, 1970）は，これらの欲求を5つに区分し，階層的に整理した。

マズローは，人間の基本的欲求を生理的欲求，安全欲求，所属と愛の欲求（社会的欲求），自尊欲求（尊敬欲求），自己実現欲求という5つに分類した。この5つの欲求は階層構造をなしており，低次の欲求が満足されると，その欲求の強度もしくは重要度が低下し，1段階上位の欲求が強まるとされる（図6-1）。以下にこの5つの欲求の概略を示す。

(1) 生理的欲求（physiological needs）

生理的体系としての自己を維持しようとする欲求であり，具体的には，食欲や性欲，睡眠などの生理的欲求である。

(2) 安全欲求（safety-security needs）

苦痛，恐怖，不安，危険などを避け，安定・依存を求める欲求であり，見慣れたものを求める欲求も含まれる。

(3) 所属と愛の欲求（belongingness-love needs）

他者との友好・愛情関係や集団への所属を求める欲求である。社会的欲求（social needs）ともいわれる。

(4) 自尊欲求（esteem needs）

自己に対する高い評価や自尊心をもちたいと思い，業績・熟練・資格・自信・独立などを求める欲求であるとともに，他人から尊敬されたり，尊重されたい

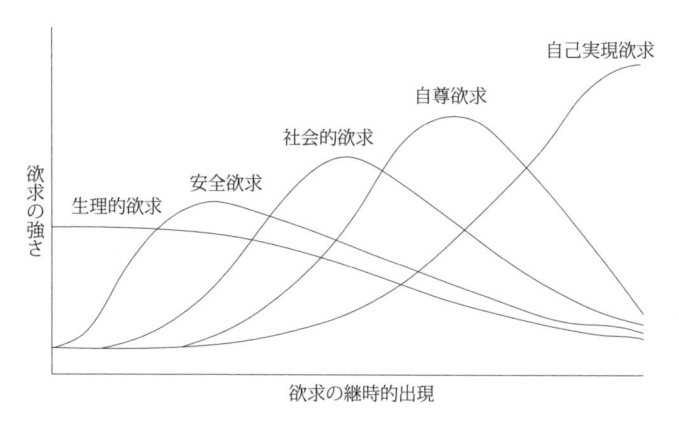

図6-1　マズローの欲求階層モデル（田尾，1993より改変）

と思い，評判・名声・注目・畏敬などを求める欲求である。
(5) 自己実現欲求（self-actualization needs）
　自己の成長や発展の機会を求め，自己独自の能力の利用や自分が潜在的に有している可能性を求める欲求である。この自己実現欲求だけは，これが満足されてもその強度もしくは重要度は減少せず，逆に増加すると仮定されている。欲求階層を昇りつめて最高次欲求に到達した人は，この欲求でより高いレベルの満足を求めて行動し続けると仮定される。

b　消費者行動との関連
　マズローのモデルは消費者がもつ欲求は普遍的で変化しないことを仮定しており，この欲求を充足させる要因も固定され，変動が少ないことが暗黙裡に仮定されている（田尾，1993）。一方，消費者をとり巻く市場環境は日々変化し，消費者の欲求も変化していく。消費者をとり巻く環境の変化に基本的欲求の充足がどのように関連していくのかを対応づけることは容易なことではない。しかし，例えば，少子高齢化の進行とともに，睡眠や食に対する欲求が変化し，単独世帯の増加といった世帯構成が変化していくことは，基本的欲求の充足のあり方を揺るがす変化である。人口構成の変化と基本的欲求の充足との関連を絶えず注視していくことは，消費者の動機を理解するうえで必要である。

2　HM理論と購買動機

　値段が安いものを求める欲求は強い。しかし，値段が安ければ，粗悪品でも良いとはならない。消費者は商品の購入において，少なくとも，これだけの品質を満たして欲しいという必要条件（H要因）を設定している。では，価格が安く，品質が良ければ，消費者は商品を購入するであろうか。価格や品質だけでなく，色柄やデザインで自分の気に入ったものを欲する消費者も少なくない。商品やサービスの主要な品質向上に寄与するわけではないが，満たして欲しいという魅力条件（M要因）も消費者は設定することが多い。すなわち，必要条件は消費者に安心感を与える要因であり，後者の魅力条件はこの必要条件が満たされたうえで，消費者をより引きつけるための要因と考えられる。小嶋（1972）は「必要条件―魅力条件」理論（HM理論）としてこれらの議論をまとめている。
　必要条件あるいは魅力条件に相当するものを特定することは案外難しい。例えば，ブランド名は「このブランドならしっかりした品質の商品を提供するはず

だ」といった安心感を消費者にもたらすだけでなく,「とにかくこのブランドのものでなければ」といったブランド名自体に大きな魅力を感じる場合もある（小嶋, 1972)。前者は快適で安全な生活を生み出すのに必要な機能を満たすシンボルとして機能し，後者は当該ブランド商品の所持により，他者との差別化をはかる，自分への評価が高まることなどを期待している。

トピックス6◇ネスカフェの教訓

　第2次世界大戦が終結してからしばらくして，スイスに本社のあるネッスル社は新しいコーヒー（インスタントコーヒー）をアメリカで発売した。新しいインスタントコーヒーは完全にドリップ式のコーヒーにとって代わるものではないが，簡単にコーヒーを飲める便利さに加えて，美味しかったので，アメリカでインスタントコーヒーはかなりの売り上げを記録した。
　ところが，しばらくすると販売量が低迷してきた。インスタントコーヒーを試しに買ってみる人は多かったが，その後も続けて購入する人が少なかったのである。消費者になぜインスタントコーヒーを購入するのをやめたのかと尋ねると，その風味がドリップ式と異なると答えたのである。しかし，ブランドマネージャーは，これは真の理由でないことは知っていた。というのは，ネッスル社が行った風味に関する調査結果から，ドリップ式のコーヒーとインスタントコーヒーを消費者が識別できないことははっきりしていたからである。ヘアー（Haire, 1950）はこの理由を求めて研究を始めた。
　ヘアーは，消費者がネスカフェの利用に対して何を意味づけしているのかを調べた。彼は，調査の参加者に買い物リストを示し，これらの品物を買う女性はどのような人（例えば，性格など）だと思うかについて簡単に書き出してもらった。買い物リストは実際に買い物に使われたものであり，2種類あった（表を参照）。参加者の半数には一方のリストを，残りの参加者にはもう一方のリストを示した。これらのリストには，一般によく購買されている7つの商品（ブランド名も含む）が記載されており，2つのリストの違いは，記載されている商品が1つ違うだけであった。その商品とはコーヒーであった。一方のリスト（リストA）にはインスタントコーヒーであるネスカフェが，もう一方のリスト（リストB）にはドリップ式のコーヒーであるマックスウェルコーヒーが記載されていた。
　結果は，驚くことに，購入したコーヒーのタイプが異なるだけなのに，参加者はかなり異なる消費者像を想像した。マックスウェルコーヒーが入ったリス

トを受けとった人は，特定の消費者像を想定せず，マックスウェルコーヒーの購入者を肯定的に受け止めていた。しかしながら，ネスカフェが入ったリストを受けとった人では想定した消費者像が一致していた。それは，怠け者や計画能力がないという点であった。

　これらの結果から，ネッスル社は，ネスカフェを使うことで，忙しく，活動的な女性へ，妻として母として，そして，家族のかなめとして家事に専念する時間を提供できることを広告で訴求していった。この広告コンセプトの変更や，多くの競合ブランドの参入などによりインスタントコーヒーはアメリカであたりまえの商品となり，ネスカフェは主要ブランドとしての地位を確保したのである。

表　ヘアー（1950）が用いた買い物リスト

リスト A	リスト B
ハンバーガー	ハンバーガー
パン	パン
にんじん	にんじん
ベーキング・パウダー	ベーキング・パウダー
インスタントコーヒー	**ドリップ式コーヒー**
ももの缶詰	ももの缶詰
じゃがいも	じゃがいも

3節　消費者の動機を探る――モチベーション・リサーチ――

1　モチベーション・リサーチとは何か
――深層面接法とグループ・インタビュー――

　消費者がどのような動機にもとづいてブランドや商品の選択を行うのかを探ることは，消費者理解の主要な問題として古くから検討されてきた。アメリカでは1950年代に消費者の購買動機の調査（モチベーション・リサーチ）が行われ（トピックス6参照），日本においても1960年代に入ってから盛んに行われた。このモチベーション・リサーチでは，SD法（セマンティック・ディファレンシャル法）が積極的に導入された。しかし，SD法のような定量的な調査よりも，定性的な調査である面接法や投影法などの技法に関心が集まっていた。消費者自らが明確に把握していない購買動機を探ることに関心が寄せられるためである。

面接法を用いたモチベーション・リサーチとしては，深層面接法と集団面接法（グループ・インタビュー）がある。深層面接法では，対象者と調査員とによって1対1で行われ，その進行も質問やその順序などを構造化せずに行われる。面接では，調査員が対象者の個人特性や家庭環境（家族構成，各家族の当該商品との関連など），友人関係，これまでの対象商品の利用履歴，購入のいきさつ，商品に対する印象，とくに満足もしくは不満などを尋ね，対象者の回答に応じて質問内容や順序を工夫することで，購買動機を探っていく。深層面接法は調査員との相互作用を通して，消費者が明確には把握できない購買動機を探るという特色がある。

　モチベーション・リサーチでは，調査員との社会的相互作用だけではなく，対象者同士の相互作用を利用し，購買動機を探るグループ・インタビュー（図6-2）も用いられる。集団面接法では，深層面接法と異なり，4名から10名の調査対象者に特定の調査テーマについて自由に討議してもらう（井上，2010）。グループ・インタビューでは集団形式で面接が行われるため，対象者間での相互作用によって4つの効果が期待できる（牧田，1994）。第1に，対象者の自発的な発言が促進されること，第2に，1つの発言が次の発言を誘発すること，第3に，個人面接では生み出されない新しい発想が生まれること，最後に，グループで議論するために，意見の形成過程や集約過程が調査者から観察できることである。ただし，こうした利点は短所にもつながる。調査対象者の選定，とくに調査対象者の組み合せによって，グループ内の社会的相互作用の内容に大きな違いが生まれてしま

図6-2　グループ・インタビュー（梅澤，1993より作成）

い調査結果を揺るがしてしまう可能性がある。また，深層面接法，グループ・インタビューの双方にあてはまる問題として，調査員の進行や質問手法といった調査技量の優劣に調査内容が左右されてしまい調査結果の信頼性を揺るがすことも指摘されている。

2 モチベーション・リサーチの現状

深層面接法の発展として，近年注目されるのがブランド価値構造を探るためのラダリング法である（Reynolds & Gutman, 1988）。これは「なぜ○○が重要なのですか？」といった追求質問を繰り返すことにより，ブランドを欲する消費者の根本にあり，普段は意識しにくい価値構造を明らかにする手法である。ブランドの特性や属性から，機能的に知覚する便益，情緒的に知覚する便益，そして消費者の根本にある価値へとはしごを登るように（ラダリング），ブランドの価値構造を探る手法である。詳しくは，丸岡（2000）を参照されたい。

消費者の記憶のネットワーク構造や非言語の情報処理に着目し，比喩や譬えといったメタファーを用いて，言語化しにくい消費者の動機や価値を探ろうとするのが，ZMET（Zaltman Metaphor Elicitation Technique：ザルツマン・メタファー表出法）である（Zaltman & Coulter, 1995 ; Zaltman, 2003）。ZMETでは，非言語的な思考を重視することもあり，調査対象となるトピックに関連する写真を調査対象者自身に収集させる，すなわち，調査トピックが何らかのかたちで投影されている写真を選ばせている。この写真に対して，どのような意味や価値，思考が関連づけられているかを深層面接法のような非構造的な面接によって探っていく。写真に込められた意味を探る面接においてはラダリング法も行うことにより，写真を通して表出された事柄の意味構造全体をとらえるようなメンタルマップの作成を試みる。このように，情報処理的アプローチ，とくに非言語の情報処理や記憶のネットワーク構造およびメタファーの理解などの認知心理学での知見と，深層面接法やラダリング法といった手法を融合することをめざしたのがZMETである。ZMETの実施には，ラダリング法などの技法を習熟した上で，ZMETが仮定する情報処理システム（Zaltman, 2003）の理解が必要となる。

4節　感情の役割

1　さまざまな感情

　商品の購入だけでなく，サービスの消費が消費者行動において重要なテーマである現代において，消費経験の理解に欠かせないのが消費者の感情の整理と理解である。例えば，友人や家族とディズニーリゾートのパークを考えてみよう。行く前からどのアトラクションで遊ぶか，どのショーを観るか，考えるだけでもワクワクする人は多いであろう。これはアトラクションやショーなどで体験する驚きや喜びを予期することにほかならない。期待を膨らませて入園した人々はアトラクションに乗車したり，ショーに参加したりすることでサービスを体験する。この体験において実際に喜びや驚き，あるいは期待通りでなかったことへの失望や，別のアトラクションにすれば良かったという後悔も感じるかもしれない。また，梅雨どきで気分がふさぎがちなときと，前日に宝くじが偶然に当たって喜んでいるときとでは，同じアトラクションやショーへの満足度も違うであろう。こうした消費者行動を感情という切り口から考えてみよう。

　感情（affect）というと喜怒哀楽といった言葉が想起されるが，心理学においては，気分や情動を含む概念である。気分（mood）は，比較的弱く，そして拡散的な感情状態である。快（positive）—不快（negative）の2つに区分されることが多い。情動（emotion）は，怒りや喜びのように，気分よりも明確に分化され，生理的な覚醒も伴う強い感情状態である。これは特定の文脈のなかで具体的な対象に対して情動が生起されると考えられることとも関連する。喜怒哀楽といった基本的感情は快—不快という基準（感情価：valence）と生理的に覚醒しているのか否かという基準の2つで整理することが一般的である。

　ただし，実際に消費者が経験する感情，とくに，弱い感情においては，快と不快が入り交じった複合的な場合もあり，快と不快が共存し得るという議論もある（Cohen, Pham & Andrade, 2008）。快感情および不快感情をそれぞれ独立に測定を試みる場合にはPANAS（Watson, Clark, & Tellegen, 1988；佐藤・安田，2001）という尺度が用いられることが多い。本邦においても少数の項目で快感情と不快感情を独立に測定するだけでなく，覚醒状態も測定する一般感情尺度（小川・門地・菊谷・鈴木，2000）が開発・利用されている。

　消費者行動における感情を考える際には，快—不快や強度といった観点だけで

なく次に示す2つの観点からの整理も必要になる。1つは，商品やサービスの購入前など消費行動を予期する段階において感じる感情（予期感情）なのか，購入した商品やサービスの消費過程において感じる感情（経験感情）かという区分である。もう1つは，購入する商品やサービスそれ自体が引き起こす感情（統合感情（integral affect）あるいは関連感情）と，消費対象あるいは経験とは無関係に引き起こされる感情（偶発感情（incidental affect）あるいは無関連感情）という区分である（Cohen, et al., 2008；Pham, 2007）。

2　感情の予期と感情の想起

a　感情の予期

　消費者行動においては，商品やサービスを購入するまでの購買過程と，購入後の消費過程を明確に区分することが可能である。とくに，購入予定の商品やサービスを利用したときに感じるであろう感情の予期と，購入後，消費する過程で実際に感じた感情との差異を考えることは，消費者の満足や不満の理解およびその対応を考えるうえで必要となる。購入前の期待に適うものであったか否かが重要であるが，一般には期待に適うあるいは期待を越える経験を当該の商品やサービスの消費から得られれば，満足などの快感情が喚起される。期待に適わなければ不満，失望，後悔といった不快感情が喚起される。

　こうした問題は，1節で述べた消費者の要求の水準との関連が検討されてきた。とくに経験しなければ特徴を把握しにくいサービスの消費が大きな割合を占める現状において，消費者の事前期待と知覚されたサービス品質との差異を確認することはサービス・マーケティングの実務においても重要である。こうした目的のために開発された尺度としてSERVQUAL（Parasuraman, Zeithaml & Berry, 1988）があるが，種々のサービスを横断的に評価することが難しいなどの問題も指摘されている。顧客満足に特化し，サービス横断的なサービス品質の検討には，日本版CSI（顧客満足度指数）が開発され，サービス品質の検討に利用されている（南・小川，2010）。

　消費者の感情予期に関しては，購入前の事前期待と消費経験との差異だけでなく，期待どおりの経験が得られた場合に予期していた感情がそのまま経験されるのであろうか。例えば，お気に入りのサッカーチームが優勝すれば，うれしいであろう。しかし，優勝の喜びはそれを予期していたときほど強くもなく，またそ

の喜びに長期間浸れないことも多い。これは，インパクト・バイアス（impact bias）とよばれる感情の予期で生じるバイアスのためである（道家，2010）。インパクト・バイアスは，将来のでき事に対する感情の強度や感じている期間を過大に見積もる傾向である（Wilson & Gilbert, 2003）。このバイアスは快感情だけでなく，不快感情においてもみられる現象である。このバイアスを生み出すメカニズムとしては焦点化（focalism）と，心理的免疫システム（psychological immune system）の看過が考えられる。ただし，心理的免疫システムの看過は不快な感情の予期においてあてはまる。

　焦点化とは，感情を喚起する将来のでき事について考えるとき，そのでき事についてばかり考えてしまい，ほかにも起きているでき事やそのでき事が喚起する感情状態には関心を払えなくなることである。例えば，応援するサッカーチームの優勝時に感じる喜びを予期する場合，優勝を目にする自分自身が，同時に緊急の課題を抱え，その課題完成のための不安やあせりを感じているかもしれない。焦点を当てているでき事以外のことにまで注意が払えない。このため，意図的ではなくとも当該のでき事に集中するために，感情を予期する際の感情の強度や感じている期間を過大に予測してしまう。商品やサービスの購入に際しての期待にはこうした予期感情が含まれている。そのため，消費経験のデザインが重要となるサービス・マーケティングにおいては，過大になりがちな感情の予期にどう対処するかは重要な課題である。

b　経験感情の想起

　感情の予期だけでなく，過去に経験した感情（経験感情）の想起にも，バイアスが存在する。バイアスが存在するといっても，痛みを伴うような不快な感情を快感情として想起するわけではない。快―不快という感情価は経験した通りに想起する。感情の強度や期間に関しては，感情の予期と同様に経験感情の想起においてもバイアスが存在する。感情の強度を想起する際には，その経験の継続時間は軽視され，感情を最も強く感じた際の感情の強さとこの感情経験の終了時の感情の強さの2つの影響を受けることがピーク・エンドの法則として知られている（Kahneman, Fredrickson, Schreiber & Redelmeier, 1993; Kahenman & Thaler, 2006）。カーネマンらの研究によると，大腸内視鏡検査などの痛みを伴う医療処置を受けている最中に苦痛の強さを繰り返し回答するとともに，処置が終了したあとにその処置を振り返り，苦痛の強さの回答を求めた。結果として，最も苦痛

を感じる瞬間と処置が終わる時点での苦痛の単純平均から想起された経験感情の強度が予測できた。最も苦痛を感じる瞬間での苦痛の強度が同程度だとすると，処置時間は短いが最も苦痛を感じるピークが処置の最後に来るよりも，処置時間は長くても処置終了時の苦痛が弱い方が，あとで振り返った際に苦痛を弱く感じることを示している。こうしたバイアスは，不快な感情だけではなく，快感情についても当てはまるとされており，感情予期と同様に焦点化により説明される（Wilson, Meyers & Gilbert, 2003）。

　商品やサービスの消費経験がFacebookといったソーシャル・ネットワーク・サービス（SNS）などを経由して，社会的に共有される傾向が強まっている現在，消費に関する感情経験の想起に関するバイアスを理解しておくことは以前にも増して重要である。Facebookなどに，自らの消費経験を書き込む作業は，過去の消費経験を想起し，要約する行為にほかならない。とくに，商品やサービスの消費に伴う経験感情を想起する際のバイアスへの理解を深めることは，消費者が発信する情報の理解やその対処を考えるうえで重要となろう。

　本節の議論は，消費行動において生起する感情をどのように予期し，そして想起するのかといった感情経験そのものの解釈に関連した議論であった。以下の節では，商品やサービスへの判断や選択に感情が及ぼす影響を考えてみる。

3　商品判断や選択における統合感情（関連感情）の役割

　商品やサービスに対する感情的反応である統合感情は商品やサービスの全体的評価に統合されることを前提としたうえで，全体的評価と判断対象への統合感情は区分して考えてみたい。統合感情は全体的評価あるいは態度に先行する要因あるいは決定因の1つしてみなすのである。

a　統合感情に基づく評価や意思決定の特徴

　タダ（0円，無料）という宣伝につられ，どれくらい安いのか，自分に見合うものなのかといった考慮をせずに，目の前の商品に飛びついてしまった経験のある人は多いであろう。「無料」というコピーは単に値下げを行ったことを示すのではなく，うれしいといった感情を喚起する影響力をもつとする研究もある（Shampanier, Mazar & Ariely, 2007）。無料という価格呈示によって喚起される統合感情が，商品やサービスへの動機づけを高めるだけでなく，商品に対する評価や意思決定を特徴づけるともいえる。統合感情にもとづく評価や意思決

定の特徴としては，次に示す特徴が指摘されている（Cohen et al., 2008）：①素早い決定をもたらす，②情報処理資源を費やさずに決定を下せる，③近視眼的（myopic）である，④社会的な合意が得られやすい，⑤感情を喚起する対象の有無に敏感になるが，こうした対象の増減に対しては相対的に鈍い，⑥対象の生起確率（probability）への感受性が低くなり，可能性（possibility）の有無としてとらえやすくなる。

　無料という価格呈示に対して，熟慮せず，素早く，今すぐ入手しようとすることが多くの人の理解を得やすいといった特徴は，①〜④に当てはまる。⑤や⑥に関しては，統合感情にもとづく評価は対象に対する具体的でいきいきとしたイメージにもとづいており，対象の量や対象の生起確率といった量的な情報は無視あるいは軽視されやすいという特徴が対応している（Loewenstein, Weber, Hsee & Welch, 2001）。例えば，人気グループのCDアルバムセットをネットオークションなどで入札する際に，計算をあらかじめプライミングされた人たちよりもそのCDを聴いたときの感情をプライミングした人たちの方がCDセットに含まれるCDの枚数の増減を気にしないことが指摘されている（Hsee & Rottenstreich, 2004）。

　確率情報においても，勝つとチョコチップクッキーを入手できるゲームへの参加を求めるときに，焼きたてのチョコチップクッキーを直接にみて，香りを嗅ぐと，ゲームに勝つ確率の高低にかかわらず，ゲームに勝てるような気になり，ゲームへの参加率も高いことを示した研究もある（Ditto, Pizarro, Epstein, Jacobson & MacDonald, 2006）。消費者の商品リスク判断などにおいてゼロリスクを希求することが指摘されているが（中谷内，2003），確率が0（ゼロ）であるということ自体に対して快感情を喚起するとともに，リスクの可能性の欠如という情報が顕著な特徴となり消費者の判断や意思決定に組み込まれると解釈できよう。

b　どのような状況で統合感情がもたらす効果が増幅されるのか？
　魅力的なチョコレートケーキ（快感情を喚起）と，健康に良いサラダ（健康という抽象的概念において優れている）のいずれかを選ぶ際に，記憶課題を課すなど選択とは異なる処理を並行して求められることで情報処理資源が制約される場合には，熟慮が困難になるため魅力的なケーキが選択されやすい（Shiv, & Fedorikhim, 1999）。これは，情報処理が制約を受ける場合に統合感情の影響が強まることを示している。こうした統合感情の影響が強まる条件としては，①対

象を検討するための動機づけが低い場合，②時間的制約など何かしら情報処理に制約が課せられている場合，③ほかの手がかりが曖昧な場合，④対象領域に不慣れな場合がある (Cohen et al., 2008)。

c 統合感情が消費者行動に影響を及ぼすプロセス

統合感情が消費者の判断や意思決定に影響を及ぼすプロセスとして3つ考えられている (Cohen et al., 2008)。最初の2つは感情喚起をもたらす対象への評価に対する自動的な影響である。1つ目は，感情転移 (affect transfer) とよばれる，対象と統合感情が密接に関連することで，感情価のような感情の評価的側面が対象に移行することである。2つ目は，感情経験が，接近や回避，撤退，対決といった特定の行動傾向と結びつく，すなわち，連合するという考え方である。こうした行動傾向は実際の行動にあらわれるだけでなく，評価や行動意図にも影響する。3つ目は，対象の評価の手がかり，あるいは情報処理様式を規定する手がかりとして，判断対象への統合感情が用いられる点である。快感情は，好き，満足，健康といった評価の手がかりとみなされ，不快な感情は，嫌い，不満，哀れさといった評価の源泉とみなされるであろう。こうした考え方は，感情情報機能説 (affect-as-information hypothesis) として知られている (Schwarz, 1990)。感情情報機能説は，判断対象とは無関係に喚起された偶発感情が判断対象の評価の手がかりとなることを示したものであるが，統合感情でも同様に当てはまることが指摘されている (Pham, Cohen, Pracejus & Hughes, 2001)。

d 決定関連感情

統合感情は消費者の個々の選択対象がもたらす感情であったが，複数の商品やブランド間の比較検討を行う場合に生起し，消費者の判断や意思決定に影響を及ぼす感情もある。これは決定関連感情 (task-related affect) とよばれる。例えば，どこでも通話可能な通信品質が良好なものを探していたところ，新規の通信会社が携帯電話サービスに参入したので，各社を比較検討した。すると，通信品質が良いものは通話料金や申込金が高く，通信品質と通話料金のどちらを重視するかという葛藤 (conflict) に直面する。通信品質が良い，通話料金が安い，互いにそれ自体は望ましいが，いずれかを選ばなければならない際に直面する葛藤は適切に解決されなければ不快となる。この葛藤が適切に解決されない場合，現状維持や商品検討や選択の延期などによって決定に伴う不快感情の回避を試みる。

こうした葛藤には3種類ある (Lewin, 1935)。1番目としては，同じように魅

力的な商品の間での選択に迫られている場合であり，これを接近—接近葛藤とよぶ。携帯電話の例では，通信回線の品質が同じ程度に高いとともに通話料も同程度に安いという業者が2つあり，その両者の間での選択に迫られているような場合である。2番目としては，1番目とは逆に，同じ程度に，魅力的ではない商品の間での選択に迫られる場合であり，これを回避—回避葛藤とよぶ。3番目は，通信回線の品質と通話料の関係のような，一方の目標を満足させると，もう一方の目標が満足できなくなるという，相反する目標を同時に満たすことを求める際に生じる葛藤であり，これを接近—回避葛藤とよぶ。

　商品選択において，新しい商品やサービスが増えることは良いことと受け止められがちであるが，葛藤という観点からすると決定関連感情としては必ずしも快というわけではない。例えば，検討できる商品数が増えていくと，商品検討をあきらめる場合がある（Iyengar & Lepper, 2000）。こうした状況においては，自らが行った選択とは異なる選択を仮想し，自らの選択と比較することで自らの決定を悔やむ後悔（regret）が生起しやすい。また，こうした後悔を避けるためにも，複数の商品に関して熟考すればするほど，選ばれた商品に満足できなくなり，選ばれなかった商品が魅力的にみえてしまうことも指摘されている（Carmon, Wertenbroch & Zeelenberg, 2003）。

4　商品判断や選択における偶発感情（無関連感情）の影響

　商品やサービスそれ自身が感情を喚起するだけでなく，さわやかな気候で気持ちが良いといった，商品やサービスとは無関係に生じた偶発感情が商品評価や選択にも影響を及ぼす。例えば，旅行パンフレットを読んで気分が快くなったあとに，旅行とは関係のない自動車の試乗あるいは，賃貸マンションの部屋の心地良さを高く評価することが指摘されている（Raghunathan & Irwin, 2001）。これは，快な感情状態にある消費者が，自らの感情状態と一致する方向に対象を判断する傾向（気分一致効果）を示した結果である。また，商品やサービスの評価や検討とは無関係に，偶発的に喚起された感情状態が商品やサービスへの評価と同化する，あるいは，偶発感情が対象の判断に誤って帰属されることも示す。商品やサービスへの評価の際に，評価対象に対してどう感じるのかを参照しがちである。このため，評価時点で偶然に生起していた感情状態と，感情喚起の由来とは関係のない対象への評価が一致する方向になされるというプロセスは"How do I feel about it?"ヒューリスティックとして知られており（Schwarz & Clore, 1988），後に感情情報機能説へと発展した。偶発感情が対象の判断に誤帰属されることは，影響を及ぼすプロセスが意識的ではないことも意味する。例えば，スピーカーの評価を求めるとき，スピーカーが奏でる音楽それ自体が快適であることをスピーカー評価のあとに知らされる場合には音楽がもたらす快感情がスピーカーの評価を押し上げたが，評価前にスピーカーから流れる音楽が快いことを知らされた場合には快感情の影響が消失した。すなわち，快感情が音楽から換起されたことを自覚しにくい場合のみに評価対象であるスピーカーの評価を高めている（Gorn, Goldberg & Basu, 1993）。

偶発感情は商品やサービスへの評価の手がかりとなるだけでなく，意思決定プロセスなどの情報処理様式を規定することも感情情報機能説では指摘している。快な偶発感情，とくに気分が判断や意思決定過程に及ぼす影響としては，問題解決場面における柔軟で創造性が豊かになる方向への影響が指摘される一方，論拠にもとづかず熟慮に至らないトップダウン型の処理が強まることも指摘されている（Cohen, et al., 2008）。例えば，快な気分が喚起されると不快な気分に比べ，ブランド名およびブランド連想が製品評価に対してより強い影響をもたらすことが指摘されている（Adaval, 2003）。すなわち，既存の知識構造の影響が快な気分のもとではより強まることが示唆されている。

不快な気分，とくに，悲しみは，快な気分の反対の効果，すなわち，体系的で分析的な推論を行う傾向が高まることが指摘されている（Cohen, et al., 2008）。ただし，不快といっても，怒りや嫌悪といった感情状態は熟慮を妨げ，ステレオタイプやヒューリスティックな処理への依存が高まることも指摘されている（Bodenhausen, Kramer & Sheppard, 1994）。

7章○消費者の態度形成と変容

　好感をもっている商品は，そうでない商品よりも，買いたくなる可能性が高い。店員の行き届いたサービスを受けたレストランへは，機会があればまた訪れてみたいと思う。他方，不快な経験をした商品や店は二度と利用したくはなくなり，他人に不平や不満を話したくなることさえある。このような企業，ブランド，店舗などの対象に対する心の構えや状態のことを，態度とよんでいる。消費者が形成する態度は，商品を購買するか否かを決定づける非常に重要な要因となる。広告をはじめとするさまざまな説得的コミュニケーションは，消費者に好意的な態度を形成してもらえるようにする手段である。消費者の態度はどのように形成され，変容するか，態度は購買行動にどのようにつながるのか，などについて考えてみたい。

1節　態度とは何か

1　消費者の態度

　態度は，ブランド等の対象に対する消費者の心の構えで，行動の準備状態である。態度は，学習や経験によって後天的に形成される。態度を知ることにより，消費者行動を説明し，予測することができる。態度は，直接観察することができない構成概念であるが，これまでの態度研究では次のような特徴があげられている。

(1) 態度には必ず対象がある。消費者行動研究において態度対象となるのは，企業，ブランド，店舗，広告などである。
(2) 態度は，認知的成分，感情的成分，行動的成分の3つの成分からなる。価格が高い，品質が良い，などは認知的成分，好感がもてる，嫌悪感がある，などは感情的成分，買ってみたい，行ってみたい，などは行動的成分である。
(3) 態度全体あるいは3つの成分は，肯定的または否定的な方向性と強度を伴っている。特定のブランドに対してとても好きなブランドであったり，嫌いなブランドであったりする。
(4) 態度は，3つの成分の方向性と強度等に整合性がある。例えば，品質が良く，

好感のもてるブランドは買いたくなるように，態度の3成分は整合的である。
(5) 態度は持続的で，かなり長期にわたって維持され，一時的にあらわれるものではない。対象に対する態度は，そのときの気分や状況によって容易に変化するものではない。

2 態度の機能

カッツ（Katz, 1960）は，動機づけの観点から態度の機能を4つに分類した。
(1) 道具的（調整，実用的）機能
　人は報酬を得て，罰を避けようと動機づけられるが，態度はその手段として機能する。例えば，ダイエットを志向している消費者はカロリーを抑えた食品に対する対象に好意的な態度を形成する。
(2) 自我防衛機能
　自己の内外の脅威に対して，不快な存在を承認することを避けようとする機能である。例えば，心理的，社会的，身体的等のコンプレックスをある種の商品を身につけたり，所有したりすることで自我が傷つくことを回避しようとする消費行動がとられる場合である。
(3) 価値表現機能
　態度を表出することで自分の価値をあらわし，主体性を高めるように態度は機能する。さまざまな商品を消費するなかで，自己のアイデンティティの表出やライフスタイルの確立に関連する消費行動は数多くある。
(4) 知識機能
　自己の知覚や信念をより良く体制化し，整合性を保とうとする機能である。所有している情報に矛盾があったり，曖昧であれば，それを明確にする方向に態度は働く。好意的な態度を形成している企業が新製品を出した場合，これまでの知識に新たな情報が付加され，知識の体制が改めて構築されることにつながる場合もある。

3 消費者態度の ABC モデル

　態度は認知・感情・行動の3つの成分から構成されると考えられている。消費者行動や広告の研究では，3つの成分を複合して同時に扱うよりも，意思決定における時間的な順序から階層的に示されることが多い。ソロモン（Solomon,

2011）は，感情（Affect），行動（Behavior），認知（Cognition）の成分から構成されることから，これを ABC モデルとよんだ。ABC モデルは，図 7-1 に示されるような 3 つの階層モデルを提示している。

(1) 標準型学習階層

消費者は情報を収集して知識を蓄える。その後，知識をもとにして製品に対して好き嫌いといった感情をもつようになり，購買に至る。このような階層たどる意思決定では，消費者は高関与であり，多くの情報を探索し，注意深く選択肢を比較する。

(2) 低関与型階層

低関与型の意思決定では，消費者は限られた知識はある状況で，まず製品を購買したあとに評価する。購買経験の善し悪しが選択を強化し，行動的な学習によって態度が形成される。消費者は，大量の情報処理をすることはなく，店内のPOP 広告などによって購買が大きく左右される。

(3) 経験型階層

感情的な反応が意思決定に重要な役割を果たす。パッケージ・デザイン，広告，ブランド名など感性的な製品属性によってブランドに対する態度が形成される。製品を使用することがワクワクするといった快楽的な動機による購買である。

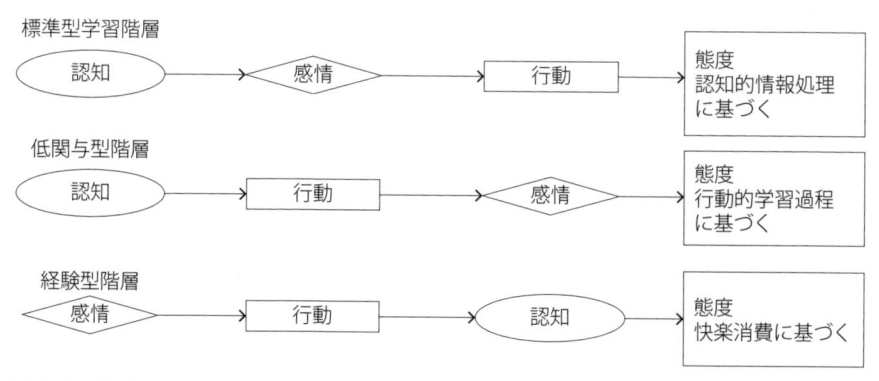

図 7-1 効果の階層による態度の ABC モデル（Solomon, 2011）

2節　多属性態度モデル

多属性態度モデル（multi-attribute attitude model）は，消費者のブランドに対する態度から消費者の購買行動を説明し，ブランド選択を予測するモデルである。消費者が好意的な態度を形成しているブランドはそうでないブランドよりも選択される確率が高くなる。多属性態度モデルでは，好き―嫌いといった好意や選好が消費者の購買行動を決定づけることが想定されている。さらに，複数の製品属性（選択基準）ごとに態度が形成され，製品属性ごとの態度が統合されて全体的な態度（選好度）が形成される。

1　理論的背景と定式

多属性態度モデルは，社会心理学における「期待―価値」の認知説を基盤としたローゼンバーグ（Rosenberg, 1956）や学習理論の強化説を基盤としたフィッシュバイン（Fishbein, 1963）のモデルを背景として，マーケティング研究に応用されてきた。

ローゼンバーグ（Rosenberg, 1956）は，ある対象に対する態度は正負の感情を伴う認知的構造から形成されるとした。態度は，価値の実現に関して各価値の重要度とその価値が実現あるいは妨害されるかの可能性（道具性）を掛け合わせ，各価値の算術的な合計の関数によって規定されるとした。例えば，携帯電話のブランドに対する態度形成では，災害時に通話しやすいかどうかが重要な価値をもつ場合，災害時でも通話しやすいブランドが価値の実現に道具性をもつことになり，好意的な態度が形成されると考えられる。

フィッシュバイン（Fishbein, 1963）は，対象に対する態度を，価値や目標に関連する可能性に対する信念とこれらの信念の評価的側面の関数によってあらわした。例えば，炭酸飲料でカロリーが低いことは良いことであるという評価を有している場合，炭酸飲料ブランドの中で，あるブランドのカロリーが低いと感じている（信念）とき，そのブランドに対して好意的な態度が形成される。

ローゼンバーグとフィッシュバインのモデルは異なる理論的背景から出てきたモデルであるが，実際に測定し，計算する場合は非常に類似したモデルである。いずれも価値や評価の成分と道具性や信念の成分の積和を独立変数，全体的態度（選好度）を従属変数とする関数関係であらわされる。

2 フィッシュバイン型モデルの定式と計算法

フィッシュバイン・モデルは，次のように定式化される。

$$A_j = \sum_{i=1}^{n} a_i b_{ij}$$

ただし，
A_j ＝ブランド j に対する全体的態度
a_i ＝属性 i の評価的側面
b_{ij} ＝ブランド j が属性 i を有することについての信念の強さ
n ＝属性の数

従属変数（左辺）が全体的態度（選好度），独立変数（右辺）の2成分の積和が全体的態度の推定値となる。例えば，属性 i の評価的側面（a_i）は，属性 i が○○○を有することは「とても良いことだ（＋3）―とても悪いことだ（－3）」，ブランド j が属性 i を有することについての信念の強さ（b_{ij}）は，ブランド j が○○○を有する可能性は「とてもありそうだ（＋3）―まったくなさそうだ（－3）」として測定される。

a_i，b_{ij} はいずれも＋－の方向性を必ず有し，あるいは0（どちらでもない）を含む両極尺度で得点化される必要がある。「とても良いことだ（＋7）―とても悪いことだ（＋1）」のような単極尺度ではない点は注意が必要である。n は属性の数であるが，属性の数が多すぎても必ずしも予測の精度は上がらない可能性が高い。

図7-2 に大学学部の選択の計算例を示した。例えば，大学学部の選択に際して，X君の場合，「就職が良いこと」という属性（選択基準）について，「就職が良いこと」は非常に良いことである（＋3）と評価し，A大学B学部は「就職が良いこと」は「ややなさそうだ（－1）」と思っているので，この属性の得点は＋3×－1＝－3となり，否定的な方向性をもつ。仮に，A大学B学部は「就職が良いこと」は「ややありそうだ（＋1）」と思っていれば，この属性の得点は＋3×＋1＝＋3となり，肯定的な方向性をもつことになる。

表7-1 は，3章の表3-2掲載の東京K駅周辺のホテル情報をもとにY氏個人レベルの態度形成を計算した例である。この場合，この選択肢のなかでは，Y氏は

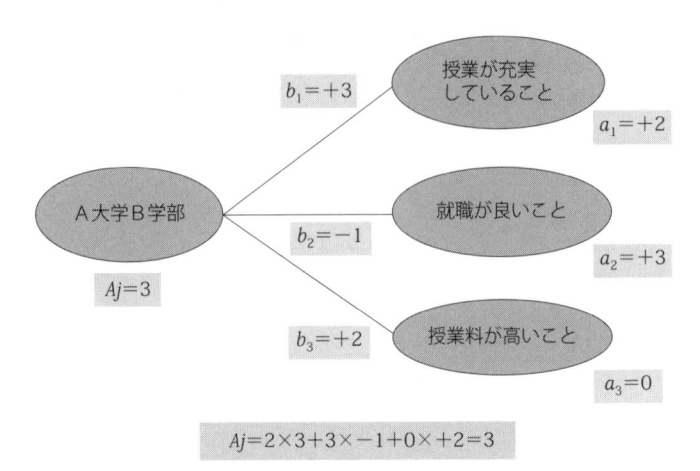

図7-2 多属性態度モデルの計算例（X君の場合）

- A大学B学部　$Aj=3$
- $b_1=+3$　授業が充実していること　$a_1=+2$
- $b_2=-1$　就職が良いこと　$a_2=+3$
- $b_3=+2$　授業料が高いこと　$a_3=0$

$$Aj = 2 \times 3 + 3 \times -1 + 0 \times +2 = 3$$

ホテルDに対して最も好意的な態度を形成し，ついでホテルDに対して好意的な態度を形成していると考えられる。ほかの条件が一定であれば，Y氏はホテルDを選択する可能性が最も高くなると予測される。実際の適用では，このように同じ人での態度を問題にする個人内態度形成と多数のサンプルを収集して個人間態度を問題とする場合がある。

3　多属性態度モデルの妥当性

ローゼンバーグやフィッシュバインのモデルは，マーケティング研究に適用される過程でさまざまな修正が加えられた。そのなかで，代表的なモデルが「適切

表7-1　東京K駅周辺ホテル対する態度形成（Y氏の場合）（5ホテル×4属性の仮想例）

	価格が安いこと	駅から近いこと	部屋が狭いこと	雰囲気が良いこと	全体的態度 (A_j)
属性の評価的側面 (a_i)	+2	+3	-1	+1	
ホテルA	+1	-1	+2	+2	-1
ホテルB	+3	-1	+3	-3	-3
ホテルC	-3	0	-3	+3	0
ホテルD	-3	+2	-2	+2	+4
ホテルE	+2	-2	+2	0	-4

（ホテルAの場合）$Aj = 2 \times 1 + 3 \times -1 + -1 \times 2 + 1 \times 2 = -1$

—重要度（adequacy-importance）」モデル（例えば，バス＆タラチク（Bass & Talarzyk, 1972）である。「適切―重要度」モデルでは，独立変数の a_i は属性 i の重要度，b_{ij} はブランド j の属性 i に関する満足度や信念が測定される。このような測定尺度はフィッシュバイン型のモデルの理論や測定とは異なるものであり，モデルの妥当性を巡って多くの激しい論争を巻き起こした。

多属性態度モデルは，構成概念妥当性（a_i, b_{ij} の構成成分や測定尺度），予測妥当性（独立変数が従属変数を説明する程度），制御妥当性（独立変数を変化させることで従属変数が変化すること）などの側面から検証が行われてきた。その結果，「適切―重要度」モデルの予測妥当性は高いものの，構成概念妥当性は大きな疑問があり，フィッシュバイン型モデルの妥当性が全体的に高いことが示されてきた（例えば，Cohen, Fishbein & Ahtola（1972），杉本（1982），小島（1984））。

満足度に属性の重要度でウェイトづける「適切―重要度」モデルは，感覚的には妥当性があるように錯覚しやすく，かつ，調査対象者にとっても回答しやすいことから，「適切―重要度」モデルが使用されることもあるが，使用する場合は十分な注意が必要である。

4　多属性態度モデルにもとづく広告戦略

フィッシュバイン型モデルにもとづいて，理論的に次のような広告における訴求法が考えられる。図7-2の大学学部の選択の計算例を中心に考えてみたい。

①信念（b_{ij}）を変化させる戦略

A大学B学部に対する「就職が良いこと」の信念が低いので，何らかの根拠を見出して「就職に強い」ことを訴求する。自社ブランドの強みを訴える方法で，多くの広告表現でみられる。

②評価（a_i）を変化させる戦略

「授業料が高いこと」の評価が中立であるので，「授業料が高いこと」は質の高い教育につながり，良いことであることを訴求する。消費者の価値観を変化させることで自社ブランドに対する態度を向上させる方法であり，広告表現は工夫が必要である。

③まったく新たな属性を付加する戦略

「授業の充実」「就職の良さ」「授業料」以外の属性を新たに加えて評価させる戦略である。例えば，「国際的なネットワークが充実し，留学しやすい」といっ

た側面から魅力を訴求する。クリエイティブは高度な発想が必要とされることが多い。

④**弱点となる属性を意識させない戦略**

例にあげられた学部の場合,「就職」が問題となるが,重要な選択基準として意識させないような戦略である。大学時代は就職の良さだけを考えるよりも,学問をきちんと修めることが長い人生の間で有益であるといった訴求が有効であるかもしれない。

⑤**競合ブランドの信念を低下させる戦略**

コカコーラ vs. ペプシのように比較広告を用いて競合ブランドよりも高い信念を形成させようとする戦略である。現在の日本では,比較広告を掲出すること自体がまれであり,一般的に用いられる訴求法ではない。

多属性態度モデルは,態度を記述・説明し,ブランド選択を予測するうえで重要な役割を果たしてきた。他方,阿部（1984）が指摘するように,多属性態度モデルでは,意思決定のための情報処理過程は媒介概念として静態的に扱われてきた。問題解決行動としての消費者,動態的な情報処理過程の説明はできず,消費者情報処理パラダイムのなかに多属性態度モデルは選択ヒューリスティクス（3章参考）の一種として包含されるようになった。

3節　態度と行動の関係

態度はその人の行動を予測するものであると考えられてきたが,1960年代より,態度と行動は必ずしも一貫するものではなく,態度の研究によって購買行動を予測できないという限界が問題視されるようになった（e.g. Wicker, 1969；Fishbein & Ajzen, 1972；Solomon, 2011）。ある商品を買うという行動を例にとったとき,「それが好ましいと自分が思ったから買った」というケースがすべてならば,態度は行動と常に一致するので単純で良いのだが,実際には誰かが夢中で薦めるから欲しくもないのに義理で買ったとか,急いでいたから手近なもので済ませた,何も考えないで買っていた,などということもある。ある広告を見て,すごく好きだと思っても,なぜか自分はその商品を買わないということも日常的に経験する。本節では,態度と行動の関係についての理論を紹介する。

7章 消費者の態度形成と変容

1 フィッシュバインの行動意図モデル（合理的行為理論；theory of reasoned behavior)

多属性態度モデルは，消費者個人のブランドに対する態度のみをモデル化したものであった。しかしながら，消費者は自分自身の態度（選好）だけでブランドを選択する場合もあるが，周囲の人々の影響を受けて意思決定することも少なくない。そこでフィッシュバインは行動意図モデル（合理的行為理論）を提唱し，他者や集団規範の影響をモデルにとり入れた。

モデルの基本的な定式は，次のようにあらわされる（例えば，アイゼン＆フィッシュバイン（Ajzen & Fishbein, 1970），小島（1984））。

$$B \sim BI = [A_{act}]w_1 + [\sum_{i=1}^{n}(NB_i)(MC_i)]w_2$$

消費者が実際にとる行動（Behavior；B）および行動意図（Behavior Intention；BI）は，購買に対する態度（Attitude to act；Aact）と主観的規範（Subjective Norm；SN）の2つによって説明されるとする。なお，主観的規範とは「自分がその行動をとることを周囲からどれくらい期待されていると感じるか」を意味しており，規範的信念（Normative Belief；NB）と，規範的信念に従おうとする動機づけ（Motivation to comply；MC）によって構成されるため，式では(NBi)(NCi)と表わされている。ω1, ω2はそれぞれのウェイトを示す。このモデルを図に表わしたものが図7-3である。

多属性態度モデルとの違いは，以下の3点に整理できる。第一に，「態度」が購買の直接的な媒介変数になるのではなく，「購買意図」が購買を決定づけるとした点である。第二に，態度対象を「ブランド」ではなく，「当該ブランドを購買すること」とした点である。すなわち，「ベンツ」に対する態度ではなく，「ベ

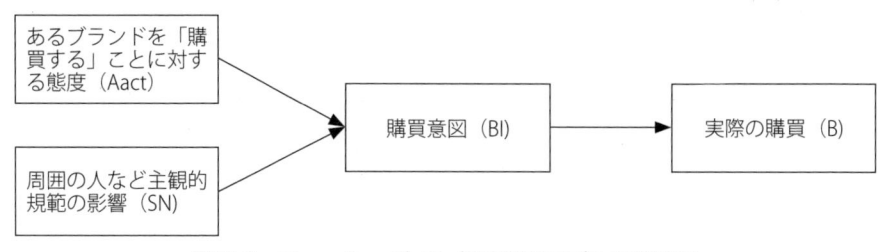

図7-3 フィッシュバイン行動意図モデルの簡略図

ンツを購買すること」に対する態度を問題としている。第三に，購買意図に影響を与えるのは態度だけではなく，友人・知人や専門家の意見，集団や社会の規範による主観的規範も影響を与えるとした点である。特定のブランドに強い好意をもっていたとしても，周囲の人や専門家の反対によって，そのブランドの購入に至らないような場合がある。製品クラスの違いや消費者が置かれている状況によって，「態度」と「主観的規範」のいずれが購買意図に大きな影響を与えるかは違ってくる。

2 計画的行動理論（theory of planned behavior）

行動意図モデル（合理的行為理論）では，購買意思決定において，ある商品を購買することに対する態度のほかに，消費者をとり巻く人々の意見などによる「主観的規範」が影響を与えることが予測された。

その後，合理的行為理論の拡張として，計画的行動理論（Ajzen, 1991）が提唱された。計画的行動理論では，合理的行為理論が購買意思決定の予測因とした「購買行動への態度」「主観的規範」に，「行動統制感（perceived behavioural control）」が加えられた。「行動統制感」とは，自分がある行動を達成することができるかどうかに関する主観的見込みをさす。「自己効力感」（「自分ならできる」という感覚のこと：self-efficacy；Bandura, 1977）にきわめて近い概念で，ある行動の達成について自信をもつことは，態度を行動に移す可能性を高めると考えられる（Ajzen, 1991）。例えば，あるスポーツカーを買いたいと思っていて（購買への態度），家族や友人も購入に賛成している（主観的規範）という場合，運転技術に自信があって，かっこよく乗りこなせると思えば購買行動が生じるが，乗りこなす自信がない場合には買わないだろう。

3 MODE モデル

消費者の情報処理には，2つのモードがあることがさまざまな研究により指摘されている（e.g. 精緻化見込みモデル（Petty&Cacioppo, 1986），二重過程モデル（Chaiken, 1980））。1つは，①提示された情報についてよく考えて判断をするシステマティック情報処理，もう1つは，②情報を吟味せずに直感的に判断を行うヒューリスティック情報処理である（詳しくは，3章・4章参照）。

この視点に立つと，これまでにみた合理的行為モデルや計画的行動モデルは，

システマティック情報処理を経て行動が生起するプロセスを説明していたととらえられる。しかしファジオ (Fazio, 1990；Jones & Fazio, 2008) は，私たちの行動は熟慮を経ず自発的に (spontaneous) 生じる，すわなち，ヒューリスティック情報処理を経ている場合も多いと考え，MODE モデルを提唱した。このモデルでは，上述のシステマティック情報処理 (①) を「熟慮モード (deliberative processing)」とよび，例えば大きな買い物をするときのように，不適切な判断を行うことを避けたいという強い動機がある場合に生じる情報処理であるとした。一方，いつも買っていて安い商品だからよく考える必要がないときや，熟慮モードで考えたくても急いでいて時間がなかった場合などは，あまり考えないで判断を行うが，このような情報処理（上述の②に相当）を自動的モード (spontaneous processing) とよんだ。

　自動的モードで情報処理が行われる際には，消費者がもっている態度のなかで，そのときたまたま活性化していた態度が用いられる。例えば，ヨーロッパの国々はどこも同じくらい好きである消費者が，たまたま買い物の直前にイタリア製の車とすれ違って素敵だなと思った場合，イタリアに対する好意的態度が活性化する。すると，その後の買物において自動的モードで情報処理が行われた場合，例えばドイツ製やフランス製のドレッシングより，イタリア製のドレッシングが選択されやすくなる。しかし，調味料のような安価なものではなく，車を買う場合など誤った買い物はしたくないと強く動機づけられていたとしたら，「ヨーロッパの国が好きだ」などという自分の態度に影響されずに，日本製やアメリカ製を含めたさまざまな車種をよく検討して，最も優れていると思うものを購入する。

　すなわち MODE モデルとは，不適切な判断をしたくないという「動機づけ (motivation)」と，急いでいて時間がなかったなどというその場の状況（「機会；opportunity」）によって行動が方向づけられるという理論であり，Motivation and Opportunity as Determinants の頭文字をとって MODE モデルとよばれている。

4　顕在的態度と潜在的態度

　人の態度には，意識して言語表明できる態度（顕在的態度）のほかに，本人も意識していない潜在的態度とよばれるものが存在することが指摘されている (Greenwald, McGhee & Schwartz, 1998)。顕在的態度と潜在的態度は，不一

致である場合も少なくない。したがって，ある人の行動について「言っていることとやっていることが違う」という状況は，表明している顕在的態度と行動が一貫していないだけで，潜在的態度とはしっかりリンクしているということもある。ある研究では，顕在的態度を測定すると「私は黒人に対して差別的な態度をもってはいない」と主張する人が，実際の行動を観察すると，黒人とは距離を取ろうとしたり，視線を合わせないようにする傾向がみられたことが報告されている（Fazio, Jackson, Dunton & Williams, 1995）。自分ではブランドAが好きだと思っているにもかかわらず，実際にはあまりブランドAの商品をもっていないというような場合，顕在的態度としてはブランドAに好意的であっても，本当の意味では（潜在的には）ブランドAが好きではないと考えられる。

　人の行動を正確に予測するためには，顕在的態度だけでなく潜在的態度も測定する必要があるが，本人も意識していない態度なのだから顕在的態度のような質問紙調査は行えない。潜在的態度の測定には，IAT（Implicit Association Test；潜在連合テスト；Greenwald et al., 1998）という方法が用いられる（トピックス7参照）。

トピックス7 ◇消費者の潜在的態度を探る

　IAT（Implicit Association Test；潜在連合テスト）は，自分では自覚していない潜在的態度（p.125参照）を測定するために，近年もっともよく用いられている手法である。商品ジャンルやブランド名などの「カテゴリー」情報と，ある対象に備わっている性質や特徴を表す「属性」情報とのつながりの強さを，コンピュータを用いて測定することにより，潜在的態度を明らかにすることができる。

　例をあげて詳しい方法をみてみよう。例えば，「スナック菓子」と「チョコレート菓子」という2つの商品カテゴリーに対して，消費者が潜在的には男性的なイメージあるいは女性的なイメージのどちらをもっているかを知りたかったとする。この場合，「スナック菓子」「チョコレート菓子」「男性」「女性」という4つの単語を用いてIATを行えばよい。

　コンピュータには図のような画面が表示され，回答者は，画面の中央に次々と表示される単語（例：ポテトチップス）について，「スナック菓子」「チョコレート菓子」「男性」「女性」のいずれに当てはまるかを手元の指定されたボタ

ンを押すことで回答していく。ただし，ボタンは2つしか用意されておらず，画面左上に表示されたカテゴリーおよび属性のいずれかに該当する場合はA，画面右上に表示されたカテゴリーおよび属性のいずれかに該当する場合はBを押すように指示される。画面中央には，「ポテトチップス」「ポッキー」「おばさん」「息子」等の単語が次々と表示され，回答者はできるだけ速く正確にAかBのボタンを押して回答をするように求められる。

　このとき，もしその回答者が「スナック菓子」に対して「男性」的なイメージをもっていて，「チョコレート菓子」に対して「女性」的なイメージをもっているとすれば，図に示すパターン①よりもパターン②の方が速く正確にキーを押せる。パターン②は，つながりの深い2つの言葉（「スナック菓子」と「男性」，「チョコレート菓子」と「女性」）が同じボタンに設定されているため回答が楽なのだが，パターン①はつながりをもたない2つの言葉（「スナック菓子」と「女性」，「チョコレート菓子」と「男性」）が同じボタンに設定されてしまっているため，脳内の情報処理が複雑になって，回答に困難を伴うのである。IATでは，この回答の速さ（msec；ミリ秒）と正答率をコンピュータに測定させ，比較することで，潜在的にどの商品がどんなイメージをもたれているか（概念間のつながりが強いか）を調べることができる。IATによって，従来の質問紙調査ではわからなかったような商品イメージ，ブランドイメージを明らかにすることができる。

```
  パターン①                    パターン②
┌─────────────────────┐   ┌─────────────────────┐
│ スナック菓子  チョコレート菓子 │   │ スナック菓子  チョコレート菓子 │
│ 女性              男性      │   │ 男性              女性      │
│                             │   │                             │
│       ポテトチップス        │   │       ポテトチップス        │
│                             │   │                             │
└─────────────────────┘   └─────────────────────┘
```

図　IATの画面例

4節　態度変容と説得

　消費者の態度は，いったん形成されれば永久に持続するとは限らず，外部からの影響によって変化することもある。例えば，ずっとブランドAが好きで買っていたけれど，好きなタレントがブランドBの広告に出ていたからそちらの方が好きになった，歯科医に薦められてこれまで使っていた歯ブラシを買い換えた，

というようなことはしばしばある。

　ある人のこれまでの態度を変化させることを狙ったコミュニケーションのことを，社会心理学では「説得的コミュニケーション」とよぶ。企業にとっては，消費者の態度を自社製品に対して好意的なものに変化させることが目標となる。本節では，消費者の態度を変化させるための方法に関する研究を紹介する。

1　認知の一貫性

　人間は暑いところでも寒いところでも一定の体温を保つことができる恒常性（ホメオスタシス）とよばれる機能をもつが，これと同様に，人間の認知も均衡状態を保とうとする機能をもっていると考えられている。例えば，あなたが昔から毛嫌いしていたブランドの広告に，あなたが大好きなタレントが起用されていたら，何とも座りの悪い感情を経験するだろう。人はこの不快な状態を，快適な状態にするために，自らの認識や態度を変更する。このような考え方を「認知的整合性理論」とよび，代表的なものに，バランス理論，認知的不協和理論がある。

a　バランス理論（balance theory）

　ハイダー（Heider, 1958）は，図7-4に示すようにP（自分），O（他者），X（態度対象）の3つを三角形の頂点とし，それぞれの関係性をプラス（好意）かマイナス（非好意）かで3辺にあらわした。その3辺の符号を掛け合わせたときに解がプラスになる場合（例：3辺すべてがプラス，あるいは2辺がマイナス），認知のバランスがとれた心地良い状態であるとした。一方，3辺を掛け算して解がマイナスになる場合（例：1辺にのみマイナスがある，3辺すべてがマイナス）を不均衡状態とし，この場合は，均衡状態となるよういずれかの認知が変更され

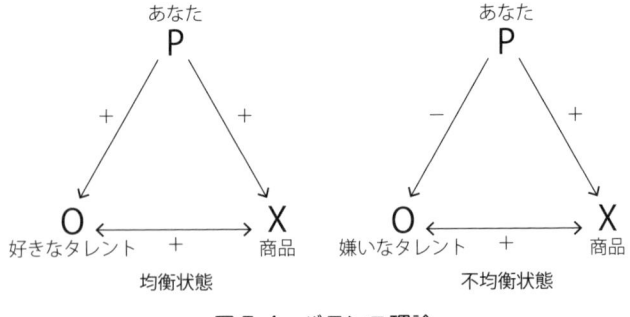

図7-4　バランス理論

ると予測した。

　例えば，あなたが好きなブランドのCMにあなたの好きなタレントが起用されているという状況を考えよう。これはあなたにとってはしっくりくる状況であるはずだが，図にあてはめれば「P＝あなた」「O＝好きなタレント」「X＝好きなブランド」の3点がすべてプラスで結ばれた状態であり，均衡状態である。掛け算で符号がプラスになればよいので，「O＝嫌いなタレント」「X＝嫌いなブランド」でも均衡状態である。しかし，「O＝嫌いなタレント」「X＝好きなブランド」の場合は，不均衡状態なので，あなたは嫌いだったタレントを好きになるか，好きだったブランドを嫌いになると予測される。

b　認知的不協和理論（cognitive dissonance theory）

　人は自分の認識に矛盾がある状態だと，不快感をおぼえる。高いお金を支払って購入した商品が，正しく使用していたにもかかわらずすぐに壊れてしまった場合などが例である。「高いお金を払って手に入れた」ことと「すぐに壊れた」という事実は整合しない。このときの心理状態をフェスティンガー（Festinger, 1957）は「不協和」状態とよび，協和状態となるよう自分の認知や行動を変化させることを指摘した。

　上述の例では，「高いお金を支払った」ことと「すぐ壊れた」という事実が不協和状態であったが，それを協和状態にする手っとり早い方法として，購入した商品を返品するという行動がある。しかし，返品が難しい場合には不協和状態が解消できない。その場合，「そんなに高額ではなかった」「自分の使い方が悪かったのだ」などと，自分の認知を変更することで，協和状態をつくり出そうとする。

　複数の選択肢のなかから選んで購入した商品に対する評価を，購入前と購入後で比較すると，購入後に高くなることが知られるが，これは「自分が選ばなかった商品の方が優れている」という不協和状態を生じないために認知を変更した結果であると考えられる（Brehm, 1956）。

2　説得的コミュニケーションとは

　「説得（persuasion）」とは，おもに言語を用いて相手を納得させながら，相手の態度や行動を自分の意図する方向に変化させようとする社会的影響行為のことであり（e.g. 深田，2002），説得を目的としてメッセージを発信することを説得的コミュニケーションとよぶ。この効果に関する研究は，もともとは1940年代

第2次世界大戦下のアメリカにおいて，マスコミュニケーションの影響力の研究として始まり，その後，人が人を説得するにはどうしたらよいかについて膨大な研究が積まれていったが，消費者行動研究においては，おもに広告の効果について考える際に有用である。

3 説得的コミュニケーションの効果

同じ説得メッセージであっても，誰が言ったか，それがどのような状況で発信されたか……などによって，その効果は変わってくる。ここでは，説得コミュニケーションの効果に関する研究を，説得的コミュニケーションの発信者（送り手）がどんな人であったか（a），発信されたメッセージがどのようなものであったか（b），説得的コミュニケーションがどのような状況下で行われたか（c），の3つに分けて整理した。

a 送り手の要因

①信憑性（credibility）

最も古い説得研究で指摘されたのが，説得コミュニケーションの発信者が信憑性の高い人物であるときに説得効果が高まるというものである（Hovland & Weiss, 1951）。信憑性は，専門性（expertise）と信用性（trustworthiness）からなるとされる（Hovland, Janis & Kelley, 1953）。専門性とは，説得メッセージの内容に関して，高い専門的知識をもっているかどうかということを意味し，信用性とは，相手を騙そうとしたりせず誠実な意図をもっているかどうかということを意味する。例えば，健康に関しては医師が専門性をもつ説得者として効果的であるが，その医師が悪徳商法で稼ごうとしていると思われる（すなわち，信用性が満たされない）場合には，その医師が勧める健康食品を買おうとは思わないだろう。専門性と信用性が共に高い場合に説得効果は高まる。

②魅力（attractiveness）

説得メッセージの効果を高めるもう1つの送り手要因は，送り手の魅力である。魅力とは，その人物がもつ「社会的価値」であり，身体的魅力，パーソナリティ，社会的地位，受け手との類似性（私たちは自分と似た人を魅力的だと感じる傾向があることが知られている）などが含まれる。認知的整合性理論（3節参照）が示唆する通り，人は認知の一貫性を求めるので，魅力的な人は能力も高く信頼できると考えがちであり，説得されやすくなる（Jackson, Hunter & Hodge, 1995；

Solomon, 2011)。

　広告に魅力的な著名人を起用することは，上述の効果のほかにも，消費者の注意をひきつける役割ももつ（Reid & Soley, 1983）。ただし，その場合消費者は著名人に注目するだけで，広告の内容（文章）をよく読んでいるとは限らないので，広告主が狙ったような広告効果が出るとはいえない。しかしながら，魅力的な著名人を見ることで，消費者が良い気分になって商品のイメージも好転したり，その著名人の良いイメージがブランドや企業のイメージに反映されるなどのプロセスを通じて，商品評価に恩恵をもたらす。著名人を起用して成功した広告の例は枚挙にいとまがない。

b　メッセージの要因
①恐怖喚起コミュニケーション

　脅威の危険性を強調して聞き手を怖がらせることで，その脅威への対処方法についての説得効果を高めることを意図したコミュニケーションのことを恐怖喚起コミュニケーションとよぶ。肺がん患者の肺の写真を掲載した海外のタバコのパッケージや，万が一病気になったときに収入を失って家族が路頭に迷うことを強調する生命保険のCMなどが，恐怖喚起コミュニケーションを利用した例といえる。

　多くの研究により，強い恐怖感情が喚起された場合の方が，弱い恐怖感情が喚起された場合よりも説得効果が高いとされている（Leventhal, 1970；深田, 2002）。しかし，恐怖の対象である脅威を回避するための効果的な対処行動が提示されなかった場合には，強い恐怖をもち続けなければないことは聞き手にとって大きな苦痛である。そこで，聞き手はその脅威の重要性を低く認知したり，内容自体を忘却することで恐怖を低減しようとする。したがって，適切な対処行動が提示されない場合は，強い恐怖を喚起した場合の方が弱い恐怖を喚起した場合よりも説得効果が低くなる。例えば，成人病の怖さについて強い恐怖を喚起したうえで，その予防には運動が効果的であるが100%予防できるわけではない（不十分な対処行動）と告げられると，弱い恐怖を喚起された人達よりも，その後生活に運動をとり入れる人の割合が少なくなる。

②一面提示・両面提示

　説得する側にとって都合の良い内容ばかり強調する説得方法を一面提示（one sided communication），都合の良い面と悪い面の両方に言及する方法を両面提示

(two sided communication) と呼ぶ。一般に広告は一面提示の説得の場合が多く，商品やサービスの良い面のみを強調する。しかし，研究では一面提示が有効な場合と，両面的提示が有効な場合があることがわかっている。広告を見る消費者が，もともとその商品に好意的な態度をもっている場合には，一面提示が良い。しかし，非好意的，あるいは中立的な態度であった場合には，両面提示の方が効果的とされる（Hovland, Lumsdaine & Sheffield, 1949）。また，両面提示で説得された方が，一面提示で説得されるよりも，その後反論されても態度が持続しやすいことも知られる（Lumsdaine & Janis, 1953）。図7-5のPILOT社の万年筆の広告は，「手軽に利用しにくい（時間がかかる）」というデメリットを述べることで，「その分相手に気持ちが伝わる」というメリットを強調した，両面提示広告の好例である。

③反復（repetition）

メッセージの反復提示（繰り返し）は諸刃の剣であるといえる。人は繰り返し同じメッセージに接触することで，単純接触効果（mere exposure；Zajonc, 1968）を生じたり，親近感を抱くことによって，メッセージの内容に対して好感をもつようになることが知られる。さらに，広告という観点から考えると，老舗ブランドでも繰り返しCMを流すことで新しさを保つことができるといえる。一方で，過剰な繰り返しは消費者に「飽き」を生じ，商品やブランドの評価が低下することも知られる（Belch, 1982）。これを避けるためにCMを短めにしたり，少しずつ内容を変化させたりすることが有効である（Solomon, 2011）。

④ユーモア（humor）

ユーモアとは，聞き手に「面白い」「おかしい」という感覚を引き起こす刺激を意味する。ユーモアは広告によく用いられることからも示唆される通り，消費者の注意をひき，気分を明る

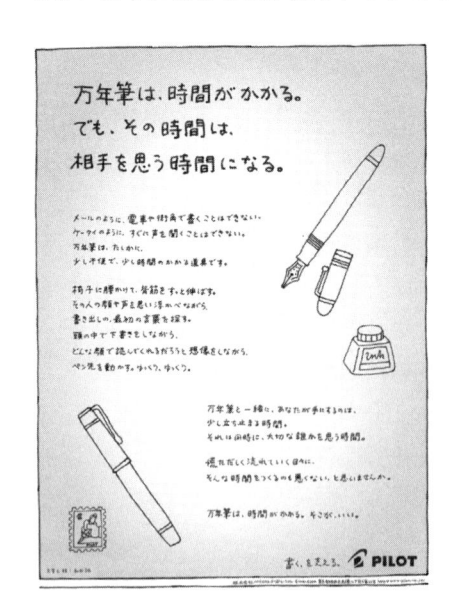

図7-5　PILOT社の万年筆の広告

いものにし，肯定的な思考を引き出すものであり（深田，2002），説得には有効であると考えられる。また，メッセージの「面白さ」は，聞き手がそのメッセージに対する反論を考えることを妨害するので，説得されやすくなるともいわれる（Gardner, 1970）。

しかし，ユーモアを含むメッセージが常に効果的であるというわけではない。ユーモアのタイプ，受け手の個人差（性・年齢，自尊心など），状況などのさまざまな要因によって影響を受ける。例えば，ユーモアがいかに効果的であるとしても，葬儀社や銀行のCMにユーモアを用いるのは不適切であろう。商品への「関与」と「価格」に注目してユーモアの効果を検討した実験では，自分にとってあまり重要でなく（自我関与・低），安い商品（お菓子など）の場合にユーモアが効果的であるが，自我関与が高くて高額な商品ではユーモアの使用は商品の評価を下げることが示されている（Weinberger & Campbell, 1991）。

⑤説得への抵抗

人は他者から説得を受けると，自分の自由が侵害されたと感じ，それを回復しようと動機づけられる。これを「心理的リアクタンス（Brehm, 1966）」と呼ぶ。リアクタンスを生じると人は説得メッセージから影響を受けないようにすることで自分の自由を回復しようとするため，説得方向への態度変容を起こさない。したがって，過度に商品を勧めるような広告，販売手法は望ましくないといえる。

c　文脈の要因

まったく同じことを同じ人に言われても，そのときどきの状況（文脈）によって，まるで違うことを言われたかのように納得がいったり，いかなかったりする。例えば，人は機嫌の良いときと悪いときとで，同じ説得メッセージに対しても異なった反応をする。ここでは「文脈」要因の1つとして，聞き手の感情状態が説得メッセージの情報処理にどう影響するのかという研究をとり上げる。

感情情報機能説（affect-as-information；Schwarz, 1990）によると，感情は個人が置かれている状況に関する情報を提供する機能をもつ。良い感情（例：幸せ，楽しい）は，今自分が置かれている状況は安全で問題がないことを示唆し，一方，悪い感情（例：不安，不快）は，当面の状況に問題が多いことを示唆する。したがって，良い感情状態の人は物事をあまりよく考えないヒューリスティック的な情報処理を行うが，悪い感情状態の人は，現在の状況によく注意を払って危険を察知しようとするため，慎重なシステマティック的情報処理を行う。

つまり，良い感情状態の消費者は，広告をよく読まずに，単に好きなタレントが出ているかどうかやブランドが有名かどうかなどの手がかりによって商品の評価をするが，悪い感情状態の消費者は，広告をよく読んで内容を吟味し，自分の既存の知識や評価にとらわれずに商品を判断する。このため，良い感情状態の消費者にはイメージ広告が，悪い感情状態の消費者には文章を中心とした広告を提示すると説得効果が高いことがわかっている（北村・沼崎・工藤，1995）。

4 精緻化見込みモデル (Elaboration Likelihood Model ; Petty, R. E. & Cacioppo, J. T. 1986)

説得コミュニケーションの効果（受け手の態度を変容させられるかどうか）に関する研究では，前項であげたようなさまざまな要因が次々と指摘され，その影響過程について統合的に理解することが困難な状況となった。その中で提唱されたのが，ペティとカシオッポ（Petty, R. E. & Cacioppo, J. T., 1986）による「精緻化見込みモデル（ELM）」であった（図7-6）。

「精緻化（elaboration）」とは，ここでは「メッセージの内容についてよく吟味すること，よく考えること」を意味する。すなわち，「精緻化見込み」とは，「与えられたメッセージがよく吟味される可能性」という意味であり，「精緻化されるかどうかによって説得メッセージの効果が変わってくる」というのが，このモデルの主旨である。

例えば，あなたがリビングでテレビCMを見ている状況を想像してほしい。ちょうど欲しいと思って複数のメーカーを検討しているような商品のCMが流れたとしたら，あなたは身を乗り出して一生懸命CMのメッセージに注意を払いその内容について良く吟味する，すなわち，「情報を精緻化する」だろう。しかし，あまり興味がない商品のCMで，しかも何を訴えているのかもよくわからないような内容であった場合，あなたはそのCMの説得メッセージを精緻化しない，すなわち，その内容をよく吟味して購入を検討するようなことはしないだろう。CMが全く同じものであったとしても，この2つの状況でCMの説得効果が異なってくることは想像に難くないだろう。

精緻化見込みモデルでは，情報を精緻化することによる態度変容を中心ルート（図中では──→で示す），精緻化しないで生じる態度変容を周辺ルート（図中では──→で示す）とよぶ。以下，図中の矢印を追いながら説明したい。

7章 消費者の態度形成と変容

精緻化見込みモデルでは，情報の「精緻化」が起きるかどうかは，「動機づけ」「能力」の2つによって決まるとする。「動機づけ」とは，情報についての関心があるかどうかを意味する。先の例でいえば，自分が関心をもっている商品のCMであれば，「動機づけは高い」ので，精緻化の可能性は高いと言える。したがってそのまま下へ中心ルートをたどるが，もしも動機づけが低ければ，破線矢印のルート（周辺ルート）に入る。「能力」とは，情報内容を理解することができるかどうかということを意味する。情報に十分に注意を払って良く理解することができればそのまま中心ルートをたどるが，例えばCMを見ている最中に隣から話しかけられて注意を妨害されたり，CMの内容が専門的すぎてよくわからないなどの状況では，「能力なし」となり周辺ルートをたどる。

中心ルートをたどった場合には，あなたはCMの内容についてあれこれさまざまな考えを巡らせた挙句，最終的にはその商品を良い（あるいは，良くない）と判断を下す（もしこのような結論に至らない（態度が中立的，あるいは認知構造の変化を生じない）場合は，周辺ルートに入る）。中心ルートによって形成された態度は，持続性が高く，その後も簡単には変わらないと言われる。確信度の高い態度が形成される

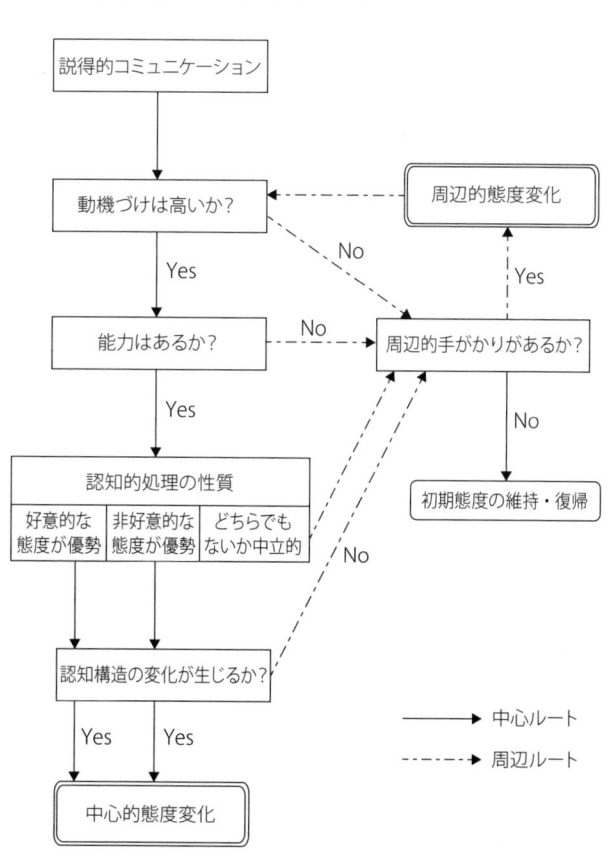

図 7-6　精緻化見込みモデル（Petty&Cacioppo, 1986 より作成）

のである。

　それでは,「動機づけ」や「能力」が低いなどの理由により,周辺ルートに入った場合はどうなるのだろうか。周辺ルートでは,「周辺的手がかり」があるかどうかが態度変容を決めるとされる。周辺的手がかりとは,「説得メッセージの内容と直接関わりがないが,メッセージの受け手の判断に影響するさまざまな手がかり」のことで,例えば,話し手の専門性や身体的魅力,メッセージの長さ,受け手の感情などが含まれる。先のCMの例で言えば,商品への関心が低くて周辺ルートに入ったとしても,そのCMに自分が大好きなタレントが出演していたり,美しい音楽が流れていたりすると,そのCMの商品にまで好意的態度を抱いたりする。これは,タレントの魅力や美しい音楽が周辺的手がかりとして働き,好意的な態度を形成したのだと解釈できる。しかし,周辺ルートによって形成された態度は,情報の内容が吟味されて形成されていたものではないため,持続性が弱く,他の情報によっても変容しやすいと言われる。

　精緻化見込みモデルは,これまでのさまざまな研究知見の統合に成功するとともに適用範囲も広く,多くの消費者行動研究,説得コミュニケーション研究に大きな影響を与え続けている。

8章○消費者の関与

　自動車に強い思い入れのある人は，愛車の整備にお金をかけたり，購買予定がなかったとしても情報誌を読んだりするかもしれない。しかし，思い入れのない人は，購買前でもなければ自動車に関する情報に関心を向けることもなく，コストもできるだけ抑えたいと考えるかもしれない。
　なぜこのような差異が生じるのだろうか。それは，「自動車」という製品に対する関心度や重要度が，個人によって異なるからである。このような問題に関して，消費者行動研究では「関与」という概念を導入して検討されてきた。本章では，種々の関与概念を整理したうえで，関与がもたらすさまざまな影響について詳述していく。

1節　関与概念の重要性と背景

　「関与（involvement）」とよばれる概念に対して，およそ半世紀ほど前から関心が高まってきた。その理由は，冒頭の例のように，消費者の情報処理や購買意思決定は，関与によって異なるからである。つまり，関与は種々の消費者行動を説明する重要な「調整変数」として検討する意義が見出されたのである。そのため，消費者行動研究や広告コミュニケーション研究をはじめとする多様な領域から，関与の高低による差異を中心に，さまざまな研究が蓄積されてきた。ツァイコフスキー（Zaichkowsky, 1986）によると，関与概念への関心の高まりには，以下の3つの流れがあると指摘されている。
　消費者行動研究において関与の重要性を広く流布させたのは，クラグマン（Krugman, 1965）の低関与学習理論であろう。クラグマンによれば，通常，テレビ広告の内容に対して受け手は特別な注意を払わないため，メッセージの反復によって知名率を上昇させる効果は認められるが，認知構造を変容させる効果はごくわずかであり，購買前の態度変容をもたらす影響力はないとしている。実際，その後のクラグマンの研究では，脳波によって関与を測定する試みがなされてお

り，印刷媒体での広告の方がテレビ広告よりも，大脳の覚醒水準が高いことを示している（Krugman, 1977）。このような，広告のコミュニケーション効果を左右する要因としての位置づけが，関与研究の大きな流れの1つである。

2つ目の流れとして，そもそも関与とは，社会心理学におけるシェリフの「自我関与研究」が発端であるため（Sherif & Hovland, 1961），対象と個人の結びつき，すなわち，消費者が当該製品カテゴリーに対してどの程度重要であるか・関心があるかという，製品に対する関与（製品関与）に焦点が当てられたものがある。ある製品と個人の結びつきが強い場合と弱い場合では，異なる購買意思決定方略がとられるが，このことからも，より正確な消費者の購買行動を理解・説明するうえで，関与の重要性が高まった。

3つ目の流れとしてあげられるのは，購買意思決定あるいは購買行動に関する関与である。購買という行為は，消費者が何らかの目標を達成する動機づけが介在するため，その動機づけの強さを関与として捉えようとする試みである。目標達成の動機づけは，消費者の情報探索の程度や，情報処理と深く関わるため，関与とこれらの要因との関連を明らかにする多様な研究に注目が集まった。

以上のように関与概念は，古くからさまざまな観点によって重要性が指摘されてきたといえよう。しかしながら，上記で示した関与概念はきわめて多義的であるため，次節でその整理を行う。

2節　関与概念の整理

1　関与の定義とさまざまな関与概念

関与とは，「ある対象（object）・事象（event）・活動（activity）に対して消費者が知覚する重要性や関連性のこと」と定義される（Peter & Olsen, 2010）。この定義における「対象・事象・活動」には，さまざまなものが含まれるため，関与概念が曖昧になっていると考えられる。ソロモン（Solomon, 2002）は，これらの多様な関与概念について，「製品関与」「メッセージ反応関与（広告関与）」「購買状況関与」の3つを挙げて説明している。

①製品関与

製品関与とは，ある特定の製品カテゴリーに対する消費者の関心度・重要度の程度を指す。製品関与の水準はもちろん個人によって異なるが，さまざまな製品

に対する関与度を測定すると，製品によって関与得点に散らばりがあるため，関与が高い（低い）製品を同定することは可能である。例えば，中川（1994）の研究では，パソコンや自動車などは高関与製品と位置づけられているのに対し，ガムやスナック菓子，缶コーヒー，カップラーメンなどは低関与製品と分類されている。

②メッセージ反応関与（広告関与）

マーケティング・コミュニケーションの情報処理に関する関与を，メッセージ反応関与という。とくに広告を指す場合，「広告関与」とよばれる。前節で示したように，テレビは受動的なメディアであるため，そのメッセージは低関与と位置づけられる。逆に印刷媒体は，能動的なメディアであるため，高関与であるとされている。

③購買関与（購買状況関与）

購買（状況）関与とは，購買場面・文脈・目的の違いによって生じる関与のことを指す。製品関与が永続的であるのに対し，購買関与は状況依存的であると特徴づけられる。例えば，冷蔵庫や掃除機のような家電に対して，永続的に関与が高いという消費者は少ないが，実際の購買場面になると，価格や製品情報を綿密に比較することがある。あるいは，自分で飲むお酒よりも，プレゼントとして贈るお酒の方が慎重に意思決定を行う。これは，リスクを避けようとしたり，他者からの印象評価を高めようとしたりする「状況」によって，購買意思決定の重要性が高まったことに起因する関与といえよう。

2　関与の規定因

ブラックウェルら（Blackwell et al., 2001）は，関与を規定する要因として「個人要因」「製品要因」「状況要因」の3点を挙げている。

①個人要因

個人要因とは，永続的・安定的な個人の欲求や価値観のことを指す。つまり，消費者個人の中核的な価値の実現と結びつきの強い製品カテゴリーに対して，消費者は高い関与を示すということである。この点について，ピーターとオルソンは，図8-1に示すモデルから説明を行っている（Peter & Olson, 2010）。例えばダイエット食品に関与が高い人は，その背景に，美しい身体を維持したい，身体的魅力を高めたいという欲求・価値観（自己知識）が潜んでおり，かつ，ダイ

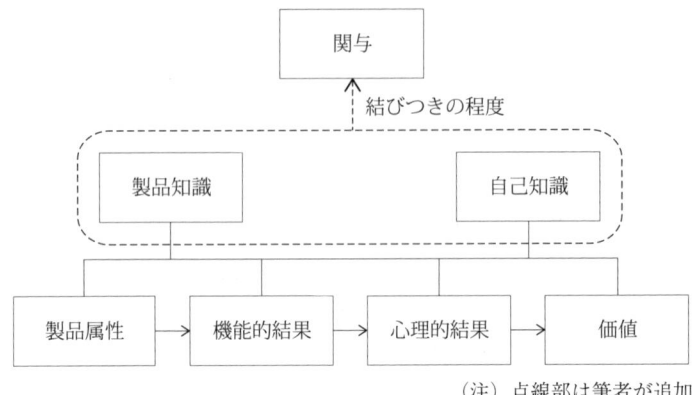

```
          ┌──────┐
          │ 関与 │
          └──────┘
             ↑
         結びつきの程度
  ┌ ─ ─ ─ ─ ─ ─ ─ ─ ─ ─ ─ ─ ─ ┐
  │ ┌────────┐    ┌────────┐ │
  │ │ 製品知識 │    │ 自己知識 │ │
  │ └────────┘    └────────┘ │
  └ ─ ─ ─ ─ ─ ─ ─ ─ ─ ─ ─ ─ ─ ┘
┌──────┐ ┌──────┐ ┌──────┐ ┌────┐
│製品属性│→│機能的結果│→│心理的結果│→│価値│
└──────┘ └──────┘ └──────┘ └────┘
```

(注)点線部は筆者が追加

図 8-1 製品知識と自己知識から捉えた関与の位置づけ(Peter & Olson, 2010)

エット食品はダイエットに効果的であるという製品知識を有していると考えられる。当然のことながら、製品知識と自己知識の結びつきが弱ければ、関与は高まらないといえる。

②**製品要因**

どのような製品かによっても、関与の水準は変化する。ブラックウェルらは、製品要因について、とくに「知覚リスク」をとり上げて説明を行っている(「知覚リスク」に関してはトピックス 8-1 を参照)。消費者が何らかの製品・サービスを消費するうえで、リスクは必ず伴う。一般にリスクの高い製品は、関与が高い。例えば、自動車は種々のリスクが高いために、関与が高い製品であるといえよう。

③**状況要因**

状況に応じても関与の水準は変容する。石鹸を例に挙げると、個人で使用するために購買する場合では関与が低いかもしれないが、ギフトとして購買する場合では関与(購買関与)が高まる。あるいは、流行のような社会状況によっても、関与の水準は変動する。例えばファッションに関心が高い女性のミニスカートに対する関与は、それが流行しているときには関与が高いかもしれないが、流行が過ぎたあとでは関与は低下すると考えられる。

3　関与概念のまとめ

これまで述べた種々の関与概念および関与の規定因と、後述する関与の結果を含めると、関与は図 8-2 のようにまとめることができる。

8章 消費者の関与

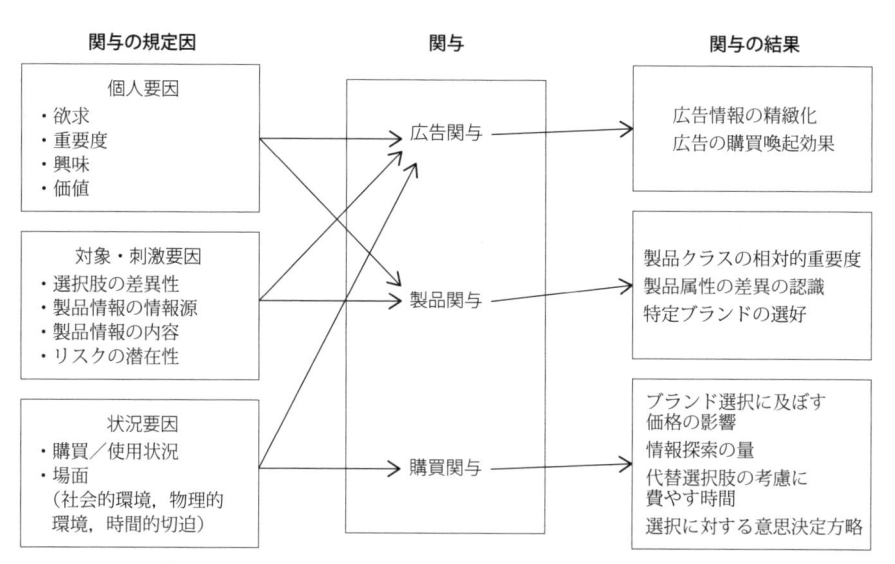

```
関与の規定因              関与            関与の結果

  個人要因                                広告情報の精緻化
・欲求                   広告関与  →    広告の購買喚起効果
・重要度
・興味
・価値

  対象・刺激要因                          製品クラスの相対的重要度
・選択肢の差異性          製品関与  →    製品属性の差異の認識
・製品情報の情報源                         特定ブランドの選好
・製品情報の内容
・リスクの潜在性

  状況要因                                ブランド選択に及ぼす
・購買／使用状況                           価格の影響
・場面                   購買関与  →    情報探索の量
 （社会的環境，物理的                      代替選択肢の考慮に
  環境，時間的切迫）                       費やす時間
                                         選択に対する意思決定方略
```

図 8-2　さまざまな関与概念の規定因と影響過程
（Zaichkowsky, 1986 をもとに一部加筆修正）

トピックス 8-1 ◇知覚リスク

　知覚リスク（perceived risk）とは，ある行動の結果に対する消費者の不安を指す。ブラックウェルら（Blackwell et al., 2001）によると，知覚リスクの水準は，ある製品の購買や消費の結果に関する信念と，その結果の重要性によって左右される。つまりネガティブな結果を引き起こす可能性が高く，かつその結果が消費者自身にとって重要である製品の場合に，知覚リスクは高まるといえる。より具体化すると，a. 購買関与が高い，b. 消費者の製品知識が乏しい，c. 新製品である，d. 複雑な製品である，e. 製品評価をする力が消費者にない，f. 選択肢が多様である，g. 価格が高い，h. その購買が消費者にとって重要なものである，といった場合に知覚リスクが高まりやすいとされている（Assael, 2004）。

　また，知覚リスクには，複数のタイプが存在することが知られている。アサエル（Assael, 2004）は知覚リスクを，a. 経済的リスク（金銭的損失のリスク），b. 社会的リスク（自己イメージへの悪影響に対するリスク），c. 心理的リスク（購買の失敗に伴う自尊感情の低下に対するリスク），d. パフォーマンスのリス

ク（期待はずれのパフォーマンスであるリスク），e. 身体的リスク（身体への危害に対するリスク）の5つに分類している。

関与概念と知覚リスクの関係は，以下のように考えることができる。製品関与が高い場合では，購買の結果の重要性が高いため，知覚リスクも高まりやすい。一方，知覚リスクが高い製品を購買する場合では，消費者は失敗を避けようと動機づけられるため，購買関与が高まる。つまり，関与と知覚リスクとは，相互規定的な関係にあるといえよう。

消費者は，当然のことながら，自身の購買や消費に対してネガティブな結果を望まない。そのため，リスクの高い製品に対して，消費者は可能な限りリスクを低減するために，深い情報探索を行おうとする。また，知覚リスクが高い製品に対して消費者は購買をためらう傾向にあるため，マーケターも消費者の知覚リスクを抑制することが求められる。例えば，無料サンプルの配布や，返金や保証システムは，消費者の知覚リスクを低減させるマーケティング戦略の1つといえよう。

3節　関与と購買意思決定

1　関与水準の違いによる購買意思決定の差異

関与の強さは，消費者の購買意思決定を大きく左右すると考えられている。関与が高い場合では，消費者はさまざまなブランドの情報を積極的に収集したり，広告情報を精緻化しようと努力するかもしれない。しかし，関与が低い場合では，それほど深く情報収集しなくても，購買に至ることが明らかにされている。例えば，インスタントラーメンのブランド間の差異を，綿密に比較検討する人はごくわずかであろう。

アサエル（Assael, 2004）によると，消費者の購買は，低関与であることがほとんどである。しかしながら，従来の消費者行動研究で示されている購買意思決定過程は，消費者が高関与であることが前提にされてきた傾向にある。

従来型の購買意思決定において，消費者は「欲求認識→情報探索→代替評価→ブランド選択→購買後評価」といった手順を踏むとされている。つまり，消費者は何らかの欲求を認識したあとに，収集された情報をもとにブランド間の差異を入念に比較検討したうえで，ブランド選択に至るというプロセスである。このモデルは，情報処理動機の高い高関与製品（あるいは高関与な状態）に対しては当

8章 消費者の関与

てはまる。しかし，低関与製品（あるいは低関与な状態）であれば，これらの複雑な意思決定過程を経る動機づけが低い。

低関与であれば，消費者は「欲求認識→ブランド選択→購買後評価」というプロセスを踏むことが多いとされている。これは，情報収集をしてブランド評価を終えてから購買するのではなく，購買後に（満足度等を題材として）ブランド評価を行っているとも考えられる。一般に消費者は，認知的努力を低減しようと動機づけられているため，自分にとって重要ではない低関与製品に対しては，選択後の失敗を受け入れる代わりに情報収集のコストを削減しているといえよう。

2 低関与下での購買意思決定

以上で述べたように，関与の高低によって意思決定過程が異なり，かつ消費者はおもに低関与であることからも，低関与下での消費者行動に対して関心が高まった。アサエル（Assael, 2004）は，関与水準と熟考の程度を組み合わせて，図8-3に示すような4つの消費者行動のタイプに分類している。

①複雑な購買意思決定

高関与かつ意思決定を要する消費者行動のタイプは，「複雑な購買意思決定」である。これは，従来型の購買意思決定と合致するものである。複雑な意思決定は，3章で示した広範的問題解決に相当する。

②ブランド・ロイヤルティ

高関与かつ慣性のタイプは，「ブランド・ロイヤルティ」と位置づけられる。過去の購買経験に満足し，特定のブランドに強くコミットしている場合，関与の高い製品であっても熟考せずにブランド選択を行う。

③惰性

低関与かつ慣性のタイプとして，「惰性」が挙げられる。惰性もブランド・ロイヤルティと同

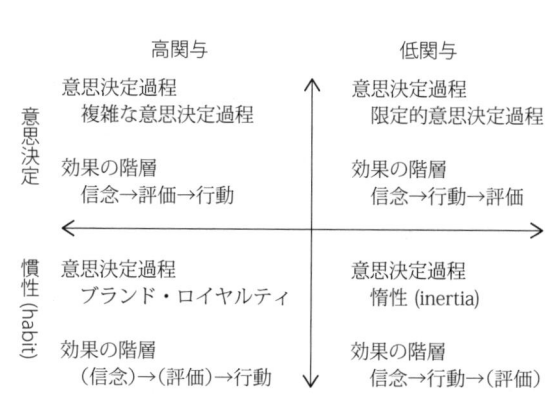

	高関与	低関与
意思決定	意思決定過程 複雑な意思決定過程 効果の階層 信念→評価→行動	意思決定過程 限定的意思決定過程 効果の階層 信念→行動→評価
慣性(habit)	意思決定過程 ブランド・ロイヤルティ 効果の階層 （信念）→（評価）→行動	意思決定過程 惰性 (inertia) 効果の階層 信念→行動→（評価）

図8-3 Assael（2004）の購買行動類型

トピックス 8-2 ◇関与と非計画購買

　関与と非計画購買には，密接な関係がある。低関与下では，購買前に行う情報探索が少ないため，非計画購買が起こりやすい。アサエル（Assael, 2004）は，低関与下で非計画購買が起こる背景として，次の2つのパターンをあげている。1つは，代替選択肢を考えることが面倒であるために「惰性」で購買するというものである。もう1つは，「限定的意思決定」であり，店舗内における刺激（例えばPOP広告）に影響され，バラエティ・シーキングが起こるというものである。つまり，低関与下では，購買意思決定は店舗内で起こる。そのため，ディスプレイや陳列位置，パッケージ，価格の要因がブランド選択に重要な役割を果たす。

　低関与下では，総じて親近感（familiarity）の高いマーケット・リーダー（市場第1位）のブランドが惰性によって選択されやすい。よって，マーケット・リーダーの場合では，親近感を失わないように広告を投下したり，陳列位置をキープしたりすることが重要である。もしマーケット・リーダーでないのなら，価格を下げたり，クーポンや無料サンプルを配布したりするなどによってバラエティ・シーキングを起こさせることが求められる。

　また，惰性とバラエティ・シーキングは，"どのタイミングで"意思決定を行うのかによっても変わってくる。シモンソン（Simonson, 1990）は，ゼミの時間に食べるおやつ（低関与製品）を学生に選ばせるなかで，向こう3週間のおやつを一括で選択させる場合と，週ごとに選択させる場合で，選択されるブランドが異なるのかを検討している。

　週ごとで選択させた場合では，相対的に同一ブランドを選択する割合が高い。

表　Simonson (1990) の実験結果

	3週とも異なるブランドを選択 (%)		3週のうち2週は同一ブランドを選択 (%)		3週とも同一ブランドを選択 (%)	
	一括で選択	週ごとに選択	一括で選択	週ごとに選択	一括で選択	週ごとに選択
ヨーグルト	64	44	24	29	12	27
パン・ベーグル	76	32	24	45	0	23
野菜の缶詰め	53	35	41	24	6	41
フルーツ	73	59	24	21	3	21
スナック	75	30	16	49	9	21
ソフトドリンク	46	29	30	35	24	35
カップスープ	44	38	44	47	12	15
全体	62	38	29	36	9	26

> これは，前回購買したブランドに対してとくに不満がなく，新たに代替ブラン
> ドに対して考えることが面倒だからという惰性の購買意思決定といえる。しか
> し，一括選択では，飽きたらどうしようと考えたり，ほかのものも試してみた
> いという好奇心が高まるため，バラエティ・シーキングが起こりやすいといえ
> る。つまり，ほかの選択肢についても目が向く状況では，普段は惰性で購買し
> ているものでもバラエティ・シーキングが起きやすいといえよう（表を参照）。

様に，同一ブランドの反復購買が行われる。しかし，ブランド・ロイヤルティは特定のブランドに強く満足していることが前提となっているのに対し，惰性は複雑な意思決定を避けるために同一ブランドを購買するという動機的側面において差異を見出すことができる。惰性は，3章で示した習慣的反応行動との対応がみられよう。

また，惰性では広告の繰り返しが有効であるとされている。関与が低い消費者は，情報探索に受動的であり熟考しないため，刺激（例えば広告メッセージ）と反応（信念）は繰り返しによって結びつきやすい。例えば，「ブランド A は一番人気がある」というメッセージを繰り返し提示されると，深く考えることなく「ブランド A ＝一番人気がある」という連合が形成される。この連合は，店舗内で当該ブランドをみたときに喚起され，購買行動に至るというものである。バトラとレイ（Batra & Ray, 1986）の研究では，低関与の場合には広告の繰り返しによってブランドに対する好意が高まる反面，高関与の場合では，最初は好意を増すものの繰り返しによって逆効果が生じることが示されている。

④限定的意思決定

低関与かつ意思決定を要する消費者行動のタイプは，「限定的意思決定」とよばれる。ここでの意思決定とは，「複雑な購買意思決定」のように認知的努力を必要とするものではなく，より消極的なものである。例えば新しいスナック菓子をみたときに興味が喚起され，購買行動に至るのはこのタイプにあたる。この形態の意思決定過程で重要な概念に，バラエティ・シーキングがある。バラエティ・シーキングとは，あるブランドに対して不満があるから別のブランドにスイッチするのではなく，飽きや好奇心によって，代替ブランドにスイッチする行動を指す。実際に，歯磨き粉やポテトチップスなどの関与の低い製品に対して，ブランド・スイッチを行った消費者の多くは，スイッチ前のブランドに対して好意的な

態度を示していたことも明らかにされている（Assael, 2004）。

4節　関与の測定

　関与が，消費者行動をとらえるうえでも，またマーケティング戦略の立案においても重要であるならば，その測定を客観的に行うことはきわめて重要である。何らかの方法によって関与を測定することで，個人間差異を検討する（関与が高い人，低い人を分類する）ことも可能になり，かつ同一の方法で複数の製品カテゴリーの測定を行うことで，製品間の特徴（関与が相対的に高い製品，低い製品の分類）を把握することができるようになる。

　一般的に関与は，複数の項目で構成される尺度（質問紙）によって測定されることが多い。これまでにも，さまざまな関与の測定尺度が考案されてきたが，代表的なものとしてツァイコフスキー（Zaichkowsky, 1985）のPII（Personal Involvement Inventory）が挙げられる。これは「重要である―重要でない」「関心のない―関心のある」「意味のある―意味のない」「役に立たない―役に立つ」のような双対の20項目を7段階で回答してもらうものである。この尺度は，1次元で構成されているため，尺度の総得点から関与の高低を分類しやすいという利便性，また製品や広告，購買状況などのさまざまな対象に対して測定できるという汎用性があるため，最もよく使用されているものの1つといえよう。

　一方，ローランとカプフェレ（Laurent & Kapferer, 1985）は，関与概念とは多義的であるがゆえに複数次元で測定すべきであり，また，関与とは直接観測されない概念（仮説的構成概念）であるため，その規定因を測定すべきであると主張し，CIP（consumer involvement profile）を考案している。CIPとは，「重要性／リスクの重要性」「快楽性」「記号性」「リスクの可能性」の4次元の関与の規定因（その後彼らは「興味」の次元を加えて新たに尺度構成を行っている）を測定するものである。彼らは，多様な製品ごとに測定された4次元の平均値を求め，それぞれの特徴を示している（表8-1）。CIPでは，PIIと異なり単純に関与の高低を分類することはできない。しかし，各製品はどのような側面から関与が形成されているのかを検討することができる。例えば「ドレス」は総体的に関与が高いが，とくに快楽性や記号性が顕著である。また，「掃除機」は，重要性やリスクを高く認知されているものの，快楽性や記号性の水準が低い。一方，一般

表 8-1　CIP における製品ごとの各次元の水準

	重要性／リスクの重要性	リスクの可能性	快楽性	記号性
ドレス	121	112	147	181
洗濯機	118	109	106	111
テレビ	112	100	122	95
掃除機	110	112	70	78
アイロン	103	95	72	76
ヨーグルト	86	83	106	78
チョコレート	80	89	123	75
シャンプー	96	103	90	81
歯磨き粉	95	95	94	105
洗顔せっけん	82	90	114	118
洗剤	79	82	56	63

（注）Laurent & Kapferer（1985）から一部抜粋

表 8-2　製品関与尺度（小嶋・杉本・永野，1985）

(1) 感情的関与
① 私にとって関心のある製品である
② 使用するのが楽しい製品である
③ 私の生活に役立つ製品である
④ 愛着のわく製品である
⑤ 魅力を感じる製品である
⑥ 商品情報を集めたい製品である
⑦ お金があれば買いたい製品である

(2) 認知的関与
① いろいろなメーカー名やブランド名を知っている製品である
② いろいろなメーカーの広告に接したことがある製品である
③ いろいろなメーカーの品質や機能の違いがわかる製品である
④ 友人が購入するとき，アドバイスできる知識のある製品である
⑤ いろいろなメーカーの製品を比較したことがある
⑥ この製品に関して豊富な知識を持っている

(3) ブランドコミットメント
① この製品の中にはお気に入りのブランドがある
② この製品を次に買うとすれば，購入したい特定のブランドがある
③ 買いに行った店に決めているブランドがなければ他の店に行っても同じものを手に入れたい製品である

的に低関与製品であると位置づけられる「チョコレート」は，快楽性のみ高水準であると理解できる。

　わが国においては，小嶋・杉本・永野（1985）が作成した製品関与尺度が非常

に有名である。この尺度は、表8-2に示す16項目からなる3つの因子で構成されている。「感情的関与」とは、製品に対する関心・快楽・愛着・魅力といった感情レベルでの関与を示している。「認知的関与」とは、製品知識や情報探索の経験などの、認知レベルでの関与をあらわしている。最後の「ブランドコミットメント」とは、製品カテゴリーを超えて、ある特定ブランドに対する関与を示すものである。

5節　関与と広告情報処理

1　精緻化見込みモデル

　関与の水準は、消費者が広告メッセージをどの程度深く情報処理するかという問題と深く関わっている。このテーマで最も有名な理論は、精緻化見込みモデルであろう。精緻化見込みモデルの概念は、7章ですでに詳述されているため、ここでは関与との関わりについてのみ触れておき、具体的な実験結果について紹介することとする。

　精緻化見込みモデルとは、メッセージについてどの程度よく考えるのか（＝精緻化）によって、メッセージの処理ルートが異なるというものである。精緻化の程度は、メッセージの受け手が有する動機づけと能力によって決定される。精緻化の水準が高い場合には、メッセージ内容そのものに影響を受けて態度が形成される中心的ルートを経るのに対して、精緻化の水準が低い場合では、出演タレントなどの本質的なメッセージとは直接関係のない要因に影響を受けて態度変容がなされる（周辺的ルート）。

　ここで、関与は情報処理に対する動機づけの側面を有しているため、広告メッセージを精緻化する動機づけを規定すると考えられる。また、関与は多様な製品知識を高める要因でもあるため、メッセージを精緻化する能力も向上させるといえよう。すなわち、高関与であれば精緻化の程度も高く、逆に低関与であれば精緻化の程度も低くなると位置づけられる。

　ペティら（Petty, Cacioppo & Schumann, 1983）は、カミソリの印刷広告を題材として、関与（購買関与）の高低、および推奨者（有名人・非有名人）、ならびに論拠の強さ（強い論拠・弱い論拠）を条件操作し、広告提示後のブランド態度を測定している。その結果、高関与の場合では推奨者の影響は受けないもの

の，低関与では推奨者が有名人であるときに，より高いブランド態度が形成された。また，高関与条件では，弱い論拠のメッセージに対してきわめてネガティブなブランド態度が形成された。これらの結果は，高関与のときにはメッセージ内容が説得に重要な役割を果たしているのに対して，低関与の場合では推奨者といった周辺的な要因の影響が強いことを示している。

2 低関与下における広告戦略

ペティらの実験結果をもとに考えると，消費者の関与水準の高低によって，異なる広告戦略を用いることが必要である。アサエルは，とくに低関与の意思決定に対する広告戦略として，次のようなことがらを挙げている。

(1) 短期間に集中して，繰り返し提示をすること。
(2) 幅広いメッセージではなく，いくつかのキーとなるメッセージに限ること。
(3) 視覚をはじめとする，メッセージの本質とは異なる要素（例えばパッケージ）を強調すること。
(4) 広告によって，競合との差別化を図ることを主目的とすること。ここでの差別化とは，製品の差別化ではなく，コミュニケーションの差別化を意味する。
(5) 印刷媒体よりもテレビ広告をおもに用いること。テレビは印刷媒体よりも，メッセージ内容を処理するために求められる負荷が低いため，低関与の場合では適した媒体である。

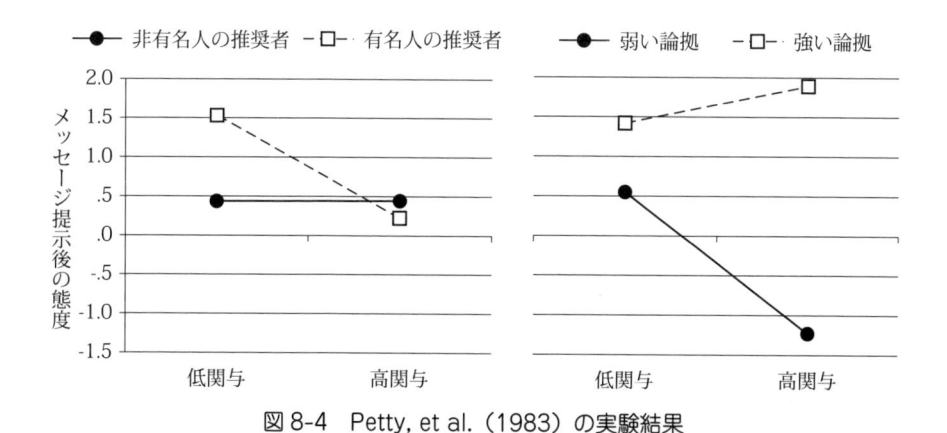

図8-4 Petty, et al.（1983）の実験結果

Ⅲ 部
消費者行動に影響する個人と外部環境要因

9章 ○消費者の個人特性

心理学者であるレビン (Lewin, 1935) は，人間の行動に関する一般法則として B = f (P・E) という図式を提案した。ここでBは行動（Behavior），Pは行動する主体である個人（Person），そしてEは個人が置かれている環境（Environment）をあらわしている。つまりこの式は人間の行動は個人の特性（パーソナリティ，価値観，ライフスタイルなど）と，個人がそのときに置かれている状況（どのような店舗でどのような商品を買うかといったことなど）との相互影響下で生じるということを意味している。本章ではこのなかのP（個人特性）について考察し，さらに次章ではE（環境要因・状況要因）について考える。

1節　消費者行動に関する個人特性研究とその意義

冒頭で示したレビンの図式（図9-1）からは，人間行動に関する3つの基本的原理を引き出すことができる。第1の原理は「同一の環境に置かれていたとしても，個人特性が異なれば，そこでとられる行動は異なる」というものである。第2の原理は「同じ個人特性をもつ者であっても置かれた環境が異なれば，そこでとられる行動は異なる」というものである。そして第3の原理は「ある特性をもつ個人に対する一定の環境の影響の仕方は，別の特性をもつ個人への影響の仕方と異なる（個人特性と環境条件との間に相互作用（interaction）がある）」というものである。

これらの原理が消費者行動についても適合することは経験的に十分理解できるだろう。例えば，バーゲンセールに友人と2人で出かけ，山のように積まれた商品のなかからお互いの好みの服を数点ずつ探し出したらそれらがことごとく趣味の異なるものであった，というでき事は第1の原理に該当するものであ

$$B = f (P \cdot E)$$

Behavior（行動）　Person（個人特性）性格・価値観・態度など　Environment（環境・状況）

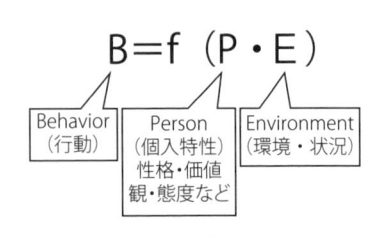

図9-1　レビンの図式
（Lewin, 1935）

ろう。また「石橋をたたいて渡る」ごとく商品選択を慎重に行うことを信条としている人が，たまたま何らかの状況的な要因が働いた（例えば知人に強く頼まれた，商品選択にかける時間的余裕がなかったなど）ために，思慮に欠ける判断であまり良くない商品を買ってしまった，というでき事は第2の原理に該当するであろう。さらに第3の原理に当てはまる出来事としては，販売促進の一環として企画されたテレビとインターネットの2種類の媒体による商品広告をみた人のうち，ある人はテレビ広告に影響を受けて商品を購買し，別の人はインターネット広告に影響を受けて商品を買うといったことである。

　一般的な心理学研究のなかでは古くから個人差研究（いわゆるパーソナリティ研究）が行われてきたが，消費者行動研究においても多くの個人差に関する研究が実施され，消費者行動を規定する個人特性を解明するためのとり組みが行われてきた。人間行動の理解のために個人特性という概念を用いることは，心理学の基本的目標である行動および意識経験の「記述（description）」「説明（explanation）」「予測（prediction）」，そして「制御（control）」を達成するうえで重要な意義をもつと考えられる。これらに対応させながら，消費者行動に関する個人差（個人特性）研究がもつ意味を整理してみよう。

①**行動の記述（description）**

　個人特性を用いることで，行動をより要約して簡潔に記述することができる。ある消費者がさまざまな場面でとった特徴的な行動（例えば派手で自己顕示的な商品をたびたび購買していること）を個別に記述するよりは，個人特性（例えば派手で自己顕示的な性格傾向）としてあらわした方が，より的確かつ簡潔に表現することができるだろう。

②**行動の説明（explanation）**

　個人特性を知ることで，行動の動機や理由をより正しく理解できる。例えば，一般に安価な商品を買う理由はケチな性格のあらわれと解釈されがちであるが，その個人が贅沢を排して質素な生活を営むことを信条とする人物であることを理解していれば別の理由づけが成り立つであろう。

③**行動の予測（prediction）**

　個人特性を把握しておくことで，将来の行動をより正確に予測できる。例えばある個人が社会的承認欲求の強い人物であると知ることは，自動車の購買に際して国産車を買うか外車を買うかを予測をするうえで大いに役立つだろう。

④行動の制御（control）

　個人特性を把握しておけば，意図的に一定の行動を生じさせたり，逆に行動を抑制することができる。例えば，ある個人が特定の嗜好をもっていることが分かっている場合には，その嗜好に合った商品を提供することで購買を誘発しやすくすることができる。

　このようなことから，個人差という概念を導入し，それを規定している個人特性を明らかにすることは，消費者行動研究において重要な意味をもつ。消費者の個人特性を示す要因として性別，年齢などのデモグラフィック特性（人口統計学的特性），収入や職業などの社会経済的特性，そしてパーソナリティ特性やライフスタイル特性などさまざまなものが挙げられる。

　マーケティングの遂行という実務的な立場からは，マーケット・セグメンテーション（市場細分化）を実施するための個人差研究の必要性が指摘される。市場を形成している個人の特性を把握してそれをグループ分け（細分化）することで，それぞれのセグメント（部分）のニーズに応じた適切な商品開発や，効果的で効率的な広告戦略を遂行することが可能となるのである。

　このようなマーケット・セグメンテーションを行うための基準（消費者をグループ分けする方法）としては，従来からデモグラフィック特性にもとづくセグメンテーション（デモグラフィック・セグメンテーション）が行われてきた。例えば衣服は性別や年齢によって体型や嗜好が大きく異なると仮定できるので，それぞれの性別，年代に応じた衣服がデザインされ，生産されている。

　しかしその一方で，同一の性別・年齢集団内での価値観や嗜好の多様化および消費者が選択可能な商品の多様化が進み，消費傾向の差違を識別するほかの指標が必要になってきた。このことを目的として行われた個人特性に関する研究は膨大で多様を極めるが，これらのなかに２つの大きな流れを見出すことができる。第一は，伝統的な心理学的研究や社会学的研究において定義されたパーソナリティ特性と行動様式との関連性について調べたものである。第二はいわゆるライフスタイル研究である。これは生活意識，生活行動，価値観や心理学的変数（サイコグラフィックスとよばれる場合がある）にもとづいて消費者を分類しようとするものである。以下ではこれらに含まれる代表的な研究を紹介して個人としての消費者行動を考えてみよう。

2節　パーソナリティ特性と消費者行動

　消費者行動の個人差はどのような特性の差異によって生み出されるのであろうか。

　この疑問に答えるための最初のとり組みは、心理学者や社会学者が定義したパーソナリティ概念を用いて個人差を説明しようとすることであった。パーソナリティという用語の定義は、「個人のうちにあって、その個人に特徴的な行動や思考を決定する心理物理的体系の力学的体制」とされる（Allport, 1943）。この概念は、同じく個人に特有の恒常的な行動傾向をあらわす用語である「性格」とほぼ同義に用いられるが、性格は変わりにくい個人的特徴という点を強調しているのに対し、パーソナリティという言葉には環境への適応的な側面も含まれている。したがって、とくに心理学研究の文脈のなかではこの概念が好んで用いられ、さまざまな理論が展開されてきた。

　心理学におけるパーソナリティ理論は一般に「類型論（typology）」と「特性論（trait theory）」に大別される。前者は一定の観点から人間についてのいくつかの典型的なタイプを想定し、それによってパーソナリティを分類し、それへの理解を深めるというものである。後者はパーソナリティを複数の基本的構成単位（特性）に分けて、それぞれの程度を量的に測定して、各単位の組み合わせによって個人の特性を記述しようとするものである。

　消費者行動研究においては、とくに商品への嗜好や購買動機の差異を消費者のパーソナリティから説明しようとする試みがなされてきた。以下では社会学や精神分析学に関連するものも含めて代表的な研究例をいくつか紹介しよう。

1　類型論と消費者行動

　これに属するものとして、まずはじめにリースマン（Riesman, 1950）の理論にもとづく研究があげられる。リースマンは、人間についての社会的パーソナリティは3つのタイプに分類することができると考えた。第一のタイプは「伝統志向」とよばれるものであり、変化の遅さ、過去への志向を特徴とする。第二のタイプは「内部志向」である。これに属する個人は自分自身の生活を律しているという意識をもち、自己をやり遂げるべき仕事をもった独立した人間ととらえ、他者から影響されにくいという面をもつ。第三のタイプは「他者志向」である。こ

れに属する個人は，他者とうまくやることが成功の鍵と考えており，その成功は他人が自己をどのように考え，人間関係のスキルを自分がどの程度もっているかということに依存している。

　これらと消費行動との関連性を考えてみると，伝統志向者は革新的な商品に対する関心が低く習慣的な購買行動を示し，内部志向者は商品の嗜好や選択において他者からの影響を受けないという傾向を示す。そして他者志向者は外部的な影響を容易に受け，流行などの追随者になりやすい傾向があるといった仮定ができる。このような性格類型と広告内容の好みとの間に関連性があるという指摘（Kassarjian, 1965, Woodside, 1968）や，いくつかの新製品の採用と間の関連性の指摘（Donnelly, 1970）など，実証研究にもとづく知見がある。

　もう1つの類型論的アプローチは，ホーナイ（Horney, 1937）の理論をとり入れたものである。ホーナイは新フロイト派とよばれる精神分析学の一派に属する学者であり，人々は神経症的不安が生じた場合に「他者に対して依存し従順になる」「他者に対して攻撃的になる」，そして「他者から離れ孤立する」という3つの対処方略をとると考えた。これらのうちいずれの方略をとるかについては個人差があり，いずれが優勢であるかによって個人は3つのタイプに分類されるとされる。コーエン（Cohen, 1967）は，これらの傾向が個人の消費行動に反映されると考えた。つまり「従順な個人」は，愛されること，望まれること，理解されることなどを求め，「攻撃的な個人」は，成功，威信，賞賛を得ることを求め，そして「孤立する個人」は，他者との間に情緒的距離を置き，強制からの自由，独立，自足が重要と考える。これらのことが個人の商品に対する嗜好と関連性をもつというわけである。消費者を調査して各種商品の嗜好や使用状況とこのような性格類型との関係を分析したところ，(a)服従的な個人はそうでない個人に比べて，広告で対人関係に関する訴求をしている銘柄を好む，(b)攻撃的でない個人に比べると，攻撃的な個人の方がよくコロンを用いる，(c)孤立的な個人は，そうでない個人に比べて紅茶をよく飲む，といったことが明らかになった。

2　特性論と消費者行動

　これに類する研究としては EPPS（Edwards Personal Preference Schedule）性格検査を用いたものが代表例として挙げられるだろう。これは個人のもつ基本的欲求の傾向を，「達成（achievement）」「服従（deference）」「秩序（order）」「顕

示性（exhibition）」「自律性（autonomy）」「社交性（affiliation）」「分析（intraception）」「依存性（succorance）」「支配性（dominance）」「自己軽視（abasement）」「援助（nurturance）」「変化（change）」「忍耐（endurance）」「異性愛（heterosexuality）」および「攻撃性（aggression）」という15の特性ではかる性格テストである（edwards, 1954）。

　エバンス（Evans, 1959）は，これらの特性が消費者の商品選択とどのような関連性をもつかについて調べた。彼はフォードの乗用車とシボレーの乗用車の所有者を対象にしてEPPSの簡略版を実施し，両者の性格特性の間に違いがみられるか否かを検討した。この研究では，シボレーの所有者に比べてフォードの所有者は，「誇示性」や「優越性」がより高いといったように，いくつかの特性については差異が認められたものの，両者を決定的に識別する差異を見出すことはできなかったが，これを契機として心理学的なパーソナリティ変数と購買行動との関連性を分析した研究が数多く行われるようになった。例えば，フランクら（Frank, Massy & Lodahl, 1969）はEPPSにより測定されたパーソナリティ特性と食品の購買傾向との間に関連性がみられることを示している。またウエストフォール（Westfall, 1962）は，別のパーソナリティ尺度であるサーストンの気質調査（Thurston Temperament Schedule）を用い，コンバーティブル車，スタンダード車，そしてコンパクト車の所有者の性格特性を比較し，その結果コンバーティブル車の所有者はスタンダード車の所有者に比べて，より活動的，精力的，そして社交的であるといったような差異があることを見出した。さらにタッカーとペインター（Tucker & Painter, 1961）は，各種の薬品，嗜好品，そしてファッションの採用との間に相関がみられることを示している。

3　パーソナリティ研究の成果と限界

　パーソナリティと消費者行動との関係を明らかにしようとした研究は，1960～70年代の20年間に200件以上も報告されている。これらの研究はあらゆるパーソナリティ特性，あらゆる製品カテゴリー，あらゆる階層の対象者を網羅しているといっても過言ではなく，多くの研究において心理学的なパーソナリティ尺度により測定される特性と購買行動の間に関連性が見出されている。ただしその内容は多種多様で，ある研究では関連性がみられるのに別の研究ではみられないといったようにお互いに矛盾する場合も多く，一般化した事実を導き出すこと

は困難である。カサージアン (Kassarjian, 1971) は，これらの研究から得られた結果を要約すると「あいまいである (equivocal)」の一言につきると述べている。このことは実際にマーケティングにおいて，パーソナリティ特性によるセグメンテーションが行われた例がほとんどないことからも明らかである。この理由として小嶋 (1976) は，(a) フィールド調査で簡単に実施できて，しかも信頼性の高い標準化されたテストが開発されていないこと，(b) 一般にパーソナリティテストは正常者と異常者を判別する目的がおもで，正常者のタイプ分けを的確にするのに適していないこと，(c) 現実の購買行動では環境・状況要因などパーソナリティ以外の諸要因が影響を及ぼすので，それらの間に一義的な関係を見出すことが困難である，といった指摘をしている。

消費者行動に関する近年の心理学的な研究のなかには，より明確な問題意識のもとに個人差や個人特性の問題にアプローチしたものがみられる。その1つのテーマが情報処理様式や能力の個人差に関する研究である。ベットマン (Bettman, 1979) をはじまりとする消費者の一連の購買行動を情報処理過程としてとらえる研究において，その様式の個人差に着目し，それによる消費者の分類を行おうとする研究がみられる。これらの多くは，消費者個人のパーソナリティ特性，デモグラフィック特性，製品の重要度や知識といった要因と，その情報処理様式との関連性を明らかにしようとするものである。

例えば，ヘンリー (Henry, 1980) は，情報統合課題での遂行度を処理の正確さという測度でとらえた研究を行っている。彼は11種類の洗剤について2～5属性（課題の困難度が異なる）の情報を与えたうえで，各ブランド間（計55対）の類似度（「同じ」から「まったく違う」までの7段階）を評定させた。評定の正確さを基準変数とし，属性数と被験者の情報処理能力（文章完成テストの得点）を説明変数とする重回帰分析を行った。得られた回帰方程式は，$r = 0.447 - 0.027N + 0.77C$（ただし r：処理の正確さ，N：属性数，C：情報処理能力）となったが，この式は属性数（課題の困難度）に比べて個人の能力により説明される分散が大きいことを示しており，情報処理能力の個人差を解明する必要性を提起している。

また，ケーポンとバーク (Capon & Burke, 1980) は，リスク知覚の異なる複数の製品をとり上げ，それらを購入する際の情報獲得過程を情報モニタリング法を用いて調べ，被験者が属する社会経済的地位との間に獲得情報量や情報獲得

方略に差異がみられることを指摘している。さらにケーポンとクーン（Capon & Kuhn, 1980）は，発達的視点より情報処理様式の個人差を検討している。彼は幼稚園児から大学生に至る4つの年代の被験者について商品評価の際に考慮している属性を個人ごとに算出したうえで，年代間の比較を行った。その結果，幼稚園児では一貫した選好がほとんどみられなかったのに対し，年代が上昇するほど評価次元が明確なものとなる傾向がみられた。これらの情報処理的研究は，消費者行動の個人差研究について，1つの方向性を示すものということができるだろう。

3節　ライフスタイルと消費者行動

　心理学や社会学からのいわば「借り物」ともいえるパーソナリティ概念では消費者行動の個人差を十分に説明できないという認識が一般的なものとなり，それに代わるものとして，消費者行動と関連が深いと思われる独自の特性次元を定義し，実際の消費者行動との関連性を検討するという研究が数多くなされてきた。いわゆるライフスタイル研究は，この代表的なものである。消費者に関するライフスタイル研究の必要性は前述したマーケット・セグメンテーションからも生じてきた。とくに価値観が多様化した現代においてはこの戦略の立案，実施のなかでターゲットとなる消費者を適切にグループ分け（区分）したうえで，その心理的特性，行動的特性を理解することが何よりも重要である。

　ライフスタイルという概念の定義は研究者間で必ずしも一致しないが，端的に表現するならば「生活課題の解決および充足の仕方である」ということになるだろう（井関，1979）。ライフスタイルによって消費者をグループ分けすれば，それぞれの消費者の嗜好や行動をかなり正確に予測することができる。

　例えば，国生（2001）は16〜69歳の男女1,500名を対象にした質問紙調査を実施し，生活意識・価値観をとらえるための60項目を用いた測定を行った。これを因子分析により「おしゃれ（おしゃれ全般への関心）」「健全（健康維持や環境への志向）」「自信（自分自身の知識やセンスに対する自信）」「カルチャー（音楽や美術といった文化芸術活動への関心）」「努力（課題達成と目標達成への意欲）」「コミュニティ（人間関係の重視）」という6因子を抽出し，その因子得点にもとづいてクラスター分析（個人間の類似性にもとづいてグループ化するための統計的分析方法）を実施し6つのクラスター（消費者のグループ）を見出した（表9-1）。

表9-1 ライフスタイルの類型（国生（2001）にもとづいて作成）

クラスターの名称	ライフスタイルの特徴	属性の特徴
ファミリー	健康や環境に配慮するなど「健全」の傾向が高く，人との付き合いや地縁など「コミュニティ」を重視している。何よりも"ファミリー"を大切にする人たち	男性29%・女性71% 平均年齢49歳 主婦が多い
マイルド	「おしゃれ」は高め，「自信」は平均的，「健全」「カルチャー」「努力」「コミュニティ」への傾向が低めである。生活全般へのこだわりがあまり強くない，ちょっと"マイルド"な人たち	男性61%・女性39% 平均年齢39歳 勤め人が多い
チャレンジャー	「自信」「努力」の傾向は高め，「おしゃれ」「健全」「コミュニティ」への傾向は低めである。自分の目標に向かって努力を惜しまない"チャレンジ"する人たち	男性78%・女性22% 平均年齢34歳 勤め人・学生が多い
マイウエイ	「自信」がとりわけ高く，「健全」「コミュニティ」への傾向は低め。人からどう見られるかを気にしない"マイウエイ"な人たち	男性56%・女性44% 平均年齢44歳 自営・自由業が多い
エンジョイ	「カルチャー」の傾向が高く，「健全」「自信」が低め。音楽や映画を楽しみ，外国での生活にあこがれるなど生活を"エンジョイ"している人たち	男性35%・女性65% 平均年齢31歳 学生・主婦が多い
パワフル	「健全」だけは平均的，他の「おしゃれ」「自信」「カルチャー」「努力」「コミュニティ」の傾向がすべて高めである。何ごとにも"パワフル"に取り組む人たち	男性48%・女性52% 平均年齢35歳 学生が多い

　ライフスタイル研究を広義にとらえると，かなり多様な内容が含まれる。これらのすべてを紹介することは困難なので，本節ではいくつかの研究上の視点やテーマを提示したうえで，それに関連する研究を紹介していこう。

1　AIOアプローチ

　AIOアプローチはライフスタイル研究のなかで，1960年代に登場したものであり，消費者のライフスタイル特性を，A（Activity：活動性），I（Interest：関心），そしてO（Opinion：意見）という3つの次元でとらえようとするものでありサイコグラフィックスとよばれる場合がある。「活動性」とは労働と余暇の時間をどのように過ごしているか，「関心」とは生活環境のなかで何に興味をもっているか，そして「意見」とは社会的問題および個人的問題についてどのような立場をとっているかということである。より具体的には表9-2に示した項目がそれらの要素となり，これらについての個人的傾向に年齢，性別，収入などのデモ

9章 消費者の個人特性

表 9-2　AIO 分析の各次元に含まれる要素（William et al,1971 より作成）

活動性 (Activity)	関心 (Interest)	意見 (Opinion)
仕事	家族	自分自身
趣味	家庭	社会問題
社会での出来事	仕事	政治
休暇	地域社会	ビジネス
娯楽	レクリエーション	経済
クラブ参加	ファッション	教育
地域社会	食べ物	製品
買い物	メディア	将来
スポーツ	学業	文化

グラフィック特性を加えて個人の特性をはかる。

2　VALS（Values and Lifestyles）

　VALS は SBI 社（Strategic Business Insights）がつくり出した消費者のセグメンテーションである。最新版の VALS2 は，35 個の心理的特性および 4 個のデモグラフィック特性からなる計 39 個の調査項目群を用いて，アメリカ人成人を異なる特性をもった者のグループに分類した。
　個人のもつ資源（収入，教育，活動能力，購買の熱心さなどを含む）および自己志向性（他者の目を気にせずに自己の信念体系にもとづいて購買決定をする「理想志向」，自分の友人たちが自分の決定についてどのように考え，その選択がどのように映るかを考慮する「達成志向」，そして購買の情緒的側面や個人的な満足に関心の高い「自己表現志向」という 3 つの基準）にしたがって対象者を 8 つのグループに分類した（図 9-2）。それらは以下の通りである。
（1）　革新的な人（Innovators）
　このグループは多くの資源をもち問題解決能力の高い成功者である消費者から構成される。社会問題に関心が強く変化を受け入れることが可能である。
（2）　思考する人（Thinkers）
　自己実現度が高く，思慮深く，経済的にゆとりがある。
（3）　達成する人（Achievers）
　成功志向が強く，リスク回避や自己啓発を好む。

(4) 経験を好む人（Experiencer）
衝動的で若く，突飛なもしくはリスクのある経験を楽しむ。

(5) 信念をもった人（Believer）
主義主張への強いこだわりをもち，お墨付きのブランドを好む。

(6) もがく人（Striver）
「達成者を求める人」と似ているが，資源をあまりもたない人々である。他者からの承認に非常に強い関心をもっている。

(7) つくる人（Makers）
自分のエネルギーを自己効力に集中することを目指す行為をとる人。

(8) 何とか生きる人（Survivers）
経済的な位置づけは最も低い。彼らはそのときどきの欲求を充たすだけで精一杯で，生存のための基本的な商品以外のものを購入しない。

このVALSを日本人向けの市場に適用したJapan-VALSも実施されている。2000年に9大都市に存在している18～69歳の対象者にもとづく日本市場の構造は図9-3に示される。

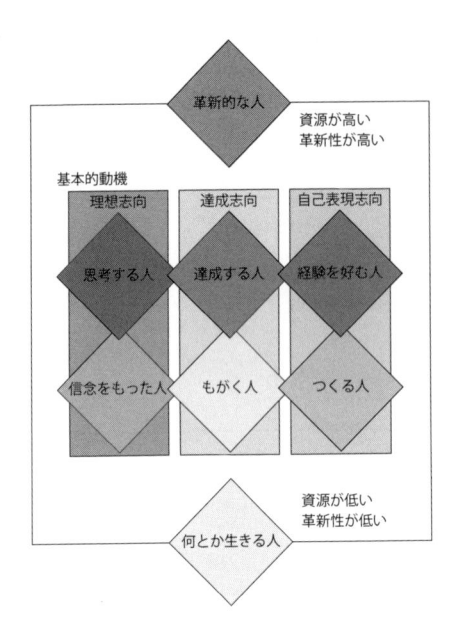

図9-2　ＶＡＬＳ２の枠組み（ＳＢＩ）

3　価値観アプローチ

一般的なライフスタイル研究は，行動的変数によって個人特性をはかろうとするが，これらをより内面で規定している価値観を測定することで個人を分類するという考え方である。古くは個人が主として価値を置いている領域によって「理論型（事物を客観的にみて，論理的な知識体系を創造することに価値をおく）」「経済型（事物の経済性，功利性を最も重視する）」「審美型（繊細で敏感であり，美しいものに最高の価値をおく）」「宗教型（神への奉仕，宗教体験を重視する）」「権力型（権力を求め，ほかの人を支配しようとする）」「社会型（人間を愛し，進歩させることに価値をおく）」という6つの類型を定義したシュプラン

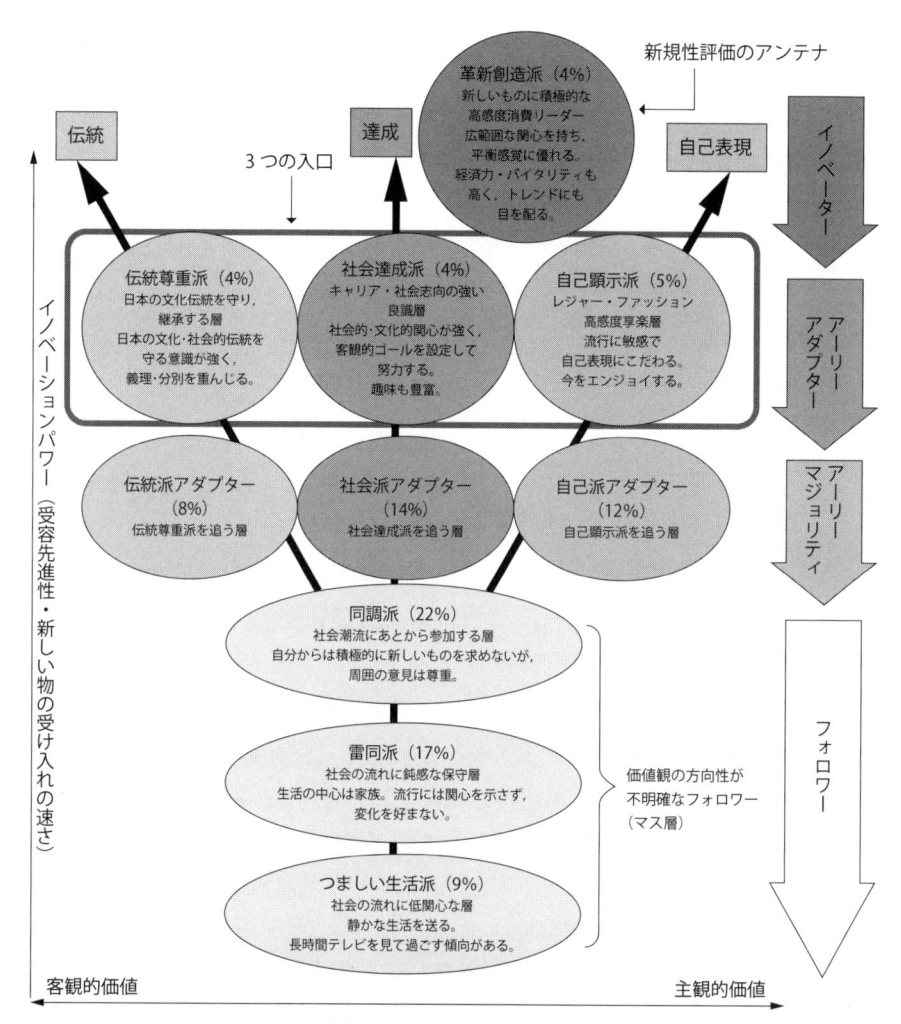

図 9-3 Japan-VALS™ による日本市場の構造図（SBI）

ガー（Spranger, 1921）の理論に起源を認めることができる。

マーケティング研究分野では，個人の価値観を「物質志向―脱物質志向」という次元でとらえるイングルハートのアプローチや，それに「権威主義―自由主義」という次元を加えた「2次元モデル」を提唱したフラナガンの理論が有名である。この経緯については飽戸（1987）に詳しい。

（財）生命保険文化センターでは生活者の意識の底流にある価値観をとらえる

ことを目的に，1976年（第1回）より時系列調査として実施している。5回目の調査として2001年に実施された調査は，「生き方」「働き方」「家族」「社会」の4つの分野に関する83の質問により価値意識をとらえた。この調査により抽出された価値観の因子は以下の5つである。

(1) 集団志向

「社会への関わり」や「伝統的な家族」といった集団に対して責任と自覚をもって関わっていこうとする。

(2) 自立志向

リスクをとってでも積極的に努力・挑戦する意識をもち，家族に対しても独立した個人としての対等な関係を重視する。

(3) 快楽志向

「現在の楽しみ」や「責任や努力を回避」することを重視し，「利己的な人間関係」を構築する。

(4) 自適志向

「気のあった仲間」と「自分のセンス」で「現在を楽しく」暮らすことを重視する。

(5) 安直志向

努力や苦労を避け，他人の意見に同調し，依存することを重視する。

このような価値観には時代による変化がみられ，前回調査（1996年）では4つの価値観に集約されたが，価値観の個人化と多様化が一層進み，2001年調査では上記の5つの価値観に集約された。また過去4回の調査で，生活者のものごとの考え方に関する価値意識から最終的に集約された価値観は，1976年調査では「大人主義1」，1985年調査では「大人主義」「自分主義」，1991年調査では「大人主義」「自分中心主義」，1996年調査では「集団重視志向」「自分志向」「自己顕示志向」「安楽志向」であったが，今回抽出された5つの価値観は，生活者の価値観の個人化と多様化という傾向が，依然として続いていることを示している。またこのデータにもとづいて対象者の属性や生活意識などの関連性を分析した結果が表9-3に示されている。

以上，いくつかの代表的なライフスタイル研究を紹介してきたが，個人差研究に関する近年のとり組みとしては態度などの心理的変数もしくは行動変数にウェイトを置いて個人特性をあらわそうとする研究が挙げられる。例えば，佐々木(1984)による購買態度の研究がこの代表的なものとしてあげられるだろう（ト

ピックス9)。

表9-3 日本人の価値観とその他の指標との関係((財)生命保険文化センター, 2002)

価値観		集団志向	自立志向	快楽志向	自適志向	安直志向
生活意識等の主な特徴	不安な点	・風俗の乱れ,倫理観の薄れを不安視	・自然環境破壊を不安視		・社会的弱者に冷たい日本を不安視	
	生活満足度	・生活満足度高い		・生活満足度低い		
	コミュニケーション	・家族とのコミュニケーションが充実	・職場の友人・知人数多い・インターネット利用割合高い	・メールによる情報交換が密		
	生活設計	・将来の資産形成計画を立てる割合が高い		・未婚者は結婚意向や子どもを持ちたい割合が低い		
	生活保障	・老後準備割合が高い	・今後生命保険で医療保障準備を考える			・今後生命保険で老後保障準備を考える
	金融商品選択		・運用系金融商品保有率が高い		・安全性を重視した資産形成を志向・資産形成理由は「老後の不安」,「家族に迷惑をかけない」	・利便性を重視した資産形成を志向
	ワークスタイル	・高齢期も働き続けたい	・自営業として働きたい・転職・独立をしたい			・公務員として働きたい
	教育	・子どものしつけや教育は家庭の役割である	・子どもには実社会で役立つ知識を与えたい	・子どもの教育に対し無関心		

トピックス9 ◇佐々木による購買態度の研究

　消費者の行動は「価格が安かったので買った」「品質と機能が重要と考えて選んだ」などの合理的な要素と，「自分のセンスに合っていたので」「ついついその場の雰囲気につられて」といった情緒的な要素を含んでいる。

　佐々木 (1984) は，消費者の購買行動は上記のような「合理性」と「情緒性」という2つの次元によって規定されていると定義したうえで，それらの次元上における個人の購買態度の傾向を客観的に測定するための質問紙測定尺度である REC スケール（レックスケール：Rationality and Emotionality of Consumer scale）を作成した。

　REC スケールは，表に示されているような12個の項目から構成されており，それぞれの項目について「その通り」から「違う」までの5段階で答えるという形式をとっている。12項目のうち，(1)(3)(5)(8)(10)(12) が合理性に関する項目であり，(2)(4)(6)(7)(9)(11) が情緒性に関する項目であるが，採点方法は「その通り」を5点，「だいたいその通り」を4点，「どちらともいえない」を3点，「やや違う」を2点，「違う」を1点として各々の次元毎に合計する。それぞれの得点が高いほど，その人の「合理性」もしくは「情緒性」の傾向が強いことになる。

表　REC スケールの項目　佐々木 (1984) より

(1) 買うときにはよくバーゲンセールを利用する	(合理性)
(2) 流行中のものを買う	(情緒性)
(3) どの店で買えば得かを行く前によく調べてみる	(合理性)
(4) そのもののムードや情緒をとくに重視して買う	(情緒性)
(5) 買うのは必要最低限にとどめておく	(合理性)
(6) 買うときには店員がすすめるものにする	(情緒性)
(7) 買うときにはよく広告しているブランドで買う	(情緒性)
(8) 実用性とか使いやすさをとくに重視して買う	(合理性)
(9) みた感じとか使いやすさをとくに重視して買う	(情緒性)
(10) できるだけ多くのものを比較したうえで買う物を決める	(合理性)
(11) 新しい物が出たときは人よりも早く買う	(情緒性)
(12) とにかく安くて経済的なものを買う	(合理性)

10章○状況要因と消費者行動

　この章ではレビン（Lewin, 1935）が提案した図式であるB = f (P・E) のなかのE（環境・状況要因）について考察する（9章参照）。人間の行動が状況（環境）要因によって強く規定されていることは多くの心理学研究によって明らかにされてきた。このことは消費の場でも例外ではなく、例えばたまたま自身が置かれた店舗内環境によって購買が促進されたり、逆に抑制されたりすることがあるだろう。最近ではコンビニエンスストアなどで陳列方法の工夫が重ねられており、また消費者を説得する手法の考案などによって販売者は店頭および販売場面で消費者の行動をコントロールすることを試みている。本章では私たち消費者の日常的な行動を規定している状況要因について考えてみよう。

1節　消費者行動における状況要因の重要性

1　状況要因の影響力

　パーソナリティやライフスタイルといった概念をとり入れた個人特性研究に比べると、状況要因をメインテーマとして実施された実証的研究は数少ない。その理由としては、表10-1に示されるように消費者行動への影響要因としての「状況」

表10-1　消費者の行動に影響を及ぼす状況要因（Belk, 1975をもとに作成）

物理的環境	消費者の購買状況を構成する有形の特性 （地理的位置、装飾、音声、芳香、照明、天候、商品の視覚的形態やそれを取り巻く物質など）
社会的環境	状況内における他者の存在 （売り場内における同伴者や店員の存在など）
時間	行動が生じる特定の時点 （1日の中の時間、曜日、月、季節など）
課題	状況において消費者が持つ特定の目標や対象 （自分が使用する商品を買うのか、他者への贈り物を買うのかといったこと）
先行状態	消費者が状況に持ち込んだ一時的な気分 （不安、快感、興奮など）

があまりにも多くの要素を含み，「状況とは何か」という定義そのものが困難であるということが挙げられるだろう。しかし，消費者行動における状況要因を無視できないことは自明であるし，またその影響のメカニズムを解明する必要性は，実務的なマーケティング遂行の立場からも指摘される。一般に購買場面での消費者の行動をコントロールするために個人特性を変容させることは不可能に近いが，状況要因の操作によって行動をコントロールすることはかなり容易であると考えられるからである。このようなことから状況要因についての関心が研究者の間で高まりつつある。

　消費者行動における状況要因の重要性はいくつかの実証研究によって指摘されている。例えば，ベルク（Belk, 1974）はスナック菓子（ポテトチップス，ポップコーンなど，10個の製品カテゴリー），および肉製品（ホットドッグやステーキなど11製品カテゴリー）に関して，複数の購買状況（例えば，友人とピクニックに行く前にお菓子を買いに行くなど）でその製品の選択が生じる程度（「まったくありそうもない」から「非常にありそうだ」までの5段階で評定）を，質問紙を用いて測定した。この結果について，個人，状況，製品をそれぞれ要因とする3要因分散分析を行ったところ，スナック菓子では全分散のうち，個人―製品間の交互作用が22％を占め，製品―状況間の交互作用が16％を占めた。また肉製品では個人―状況間の交互作用が26％を占め，いずれの製品においても個体要因とそれ以外の要因（状況要因）との交互作用が購買選択における大きな変動因になっていることが明らかになった。

　上記以外の研究においても，状況要因がもつ相対的な重要性については確認がなされている（Hornik, 1982など）。しかし，購買場面において，いかなる状況要因が有意に働くのか，ということについては研究者間で一致した見解を見出すことは困難である。その第1の理由は先にも述べたように状況そのものの定義が曖昧で，かつその定義方法が研究者間で一致しないことがあげられる。購買状況を構成する要因は数限りなく存在する訳であるから，それらを何らかの一定の次元にしたがって定義，表現する必要があるだろう。

　これについて，ラッセル＆メーラビアン（Russel & Mehrabian, 1976）は，状況要因（独立変数）と購買行動（従属変数）との間に，媒介変数を仮定することを提唱している。すなわち，一定の状況下に置かれた個人の「内的状態（internal state）」に着目したうえで，その状態を媒介変数として，状況―行動間の関連性

を説明するというものである。購買行動に影響を与える外的，物理的な購買状況に関する要因を，人間の内的，心理的な反応（人間が状況をどう認知するかということ）から手がかりを得ようとするのである。

このような視点から永野（1988）は，購買行動の規定要因としての購買状況を分類するための研究を実施した。この研究では，大学生が日常的に遭遇する購買場面として適切な20個の状況リストを作成し，それぞれについて，それらの購買状況に自分自身が置かれていると仮定して，状況をどのように認知するかを評定させた。これを入力データとしてMDS（多次元尺度構成法）による分析を行い，20個の購買状況を付置し，状況評定尺度を認知平面上に回帰させた。この結果から「緊張・不安」「活動性・関心」および「課題指向性」という3つの次元が購買状況の認知を規定していることが分かった。これらの3つの要因はすべて消費者の内的状態をあらわすものであり，それらは無数の状況のなかで共通して生起するものである。したがって，これらを媒介変数として用いることで，各種の状況要因と行動との関連性を一般化したかたちで記述することができるであろう。

2 状況要因の構成要素

ここでは状況要因を構成する要素をより具体的に考えてみよう。エンゲル，ブラックウェル＆ミニアード（Engel, Blackwell & Miniard, 1993）は，消費者行動における状況的影響を「消費者の特性や対象物の特性とは独立した，一定の時間や場所に特有の要因から生起する影響」ととらえたうえで，そのような影響を与える状況を，ハンセン（Hansen, 1972）にしたがって「コミュニケーション状況」「購買状況」，および「使用状況」という3つの状況に分類整理している。この枠組みを紹介しながら，購買状況の重要性や，それが消費者の行動に与える影響，あるいはマーケティング活動についての示唆などについて考えてみよう。

a コミュニケーション状況

商品に関連する情報がどのようなかたちで消費者に伝達されるかということである。ここでのコミュニケーションはパーソナルなコミュニケーションとノンパーソナルなものとが含まれる。パーソナルなコミュニケーションとは店員や仲間たちとの間で会話により行われるものであり，ノンパーソナルなものは，広告，消費者向けの番組，あるいは出版物などを含む。

このうち後者に該当するTV広告の効果を規定する状況要因としては，それを

みている場面に他者がいるかどうか（例えば番組が中断してコマーシャルタイムに入った途端に，一緒にTVをみている人と話しはじめてみなくなる），一連の広告のなかでの時間的順序（はじめと終わりに比べるとまん中のコマーシャルはみられにくい），一定の時間内に放映される広告の数（あまりに多くものを短時間に放映すると相互に干渉しあって消費者が情報を処理できない），その広告をはさむ番組の内容（番組によって生み出された気分が広告への反応のあり方を規定する）といったことがあげられる。

b　購買状況

これは消費者が製品やサービスを得る場面に関するもので，これには以下の3つの要素から構成される。

①情報環境

消費者が利用可能な製品関連データの全体的な配置に関するもので，それは消費者が習慣化されていない意思決定を行う際の行動の決定因となる。情報環境を構成する主要な要素は，情報の利用可能性（消費者が記憶としてもっている内的情報や外的な情報を，商品選択のためにどれくらい，そしてどのように活用できるか），情報負荷（商品選択における選択肢の数や，それぞれの選択肢がもつ属性の数など，消費者の情報処理にかかる負荷），情報フォーマット（例えば単位価格表示を例とするような商品情報の呈示方法），情報形態（例えば商品情報を数値で表示するか，言葉で伝えるかといったこと）から構成される。

②店舗内環境

店の雰囲気を構成する物理的特性のことである。マーケティングの視点からいえば，店の雰囲気は，消費者が向ける注意の方向と持続時間をコントロールし，その店がどのような商品を揃えどのような顧客を念頭においているのかを伝え，販売促進に必要な特定の情緒的反応を引き起こす，といったマーケティング遂行上，望ましい効果を生み出すという点で重要である。

店舗内環境は，店舗内の配置，通路の幅，ディスプレイの配置と形態，色彩，照明，店舗内音楽の有無と音量，におい，そして温度などによって構成される。

実証研究の結果からは以下のことが指摘されている。例えばスーパーマーケットの店内でテンポの遅い音楽をかけた場合，速いテンポの音楽をかけた場合より買い物時間と買い物の量が多く（Milliman, 1982），店舗の内装には寒色を用い，外装には暖色を用いることが適切であり（Bellizzi, Crowley & Hasty, 1983

など），また店内の混雑度（売り場面積当たりの顧客数）が買い物時間の短縮，必要でない買物の延期，店員との相互作用の減少につながる（Harrell, Hutt & Anderson, 1980 など）といったことなどである。

③**時間の影響**

これには時間に関するさまざまな側面が含まれる。1年のうちの季節は製品の消費に大きな影響を与える（クリスマスには玩具を主とするいろいろな商品が売れ，ソフトドリンクは夏によく売れるが冬はあまり売れない）。また意思決定に際して利用できる時間の量や，時間的なプレッシャーがあるかどうかは商品選択の様式や結果に影響を及ぼす。また，とくに食品の場合などには前回の購買からの経過時間も購買行動に影響を与え（Nisbett & Kanouse, 1969），広告効果はそれを呈示する時間帯によって異なるという実証研究による知見がある（Hornik, 1988）。

c　使用状況

購買した商品を使う状況というものも消費者の購買に影響を与える状況要因といえるであろう。多くの商品は買ってその場ですぐ食べてしまうといったファストフードのように，購買場面と使用場面が同一であるが，それらが独立した商品も存在する。そのような場合に消費者自身が意図している使用状況を考慮したうえで意思決定する場合には，それが強い影響力をもつことになる。このような考え方はマーケティングをすすめるうえで重要な考え方であり，具体的な使用状況を明示して商品の効用を消費者にアピールする広告も多い。

ディクソン（Dickson, 1982）は，この考え方をさらにすすめて，使用状況のあり方と個人との間で生じる相互作用（person-situation interactions：ある特定の製品の使用状況のあり方は個人によって異なるということ）をマーケット・セグメンテーション（市場細分化）の基準として用いることを提案している。この考え方によれば，市場を構成するセグメント（消費者のグループ）は，個人（例えば若者と中高年）という次元と使用状況（例えば普段用と外出用）という次元とをかけあわせた2次元のマトリックス（若者の普段用，中高年の普段用，若者の外出用，中高年の外出用）であらわされることになる。このような例に代表されるように，消費者行動における状況要因の解明は応用的視点からも関心がもたれる事がらである。

これまでに紹介をした研究例からわかるように状況要因の定義は研究者によっ

てまちまちで「社会・文化的要因」といったマクロ的なものを含む場合もあるが，それらについては12章で述べている。本章では状況要因を「購買場面・時点に物理的，時間的に比較的近接したもの」に限定したうえで「家族など購買状況を構成する他者による影響」も含めたうえでさらに検討しよう。

2節　店舗内消費者行動における状況要因

　消費者行動における状況要因を，スーパーマーケットやコンビニエンスストアといった店舗内での消費者行動を題材にして考えてみよう。一般にこのような場面での購買行動は，店舗内での状況要因を受けやすい。これらの店舗でおもに買われる比較的安価な食品や日用品は，耐久消費財と異なり，店舗に入る前にどの商品，どのブランドをどれだけの量を買うのかといった計画性がなく，店舗内で決定することが多いからである。

　入店前に商品購買に関する何らかの計画がある場合，これを「計画購買」といい，また何も計画がなく，何を買うかについての決定（購買意思決定）が入店後になされるものを「非計画購買」というが，青木（1989）は，このような「計画購買」と「非計画購買」についてさらに詳細な分類を試みている。

　まず「計画購買」を計画性の程度や内容に応じて分類すると，以下のような3つの種類が指摘できる。

1　計画購買の類型

(1) 狭義の計画購買

　来店前にブランドレベルでの購入予定があり，実際に購入される（Aブランドの調味料を買おうと思って店に行き，それを買う）。

(2) ブランド選択

　来店前には商品レベルでの購入予定しかなく，店舗内での意思決定の結果として特定の銘柄が選択される（調味料を買いに店に行き，たまたまそこにあったAブランドのものを買う）。

(3) ブランド変更

　来店前に特定の銘柄の購入を予定していたが，店舗内での意思決定の結果として予定とは異なる銘柄が購入される（Aブランドの調味料を買おうと思って店

10章 状況要因と消費者行動

に行ったが，新製品のBブランドのものを買う）。

2 非計画購買の類型

また非計画購買は次のような4つの類型に分けられる。

(1) 想起購買

家でのストックが切れていることを店に来て思い出したり，店頭で商品や広告をみて来店時には潜在化していた商品の必要性が認識されて購買に至るというものである。

(2) 関連購買

購入されたほかの商品との関連性から店舗内でその必要性が認識され商品を購入するというものである。夕食のメニューにしたがって購買が行われる場合などがあてはまる。

(3) 条件購買

来店時に明確な購買意図はもっていないが，特定の商品の必要性を漠然と頭に描きつつ，価格やそのほかの条件が整えば購入しようとするものである。

(4) 衝動購買

非計画購買のなかで上記の3つの類型のいずれにも属さないものである。商品の新奇性に起因する購買や真に衝動的な購買などがあてはまる。

近年ではブランド間の品質の平準化や商品自体の低価格化（購買に伴うリスクの低下）によって「非計画購買」の率が高くなっていることが指摘されている。大槻（1991）によると，スーパーマーケットなどで日常的に購入される安価な日用品や食品については，「狭義の計画購買」以外の購買は全体の90％近くを占め

表10-2 非計画購買を促進するための店頭での販売促進方法

非計画購買のタイプ	販売促進（消費者への働きかけ）の方法
想起購買	買い忘れを注意したり商品の必要性を喚起させるPOP広告（売り場内広告）の設置
関連購買	機能的に関連性のある商品同士（たとえば刺身と練りわさび）を近接させて陳列する（関連陳列）
条件購買	「本日限りの特価」であることや「できたてのおいしさ」を強調することを店員が訴える
その他（衝動購買など）	売り場で調理し「できたてのおいしさ」を強調することで食欲を刺激したり，商品の新奇性や希少性をPRする

ることが示されている。このような購買形式にはすべて何らかのかたちで「店舗内環境」の影響を受けることが指摘される。すなわち入店前に何らかの計画性がある「ブランド選択」や「ブランド変更」の選択結果は，売り場内にどのような

トピックス10 ◇店舗内における販売促進のための陳列技術

　スーパーマーケットやコンビニエンスストアにおける販売は，基本的に店員が直接に顧客に働きかけるという対面推奨販売ではなく，人を介さずに消費者に働きかけるという無人推奨販売の形態がとられる。したがって店舗内における物理的環境によって，消費者の意図や行動をコントロールして購買を誘発させるための工夫（陳列技術）が必要である。これに関連して大槻（1986，1991）は，売り上げの増大を図るための陳列方法を以下のように解説している。

　(a) パワー品目の活用：パワー品目とは，顧客を引きつける力が強いという意味で，肉類，野菜，鮮魚，卵，牛乳などがそれに該当する。これらの品目を店舗内に分散して配置することで顧客の回遊性を高め，さらにその品目の回りを「衝動買い品目」でとり囲めば売上げを増大させることができる。

　(b) 大量陳列：とり立てて値引きのされていない商品であっても，売り場内に大量に積み上げておくだけで売上げが増大することが経験的にわかっている。

　(c) 右側優位の原則の利用：人間のなかでは「右利き」の人が多数派を占めており，また人間の視線が左から右に流れるという習性があるためか左側に比べて右側のものの方が1.5～2倍も選択されやすいことが明らかになっている。したがって，利益率の高い商品や，同じ商品でも容量の大きいものを優先して右側に置くという方策が考えられる。

　(d) バーチカル（垂直）陳列：同一銘柄の同一品目を上中下段すべてタテに統一して陳列すること。この陳列の良さは，消費者によって銘柄間の比較がしやすいこと，歩行中の消費者の目の流れをタテの線で区切るので目にとまりやすいことなどである。

　(e) エンド陳列：商品を置く棚の位置によって売上げは一様ではなく，一般にエンド（端）の部分に置かれた商品は消費者の目に止まりやすく良く売れる。一般に，中通路のエンドはあまり効果的ではなく，奥のメイン通路に面したエンドが最も効果的であり，レジ前のエンドがこれに次ぐとされている。

　(f) 関連陳列：もともとカテゴリーが異なるが，使用状況や使用目的が同じ商品を並べて陳列する手法。冷凍エビとエビチリソース，イチゴと練乳，焼肉とタレなどの組み合せが考えられる（表10-2参照）。

銘柄の商品がどのような配置で置かれているかといった条件によって規定されるだろう。このような場合に関して表10-2に示されるような影響の仕方が考えられる。またこのようなコンビニエンスストアなどの店頭では非計画購買に対応してさまざまな陳列技術が考案されている（トピックス10参照）。

3節　販売場面における対人的影響

　消費者に対する店頭での働きかけは購買決定に強い影響力をもつ。店頭そのものではないが，これに関連して中谷内（1993）は悪徳商法の1つの類型であるSF商法（催眠商法）についての研究を行っている。中谷内によれば，SF商法は「人集め段階」と「追込み段階」の2つの段階からなる。はじめは「人集め段階」で，若い男性の業者が5人程度で一組となり，街角の一角にダンボール箱を並べ「宣伝のため商品を無料で進呈している」と歩行者を20人前後集める。そして品物を配りながら独特の話術で誘導し「もっと良い品をあげるから」とそのまま近くのビルの一室へ移動させる。次は「追込み段階」で，品物の配布を続けながら話題を徐々に健康問題に移す。そして最終的に高額商品（数十万円の羽毛布団など）を購入するように説得するのである。

　中谷内は観察によるデータ収集を踏まえ，この商法のプロセスを詳細に分析した結果，商品を購入させるために人々の行動を適切にコントロールするための巧妙なテクニックが用いられていることを指摘している。例えば「人集め段階」の実施場所については，銀行や百貨店といった社会的信用があり権威をもつ機関の許しを得ていることを伝えたり，「人だかり」をつくることで自身の行動に対する不安をもちながらも「周りのみんながやっているから大丈夫」と考えさせることで「警戒心」をとり除いている。また無料で品物がもらえることや業者の話し方や話す内容がユーモラスであるために情動的な興奮状態へと導かれ，愉快な気分への誘導を行っているが，このような心理的興奮は「その場に居続けたい」という気持ちにつながり，最終的な購買意思決定（高額商品を買おうという決断）を容易にする。

1　販売場面における説得テクニック

　通常の購買場面においても消費者の購買を引き出すための方法として人的な働

きかけによって消費者の社会的状況を変えるという手法が多く利用されている。販売員が消費者に対して説得を試みるためのテクニックとして以下の4つが一般的に利用されている。

(1) フット・イン・ザ・ドア・テクニック（foot-in-the-door technique）

とくに高額商品の場合は販売者が購入をすすめても拒否される場合が多い。そこで例えば街頭でのキャッチセールスにおいて，商品の購入をすすめる前に「アンケートの依頼」を行うといったように，簡単に応じることができる依頼をして応諾をさせたうえで本命の依頼をするというやり方である。「段階的要請法」ともよばれる。このことで消費者はより依頼に応じやすくなることが実証されている（Freedman & Fraser, 1966 など）。このテクニックが効果をもつ理由は，はじめの依頼を受け入れたことで「自分は人の要請に応える人間である」という自己知覚（self perception）が形成され，そのあとの依頼を断ることはそれに反することなので，そのような行動をとることへの心理的抵抗が生じるので断れないとされる。

(2) ドア・イン・ザ・フェース・テクニック（door-in-the-face technique）

高額の商品の購入を促すなど，まずはじめに応諾が困難な依頼をして，いったん断らせて譲歩するかたちで本命の依頼（より安価な商品の依頼など）をするというやり方で「譲歩的要請法」ともよばれる。「譲ってくれた相手に対しては自分も譲るべき」という社会規範の存在によって説明が可能とされる。このテクニックの有効性についてはチャルディーニら（Cialdini et al., 1975）が実証している。

(3) ロー・ボール・テクニック（low-ball technique）

「承諾先取要請法」ともよばれる。交通至便で間取りが広い割に家賃が安い物件への契約を決定させてから，高額の保証金などの悪い条件を伝えるといったように，魅力的な条件や商品を示しておいて，まず消費者に購買の決定をさせてから，契約までの間に悪い条件を加えたり良い条件をとり下げる。悪条件をはじめから提示されていたら契約をしなかったようなものであっても，あとから条件を変えられた場合には消費者はいったん行った購買の決定をとり消さないことが多い。このテクニックの有効性についてもバーガーとペティ（Burger & Petty, 1981）により実証されているが，いったん表明したことをあとになって覆すことは望ましくないという社会規範が影響していると考えられている。

(4) ザッツ・ノット・オール・テクニック（that's-not-all technique）

例えば500円の品物を買うかどうか迷っているときに店員が近づいてきて「もうすぐ閉店なので400円でいいですよ」といわれると買う気になるというもので「特典付加法」ともよばれる。この効果は，ドア・イン・ザ・フェース・テクニックと同様に「譲歩した相手（店員）には自分も譲歩（購入）しなければならない」という社会規範の存在から説明できる。また最初に提示された高い値段を基準に判断をするので，はじめから値引きされた値段をみたときよりも安く感じることによる影響もあるだろう。このテクニックの有効性についてはバーガー（Burger, 1986）により実証がなされている。

2　説得を規定する心理的要因

このような販売場面での説得の仕組みを支配している心理的メカニズムについてはチャルディーニ（Cialdini, 2001）が詳しく述べて理論化をはかっている。彼は説得に際して働く心理的要因として以下の6つのものをあげている。

(1) 返報性（reciprocation）

他者が自分に恩恵を与えてくれた場合に自分も同様の恩恵を他者に与えなければならないと考えることである。前述のドア・イン・ザ・フェース・テクニックの説明要因でもあるが，店頭での景品の配布や試食の提供を受けた場合に「商品を買わなければ相手に悪い」と思う気持ちから購買が引き起こされるといった事例も当てはまるだろう。

(2) コミットメントと一貫性（commitment and consistency）

一旦，他者に対して表明した意見を変えようとしない，またそれに類似した行動を一貫してとろうとする傾向である。フット・イン・ザ・ドア・テクニックやロー・ボール・テクニックの説明要因でもあるが，例えば，少額の商品購入をさせたうえで高額商品の購入をすすめるといった販売方法はこの要因にもとづいている。

(3) 社会的証明（social proof）

ある事物について他者（社会一般の人々）がどのように考えているかにもとづいて自身の態度を決定することである。商品やサービスの評価はこの要因に影響されていることが多い。例えば，薬品や健康食品の通信販売などでの「使用経験者」による効能の報告を広告のなかでとり入れる事例がこれに該当する。

(4) 好意（liking）

自身が好意をもつ人物や，身体的魅力が高く好感度が高い人物の意見は正しいと信じてそれに従う傾向が強いことである。知人・友人関係のネットワークを利用した商品販売方法や，好感度の高いタレントを利用したテレビ広告や身体的魅力度の高い販売員などがこれに該当する。

(5) **権威**（authority）

専門家や科学者，政治家など，権威のある人々からの意見に影響されやすいということである。著名な医師や研究者が効能を推奨する薬品や健康食品のCMはこれによる効果を期待したものといえる。

(6) **希少性**（scarcity）

数が少なく入手困難な事物に対しては価値を感じ，また心理的リアクタンス（行動の制約をとり払いたいと感じること）が生じることで入手への欲求が高まることである。「期間限定」や「数量限定」を強調した商品販売（いわゆる限定商法）はこれによる効果を期待したものである。

4節　家族の影響と消費者行動

ここでは消費者の社会的状況を構成する1つの要因として「家族」をとり上げる。日常語としての家族は辞書的定義によれば生活を共にする家の個々人（家の構成員），あるいは家の人を集合的に指すもの（生活を共にする集団）とされているが，ここでは夫婦，親子，きょうだいなど少数の近親者を主要なメンバーとする集団としてとらえる。そして消費者自身の家族内の役割やほかの家族からの影響を状況要因と定義したうえで考察をする。

1　家族世帯での購買意思決定の特徴

クリスマスが近づくと，子どもへのプレゼントに悩む親は多いであろう。この場合，プレゼントの購入者である親は最終消費者である子どもの嗜好を考慮する必要がある。この例のように，家族世帯の購買意思決定には購入者と消費者が異なる場合があるとともに，購入者はほかのメンバーの嗜好を考慮に入れる必要がある。また，夕食などの食材購入の場合は，消費するのが所帯の特定のメンバーではなく，メンバー全体で消費する場合があることも示唆される。このように所帯の消費行動においては，消費行動を特定の個人が一貫して行うのではなく，購

入は主婦が行い，利用は所帯全体といったように各段階を複数の人間が分担して行うのである。それでは，所帯の購買行動はどのような段階を経ていくのであろうか。ウィルキー（Wilkie, 1994）は購買行動の部分に着目し，7段階の役割を設定している。

(1) **先導者**（stimulator）
ある製品・サービスの購入・利用を最初に家のメンバーにもちかける人である。

(2) **影響者**（influencer）
最終的な購買意思決定に直接的・間接的に影響を及ぼす人である。

(3) **専門家**（expert）
商品検討時での各基準の設定や各基準に合致しているかどうかを検討する人である。専門家はほかの所帯メンバーに当該商品の情報を伝えるため，よく店を回り，友達と相談したり，商品情報誌などをこまめにみている。

(4) **決定者**（decision maker）
買うか買わないか，買うとしたらどのブランドを買うかという最終的な購買意思決定を行う人である。この決定には所帯のなかの複数のメンバーが関わる場合と，単独のメンバーで行う場合とがある。

(5) **購入者**（buyer）
実際に商品を購入し，支払いをし，家に持ち帰る，ないしは配達などの手配をする人である。購入者は所帯のほかの構成員にとって購買代理人としての機能を果たす場合もある。例えば，夫が使う剃刀の替刃を妻が買う場合などが当てはまるだろう。また，決定者を兼ねることもある。

(6) **消費者**（consumer）
実際に商品・サービスを消費・利用する人である。家庭内においては多くの商品が共有・共用され，共同で消費・使用される。

(7) **管理者**（caretaker）
購入した商品を必要なときに使用できるよう商品などを維持し管理する人である。日本のように家屋が狭い場合，購入した商品を効率良く管理する必要がある。このような管理を所帯以外の者に外注することも行われている。例えば，コンテナなどを活用したトランクルームを家財用品収納のためのスペースとして提供するサービスや，家のなかの掃除を代行するサービスなどが注目されている。

2　夫婦間の役割分担

このような役割を家族のメンバーはどのように分担しているのであろうか。消費行動が身近なものであるだけに，購買行動におけるいくつかの役割を務めていることに気づかない場合がよくある。例えば，夕食のために食材を購入する場合を考えてみると，購入者である母親は同時に決定者でもあり，また専門家である可能性も高い。しかしそこで購入した食材からつくられる夕食をとる夫や子どもは消費者であるとともに新しい商品が出たことを妻（母親）に知らせる先導者であったり，その嗜好が購買意思決定を左右する可能性があることから影響者としての役割を果たしていることもある。

このような役割分担は，家計の責任者である夫と妻との間ではどのように行われているのであろうか。従来より夫には家族外での問題解決にあたるなどの道具的役割を果たすことが期待されている。妻には家族内の感情的対立や緊張を緩和し，家族メンバー間の相互理解を促すような表出的役割を果たすことが期待されている。このような夫婦間での役割分担は消費者行動にもあてはまると考えられてきた。例えば，自動車や大型テレビなどの電化製品の購入には夫が中心的役割を果たし，スーパーマーケットなどでの日用品の購入は妻がおもに担うとされてきた。では，家族での購買意思決定過程の各段階において，夫婦間での役割分担はどのように機能しているのであろうか。ウッドサイドとモーツ（Woodside & Motes, 1979）は200組の夫婦に対していくつかの商品の購買意思決定に関する調査を行っている（表10-3）。この調査から商品の購入をもちかける役割は夫婦

表 10-3　購買意思決定の各段階における夫婦の役割（Woodside & Motes, 1979）

決定段階	洗濯機			テレビ		
	夫	夫妻共同	妻	夫	夫妻共同	妻
1. 購入を提案する			70%	55%		
2. 大きさなどの特徴を決定する			50%	45%	45%	
3. ブランドを決定する		40%	40%	45%	45%	
4. 支払可能金額を決定する		45%		45%	45%	
5. 店に出かける		65%			60%	
6. 実際に購入する	40%	40%		50%		

のどちらか一方が主導権を握るが，商品の検討段階では夫婦が共同して行う場合が多くなり，最終的な購入になると夫が行う場合が多いことを示唆している。

3　子どもとの相互作用

子どもはその発達段階において家族を準拠集団（reference group）とみなし，家族を拠点として活動を開始する。当然，消費者行動においても同様であり，家族の嗜好・選好が子どもの消費行動に影響を与え，それが生涯に及ぶことが予想される。ウィルキー（Wilkie, 1994）は子どもが消費者としてのスキルや知識，嗜好を獲得する過程において，家庭内でなされることを以下のようにまとめている。

(1)　モデルとしての親の振る舞い

買い物をしている親の何気ない行動を子どもは黙って観察し，消費者としてのスキルなどを学習している。例えば，店員とのやりとりを観察しながら，買い物の仕方を学ぶことなどが該当するであろう。

(2)　子ども同士の相互作用

家族のなかでも，兄弟，姉妹など子ども同士の社会化が進む面もある。例えば，兄が買ったものと同じものを弟が欲しがるといったように，兄の行動をまねるということがあげられる。

(3)　お金の使い方

子どもにお小遣いを渡し，それを使用することを通して，消費者としての経験を子どもに積ませることである。

以上は，親から子どもへの影響過程であるが，逆に子どもが親に影響を与える場合もあり，消費者行動については親と子の相互作用（intergenerational consumer influence）が存在するといえる。例えばアメリカにおける自動車保険会社の選択においては40％が親が選んだ会社と同じ会社を子どもが選んでいるという調査結果があり，このように親から子へと商品・サービスの選好が継承される場合があるが，逆に子どもから親への影響過程も存在する。子どもが成長し，経済的に自立するようになると，子どもが所有する情報を親が積極的にとり込む傾向があることが指摘されている（伊藤忠ファッションシステム，1996）。例えば，ファッションの消費傾向には母と娘の間で影響を及ぼしあうことが示唆されている。キャリアウーマン世代の娘をもつ世帯では，娘の側は学生時代までのカジュ

アルなファッションから，社会人としてのフォーマルな装いへの移行をスムーズに進めるために母親の意向をうかがうという名目で親の懐を当てにすることがみられる。逆に母親の側では，娘との買い物やカタログ誌を娘と一緒にみることを通して，娘の若々しいファッション感覚をとり入れようとする傾向がみられる。

　家族という考え方自体が時代とともに変化しているので家族を固定した概念で定義するよりも本書のテーマである「消費」という視点から整理することは「家族」を理解するうえで有効な視点を提供するであろう。同時に，これからの消費動向を考えるうえで，家族という単位で何がどのように消費されるのかを把握することは非常に重要な視点である。

11章●情報の伝播と消費者行動

　新しいパソコンやデジタルカメラを購入しようとするとき，あなたはまず何をするだろうか。旅行先のホテルを決めるとき，高額なバッグを購入するときはどうであろう。広告やパンフレットをちらっとみて，自分1人で判断を下すという人はそう多くないのではないだろうか。たいていは友人や家族で詳しそうな人にいろいろと尋ねたり，あるいはインターネット上に存在する「口コミ」を参考にしながら，判断を下すであろう。本章では，他者とのコミュニケーションによって，私たちの購買意思決定はどのような影響を受けているのかを考える。

1節　口コミと消費者行動

1　口コミ（Word-of-Mouth Communication）とは何か

　商品やサービスに関して，消費者同士で交わされる対人コミュニケーションのことを「口コミ（クチコミ）」とよぶ。かつては，口コミといえば家族や友人といった既知の人間関係のなかで，口頭で（verbally）交わされる会話が想定されていたが，近年ではむしろインターネット上の文字で書かれた口コミの効果がより注目されるようになっている（Schindeler & Bickart, 2005）。口コミは，広告のような企業から消費者へ向けられた公式の（formal）メッセージではなく，消費者の間で自然に発生した非公式な（informal）コミュニケーションであり，消費者に商品やサービスを買わせようとする意図をもたない点が特徴である。つまり，口コミは私たちの消費生活においてはいわば「第3者の評価」としての意味づけをもっている。利害関係がないコミュニケーションであるからこそ，見ず知らずの他者が書いたインターネット上の口コミであっても，私たちは参考にすることができる。

　ところで，「口コミ」という表現は，字面通り本来は「『口』で伝えられる」ことを意味しており，例えば「うわさが口コミで伝えられる」のように用いられる言葉であった。しかしながら，近年では「口コミ」の意味は変化しており，「オ

ンライン口コミ」などという表現に代表されるように，口頭以外のコミュニケーションを指して用いられることも多い。したがって本書では，商品やサービスに関する消費者間の対人コミュニケーションのことを指して，口頭に限らず，「口コミ」と表現した[(1)]。

2　人はなぜ口コミをするのか

a　受け手の動機

消費者が口コミを受け手（receiver）として利用する一番の理由は，より良い商品やサービスを選択するために，購買経験者や商品知識が豊富な者の意見を参考にしようとするからである。とくに目的もなく単なる楽しみとして口コミサイトを訪れる人もいるが，全体の約60%は，「自分が欲しい情報を入手する」「新しい情報が手に入る」「多種多様な情報が手に入る」という明確な目的をもって口コミを閲覧している（宮田・池田，2008）。

ブラックウェル，ミニアード＆エンゲル（Blackwell, Miniard, & Engel, 2006）によれば，①消費者が商品について十分な知識をもっていない，②消費者が良い商品かどうかを判断する知識や能力をもっていない，③商品を評価する客観的基準がない，④ほかの情報源（例：広告）が信頼できない，⑤商品が他者から見えるものであるときなどに，消費者は口コミをよく利用する。初心者がデジタルカメラを買いに行く場面を想像してもらうとわかりやすいだろう。デジタルカメラにはどんな種類や機能があるのかまったくわからないうえ，販売店で店員にていねいに説明してもらっても，その意味さえよくわからない。そもそも店員の説明は信頼して大丈夫なのかも不安である（売れ残りをすすめられているかもしれない）。このような状況において，消費者はより良い商品を選ぶための手がかりを口コミに求める傾向が強まる。

b　発信者の3つの動機

口コミを発信する側（sender）がなぜ口コミをするのかについては，受け手よりも複雑な動機が存在すると考えられている。

(1) 返報性や利他行動

他者がより良い商品やサービスを購入できるために役立ちたいという動機。以前，自分が誰かの口コミを参考にして良い買い物ができたという経験があると，人は恩返しとして自分も情報提供をしたいと感じる（①返報性の動機づけ）。あ

るいは，②そのような経験がなくとも純粋に自分の経験が誰かの役に立てば嬉しいと考え口コミを行う人もいる（利他行動）。

(2) 自己表現や集団内地位の向上

口コミはこれから商品を購入する他者のためだけに行われるのではない。むしろ多くの口コミ発信者は，自分のために口コミを発信している。例えば，①商品に高い満足を感じた消費者は，その喜びや興奮を表現するために口コミをすることがある。また，②口コミをすることで周囲の注目を集めたい，③自分の行動が正しかったという確証をもちたい，④知識があることを示したり他者の購買行動に影響を及ぼすことによって集団における自分の地位を高めたい，という動機で口コミが行われることも多い (Engel, Blackwell, & Miniard, 1995；杉本，1997；Blackwell et al., 2006；田路，2002；宮田・池田，2008）。

(3)「おしゃべり」としての楽しさ

とくに何かの情報を伝えることを目的としておらず，しゃべること自体を楽しんでいるような会話のことをコンサマトリーなコミュニケーション（池田，2000）とよぶが，私たちは商品についての情報提供をしたり，自分の立場を向上させようというような目的をもたずに，単に会話のネタとして口コミをしていることがある。調査でも，私たちの何気ない日常会話のなかには，多くの口コミ情報が含まれていることがわかっている（宮田・池田，2008；池田，2010）。

c 悪い口コミの発信動機

消費者は，購入した商品やサービスに満足できなかったとき，満足したときよりも強く，口コミをしたいと感じる (Holmes & Lett, 1977；Blackwell et al., 2006)。悪い口コミの発信動機は，商品を購入したあとに経験した感情によって

表11-1　購買後の感情と悪い口コミの発信動機（Wetzer et al., 2007をもとに作成）

製品の購入後に経験した感情	悪い口コミをする動機
落胆，疑念	・他者からの支持や理解を得て心を落ち着かせる ・助言を求める
後悔	・友人や家族との心の繋がり (social bonds) を求める ・会話相手を楽しませたり，驚かそうとする ・自己イメージをコントロールしようとする
後悔と落胆	・他の消費者に警告をする
怒り	・怒りの感情を表現することで発散しようとする ・復讐として，ブランドや企業を傷つけようとする

異なるとされる（Wetzer, Zeelenberg, & Pieters, 2007；表 11-1）。後悔や落胆であれば，自分を慰めたり，ほかに同じ思いをする人がいないように警告するといったような前向きな動機づけをもって悪い口コミが行われるが，怒りを経験した消費者は企業やブランドを傷つけようという攻撃的な意図をもって口コミを行う。

3 口コミにはどんな効果があるか

a 広告と口コミ

　消費者が商品を選択するうえで参考にする情報として，代表的なものに広告がある。では，広告と口コミではどちらの方が効果的なのであろうか。従来は，広告は商品やブランドの存在を知らせたり，魅力を増加させたりするのに有効であるとされた。一方で，口コミは商品やブランドを評価したり，購買意思決定を下す際に効果を発揮するといわれてきたが，近年では口コミも購買意思決定の初期段階にも影響をもっているともいわれている（濱岡・里村，2009）。広告はテレビなどのマス媒体によって消費者に届けられるため，短期間で非常に多くの消費者の目に触れることになる。また，広告は企業（売り手）によって商品やサービスをより良くみせるよう意図してつくられているため，その商品の良さを確認するのには有効である。このため，広告は本来まだその商品をもっていない人に向けてつくられたものであるにもかかわらず，すでに商品を購入した消費者も「買って良かった」と確信するために広告をよくみている（仁科，1991；岸・田中・嶋村，2000）。一方，口コミは「買わせよう」という意図がない分だけメッセージが信頼できるうえ，購入経験者の体験談であるために消費者にとってはリスク低減の好材料となり，商品を買うかどうかの最終判断で背中をひと押しするような効果をもっている。

　また，口コミと広告には相互補完的役割があり，広告情報の信頼性が低かったり情報量が乏しかったりすると口コミが誘発され，広告で十分に情報が提供されていると口コミは減少する（Blackwell et al., 2006）。しかしながら，極めて話題性の高い広告をうつことで口コミを誘発するという戦略も可能である。

b 口コミの影響力

　読者にも，友人に勧められてわざわざちょっと遠方の飲食店を訪れた経験や，評判が良いことを知ってまったく関心のなかった映画を観に行ったというような経験が，一度ならずあるだろう。口コミが，消費者の行動を変える大きな影

響力をもっていることは，ここで述べるまでもなく明らかである。あるアメリカの研究では，医師を選ぶ際には46%の消費者が，外食する飲食店を選ぶ際には38%の消費者が友人や家族にアドバイスを求めているという (Walker, 1995)。良い口コミと悪い口コミの量によって，実際に映画の興行収入が大きな影響を受けているという報告もある (Basuroy, Chatterjee, & Ravid, 2003)。ただし，商品のカテゴリーによってその影響力は異なる。表11-2は，商品カテゴリー別に，口コミとマスメディア情報の利用率の違いを示したものである（宮田・池田，2008）。自動車を選ぶ，美容室を選ぶといったような，自己表現に深く関わる商品やサービスにおいては，人は他人の意見より自分の感性を大事にしたいと思うため，比較的口コミの影響力は小さくなる (Walker, 1995)。

c　悪い口コミの影響力

良い口コミに比較して，悪い口コミはより影響力が強いことが知られる (Mizerski, 1982；Herr, Kardes, & Kim, 1991；Hoyer & Macinnis, 2010)。一般に世のなかには良い口コミの方が悪い口コミの3倍ほど多いため (East, Hammond, & Wright, 2007)，悪い口コミは目立ちやすく，情報としての価値が高いと思われやすい (Hoyer & Macinnis, 2010)。一方で，口コミに限らず，そもそも

表11-2　商品カテゴリー別の口コミとマスメディアの利用率
（宮田・池田，2008より一部抜粋）

	周りの人から情報を教えてもらったり意見を言ってもらう	テレビ・雑誌などのマスメディアで情報を集める
レジャー・旅行	52.5	34.9
自動車	23.8	17.6
携帯電話機・携帯電話サービス	32.4	19.2
パソコン及び関連商品	31.4	21.9
AV・デジタル機器	25.5	22.8
飲食店・レストラン	53.2	27.5
書籍・雑誌・CD・映画	32.0	30.6
食品・健康食品・飲料	33.2	22.9
衣類・福・ファッション・化粧品・美容室	32.1	26.2
そのようなことは行わない	11.8	25.3

数値は%

人間は進化的に悪い情報に注意を向け記憶に残そうとする傾向があることが知られている（negativity bias；ネガティビティ・バイアス；e.g. Baumeister, Bratslavsky, Finkenauer, & Vohs, 2001；Rozin, & Royzman, 2001）。

　企業やマーケターにとっては，悪い口コミによって自社の商品やサービスの評価が低下するのを避ける戦略を考えることが急務である。悪い口コミは，商品やサービス自体に問題があると原因帰属（causal attribution）された場合に最もダメージが大きくなる。しかし，悪い口コミをした人に何か問題があった，たまたまその商品だけに欠陥があったにすぎないと思われれば，ダメージは小さく済む（Laczniak, DeCarlo, & Ramaswami, 2001）。また，商品（ブランド）に関する熟知性や愛着感が高い場合，商品の使用経験がある場合などには，悪い口コミのダメージを小さくすることができることもわかっている（Sundaram & Webster, 1999；杉谷，2011）。

2節　インターネットと消費者行動

1　インターネットが消費者行動に与えた影響

　日本では1996年がインターネット元年とよばれ，一般家庭へのインターネットの普及が本格化したといわれる。当時ではたった6.4％であった世帯別普及率は，2010年末では93.8％に達している（総務省「通信利用動向調査」）。

　インターネットの普及は，消費者のみならず，売り手側（メーカーや小売店）にも多大な恩恵をもたらした。インターネット上にお店を出すことで，これまでは顧客にはなり得なかった全世界の消費者を相手に商売ができるようになった。ショッピングサイトでは，企業は消費者1人ひとりがどんな情報を検索し，何を買っていったかという情報が収集できるため，従来よりも綿密に顧客管理やサポートができるようになった。規模の経済を生かした大手企業のマーケティングには勝てなかった中小企業も，出店コストが低いネット上の店舗では肩を並べて競うこともできる。

　このような環境の変化のなかで，消費者行動はどう変わったのであろうか。インターネットの普及は消費者にとって，単にオンライン・ショッピングが可能になったということだけを意味するものではない。ここでは，インターネットの4つの特徴ごとにその影響をみていこう。

a　検索性

　第1に，インターネットには，欲しい情報を瞬時に検索できるという特徴がある。Yahoo！やGoogleなどのポータルサイトでキーワードを入力すれば，全世界のWorld Wide Webから無限に近い量の情報を引き出すことができる。消費者は，インターネットが登場する以前では知りたくてもどうにも調べようがなかった情報や，ずっと欲しくても見つけ出すことができなかった商品を手に入れることができるようになった。

　例えば，旅行先で偶然口にしてとても気に入ったお菓子があったが，名前もわからぬまま帰宅してしまったというような場合，以前はその店を探し当てることはほぼ不可能だった。しかし，インターネットを使えば，旅行先の観光ガイドや飲食店の口コミサイト，あるいは個人のブログなどから，その店を探しあてることが可能である。同店のほかの商品の情報を知ることや，インターネット通信販売というかたちで商品を購入することもできるかもしれない。そのほかにも，絶版になっていた書籍を見つけたり，気になっている化粧品を使用した人の経験談を探し出したり，オークションで不要なものを欲しい人に譲ることなども可能になった。

　このように，インターネットの検索性は，消費者に新しい情報と商品を手に入れる機会を与えた。それは企業側にとっては，これまでは決して取引できなかった新しい顧客との出会いを意味する。すなわち，インターネットの検索性は，消費者にとっても企業にとっても大きな恩恵をもたらしているといえるが，その一方で，消費者は情報過多ともいうべき環境のなかで，購買意思決定を下さなければならないという状況におかれている。選択肢が多すぎると購買意欲は低下することがわかっており（Iyengar, & Lepper, 2000），現代の消費者には，過剰な情報を整理し，価値のある情報を探し出す能力が求められているともいえる。

b　コミュニケーションの双方向性

　コミュニケーションの双方向性とは，情報が一方的に流れてくるのではなく，相手とキャッチボールのように情報をやりとりできるということを意味する。インターネットが普及する以前は，情報はテレビや雑誌などのマスメディアを通じて，企業から一方向的に消費者に流れてくるものであったが，インターネットによって情報の流れが双方向的になり，消費者から企業へという方向のコミュニケーションが可能になった。

従来も，企業と消費者の双方向的コミュニケーションがまったくなかったわけではない。多くの企業ではハガキや電話を用いて「お客様アンケート」のようなかたちで消費者の声を吸い上げようという試みは行われてきた。これがネットを用いれば，ウェブサイトに専用のメールフォームを設置するだけで済むため，格段にやりやすくなった。このことはインターネットの1つの貢献ではあるが，ただし，これだけでは単に従来のアンケートのかたちが変わったにすぎない。インターネットの双方向性の真の貢献は，消費者が企業にあてて意図的に発信するメッセージが集めやすくなったということではなく，むしろ非意図的な消費者のメッセージが収集できるようになったことにある。最も代表的な例が，「価格.com」や「@cosme」のような口コミサイトであり，ここには電化製品や化粧品についての消費者の率直な声が膨大な量集まっている。SNS（ソーシャル・ネットワーキング・サービス）やブログなどにおいても，口コミが日夜交わされている。企業はこれらの情報を積極的にモニターし，新商品開発に生かしている。消費者は，わざわざ企業あてにメッセージを届けることをしなくても，口コミサイトやブログなどで情報発信をすることで，企業活動に影響を与えることができるようになってきている。1人の消費者の書き込みが多数の共感をよび，大きな運動へと発展して，大手企業を動かしたような実例もある（宮田，2000）。

c　物理的距離の超越

インターネットには，地球の裏側にいる人とでも，隣にいる人とまったく変わらないスピードでコミュニケーションを交わすことができるという特徴がある。電話やFAXでも同じことが可能だと思われるかもしれないが，距離に応じたコストがかかる。また，それらは基本的には1対1のコミュニケーションを対象としているので，企業と消費者の関係を変えるようなインパクトはもたなかった。

インターネットは1対1，1対多，多対多のすべてのコミュニケーションに対応しているので，インターネット上に店舗を設けることで，地域を超えて，日本全国さらには全世界の消費者を対象にした商売が簡単にできるようになった。例えば，かつては日本の代理店を通してしか購入できなかった洋書を，今では海外のサイトから個人的に輸入することが可能だ。

物理的距離を超えることで，「検索性」の項でも指摘したが，消費者にとっては購買において利用可能な情報量や選択肢が増大し，そのなかから必要な情報を見つけ出すリテラシーが求められるようになった。また，消費に関する価値観が

グローバル化していくことも想定される。例えばアメリカのヒット商品が日本でもヒットしたり，日本でヒットした商品が逆に海外でも人気を博したりという現象が多く見受けられるようになってきている。

d　コミュニティ形成

インターネットの検索性，双方向性，物理的距離の超越性といった特徴は，日常生活とは異なる新しい社会的集団（コミュニティ）をインターネット上につくり出した。消費者は，検索機能によって自分と趣味やライフスタイルが似通った人を，全世界のなかから見つけ出し，その人とメールやブログなどを通じてコミュニケーションをとり，SNSなどを利用して目でみえるかたちで「友人グループ」をつくることができる。

現在，インターネット上には，このようにしてつながった無数のコミュニティが存在する。これらは，学校の同じクラス，同じマンションに住む同士，といった日常生活でも関わりのある集団をベースとし，人間関係の維持・強化を目的とした「個人型コミュニティ」（例：mixi, facebook）と，共通の関心をもった者（その多くは未知である）が集まって意見交換や情報収集をする場としての「グループ型コミュニティ」に分けることができる（例：Yahoo！コミュニティ）（金, 2009）。

オンラインコミュニティの発達は，インターネットによって「企業―消費者」間の双方向的なコミュニケーションが実現されたことを超え，「企業―コミュニティ」間のコミュニケーションをも創出し，消費者行動や企業活動にさらに大きな影響をもたらしている。インターネット上のコミュニケーションは匿名性が高いことが批判された時期もあるが，現在ではネット上で実名を明かすことも珍しくなくなり，消費者のコミュニティは信頼できる仲間との活発な口コミの場となって，何が「かっこいい」のか「おしゃれか」なのかを決めるような準拠集団として機能することもある。そしてそのコミュニティはインターネットを介して無限に広がる可能性をもっているため，近年ではそのネットワークの特徴や影響力を研究する動きが強まっている。

2　消費者のネットワーク

a　「弱い紐帯の強さ」

インターネット上のコミュニティを視覚化すると，図11-1に示したようなネッ

トピックス11 ◇口コミはマーケティングに使える？

　インターネットや携帯電話の普及によって口コミの影響力が拡大するのに伴って，「口コミ・マーケティング（word of mouth marketing）」や「バズ・マーケティング（buzz marketing）」という用語が登場した。従来のマーケティングでは広告を中心としたプロモーション戦略が主流であったことに対し，口コミをコントロールして自社の味方にしようとするマーケティング戦略のことを指してこうよぶ。

　2001年，アメリカの大手日用消費財メーカー P&G（Proctor&Gamble）社は，「口コミ・マーケティング」サービスを提供する新部門を立ち上げた。"Tremor" と名づけられたこの組織には，13～19歳の流行に敏感な若者，約30万人が登録されている。彼らは社交的で友人数が多いなどの一定の基準をクリアし，周囲への影響力が大きいと認められた若者達である（Solomon, 2011）。Tremorは彼らに新商品やサービスを提供することで，友人たちへの口コミをうながす。登録されている若者達への報酬は，いち早く新商品やサービスを楽しめることや，ときどき雑貨などをプレゼントされること以外，実質的に無償であるため，高い収益を上げ成功している。2005年にはTremorとほぼ同様のシステムで，主婦を対象とした "Vocalpoint" という新プログラムもスタートした。

　P&Gの例に限らず，人気のあるブロガーに商品のサンプルを送って使用してもらい，感想をブログに書き込んでもらうような口コミ・マーケティングは，今や多くの企業で実践されている。しかし，賢明な読者はお気づきの通り，本来口コミは消費者間で自然発生的に生じるコミュニケーションであるからこそ効果があったことを思えば，「口コミ・マーケティング」という言葉自体，何とも逆説的な響きがある。日本の女子高生を対象としたある調査によれば，彼女らは企業がソーシャルメディアを利用して行うキャンペーンや仕掛けについて知っており，ブログの口コミは「宣伝・広告っぽくてあやしい」と答えるという（竹之内, 2010）。TremorやVocalpointの例にしても，一般の消費者を「広告者」にしてしまうことで，彼らの健全な対人関係や信頼感を破壊するのではないかという倫理的批判もある（Commercial Alert, 2005）。

　現時点では一定の成果をあげているように思われる口コミ・マーケティングだが，果たして今後も「効果的」であり続けられるであろうか？

トワーク図が描ける。ここでは議論をわかりやすくするため簡略化して描いているが，例えば，実際の SNS 上の対人関係を同じように視覚化していくと，目にみえないほど密で細かい線で消費者同士は結ばれる。このような社会的ネットワークの全体構造をマイクロ―マクロな視点から論じようとした最初の研究がグラノベッター（Granovetter, M.）の「弱い紐帯の強さ」(strength of weak tie；Granovetter, 1973) 研究である（池田，2010）。図中で消費者と消費者をつないでいる線は「紐帯（ちゅうたい；tie）」とよばれ，同一コミュニティに所属する家族や親友のような親密な対人関係は「強い紐帯（strong tie）」，さほど親しくなく，コミュニケーションの頻度が低い対人関係は「弱い紐帯（weak tie）」と定義される。前者（例：仲の良い親友同士）では，コミュニケーション頻度が高いので，情報が伝わるのが早く（Hoyer & Macinnis, 2010），購買意思決定において相手の口コミを参考にする傾向が強い（Brown & Reingen, 1987）という特徴がある。ところが，口コミが広がる範囲という観点からみると，むしろ弱い紐帯（例：疎遠な従兄）の方が有利である。図 11-1 のなかで二重線で囲まれた「消費者」に注目していただきたい。彼らは強い紐帯をもたない代わりにコミュニティの橋渡し役（Bridge）としての弱い紐帯をもっており，彼らを通じて，情報はあるコミュニティからほかのコミュニティへと伝えられていく（Brown & Reingen, 1987）。「ブランド A は大変良い」という情報が，高い影響力をもちつつも，あるコミュニティ内にとどまってしまうことは企業からみれば望ましいこ

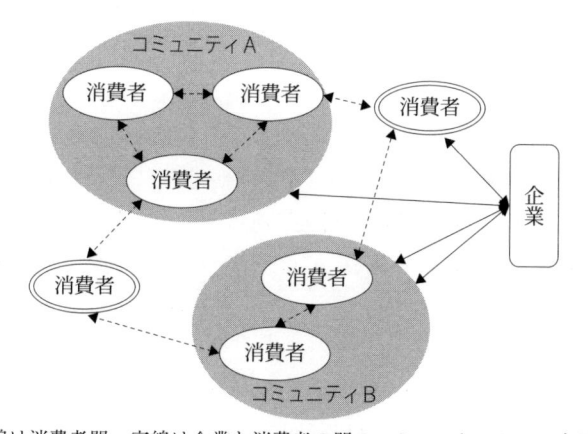

（破線は消費者間，実線は企業と消費者の間のコミュニケーションを示す）

図 11-1 インターネットにおける消費者とコミュニティと企業のつながり

とではない。口コミが集団を超えて世間に広まりヒットにつながることこそ重要であると考えれば，「弱い紐帯」が「強い」のである。

　b 「スモールワールド（世間は狭い）」理論

　人と人をつなぐネットワークがいかに密であり，世界は意外にも狭い（スモールワールド）ことを証明した有名な研究がある。それは，1960年代にアメリカのある都市で行われた実験である。実験参加者達は，ある人物のプロフィールを提示され，その人物を知っていそうな知人のネットワークを通じて手紙をリレーし，その人物まで届けてほしいと依頼される。実験の結果は，驚くべきものであった。手紙は平均してたった6人の人物を介して到達しており（「6次の隔たり（Six Degrees）とよばれる」），最短のケースでは4日しかかからなかった（Milgram, 1967）。近年ではインターネット上でも研究が行われ，ほぼ同様の結果を得ている（Dodds, Muhamad, Watts, 2003）。このことは，わずかなステップを通じて，情報が爆発的に伝播する可能性を示唆している（池田，2010）。次節では，情報が伝播していく過程に注目した研究をとり上げる。

3節　情報の広がりと消費者行動

1　情報の流れにおけるリーダー

　a　マス・コミュニケーションの研究

　情報がどのように世間に広がっていくのかについての研究は，20世紀初頭，新聞・雑誌やラジオの普及とともに始まった（田崎・児島，1992）。当初はマスメディアの情報は強大な影響力をもつという説が主流であり，代表的な研究として，キャントリル（Cantrill, 1940）の「火星からの侵入」があげられる。これは1938年にアメリカのあるラジオ局が，火星人が地球に侵攻してきたという内容のドラマを放送したところ，それを真実であると勘違いした聴衆がパニックを起こしたという事件の調査報告である。このころの研究が提唱した「マスメディアは人に対して直接的な影響力をもつ」という考え方は，「弾丸モデル」や「皮下注射モデル」とよばれている（図11-2）。

　しかし，その後ラザースフェルド（Lazarsfeld）などの研究をきっかけに，マスメディアは個人の行動を決定づけるほどの直接的影響力はもたないという説が主流になっていった。なぜならば，一連の調査研究によって，①人はマスメディ

アの情報を受けとる前から自分自身の考えをもっており，それが強ければマスメディアの情報によって考えを変えないこともあること，②人には自分の考えに合った報道ばかりに耳を傾ける傾向（選択的接触（selective exposure））があること，③マスメディアの影響力を規定するオピニオンリーダーとよばれる人々の存在などが指摘されたからである（田崎・児島，1992）。この頃の研究は「限定効果論」とよばれ，代表的なものに「コミュニケーションの2段階流れ（two-step flow of communication）仮説」（Kats & Lazarsfeld, 1955）がある（図11-2）。

1960年代後半に入ると，テレビが普及してマスメディアの中心となったことから，新聞・雑誌・ラジオを中心としたこれまでの研究は修正を余儀なくされた。そして，再びマス・コミュニケーションが強力な効果を有するという主張（強力効果論）が主流となっていく。そのなかで，「議題設定機能」（McCombs & Shaw, 1972）や「メディアシステム依存理論」（Defleur & Ball-Rokeach, 1989）などが提唱され，人々がマスメディアを通して，社会状況の意味づけや解釈をしている様子が指摘された。

b　コミュニケーションの2段階流れ仮説

コミュニケーションの2段階流れ仮説は，もともとはマス・コミュニケーションが人々にどのように影響を与えるかについての研究から提唱されたモデルであるが，企業が発信する広告や新商品情報がどのように一般の消費者に届くのかを考えるうえでも有効である。

かつては企業からの情報は，皮下注射モデルが示すように，消費者1人ひとりに直接届き，購買行動に影響を与えるととらえられていた。しかし，コミュニケー

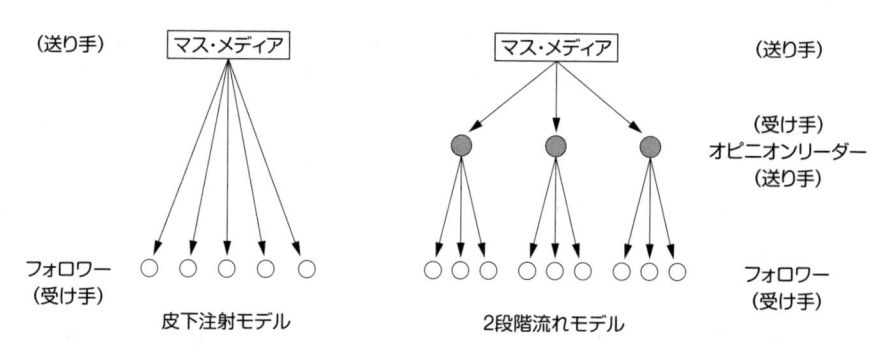

図11-2　コミュニケーションの流れに関するモデル

ションの2段階流れ仮説は，消費者は情報をマスメディアから直接受けとるばかりではなく，それを他者に伝えることによって購買行動に影響を与えることがあり，実はこのような対人的コミュニケーション（パーソナル・コミュニケーション）の方が，マス・コミュニケーションよりも大きな説得力をもつことが指摘された。このパーソナル・コミュニケーションにおいて影響力をもつ人物のことをオピニオンリーダー（opinion leader）とよび，影響を受ける側の人々をフォロワー（follower）とよぶ。

c　オピニオンリーダーとは

　今どんなファッションが流行っているのかについて知りたいとき，あなたは誰にアドバイスを求めるだろうか。この人に聞けば間違いないと，周囲から信頼されている人はいるだろうか。あるいは新しいデジカメを買いたいとき，ぜひアドバイスをもらいたいという人はいるだろうか。今あなたが思い浮かべた人々は，おそらくオピニオンリーダーである。

　オピニオンリーダーは，他者の態度や行動にしばしば影響を与える人物と定義されているが，さまざまな研究によって以下のような特徴をもつこともわかっている（e.g. Blackwell et al., 2006 ; Evans, Jamal, & Foxall, 2009 ; Solomon, 2011）。

・特定領域の商品カテゴリーやブランドについて詳しく，それに関するマスメディア情報や他者の意見などを積極的に収集している。
・オピニオンリーダーとその影響を受ける人は，人口学的特徴（性別，年齢，職業など）や考え方・信念において，似通っていることが多い。
・性格的には，自信家で社交的な人が多い。
・新商品を発売間もない時期に購入することで，フォロワーに情報提供を行う。

　コミュニケーションの2段階流れ仮説によれば，オピニオンリーダーの推薦を得ることは広告よりも消費者の説得に有効であると考えられるため，企業はしばしばオピニオンリーダーとコンタクトをとることを望む。しかし，オピニオンリーダーはとくに有名人であったりせず，地域ごとの小規模のコミュニティのなかに一般の消費者と区別がつかない状態で存在しているため，彼らを特定することは一般的には困難で費用がかかる。

　オピニオンリーダーを見つけ出す方法には，消費者による報告をベースにする方法（自己評定法）と，ある集団の人間関係を計量的に捉える方法（ソシオメト

リック法）の2つがある。
 (1) 自己評定法
 自分に関してオピニオンリーダー尺度（表11-3）に回答してもらう，あるいは，誰の意見を参考にすることが多いか尋ねることでオピニオンリーダーを特定する。
 (2) ソシオメトリック法
 集団のメンバーにインタビューをしてコミュニケーションパターンを図化することにより，コミュニケーションが集中している人物をオピニオンリーダーと判断する。自己評定より正確な結果が期待できるが，コストが高いのが難点である。
 近年の研究では，オピニオンリーダーの影響過程はコミュニケーションの2段階流れ仮説が示すほど単純ではないことが指摘されている。コミュニケーションは，オピニオンリーダーからフォロワーへと一方向的に流れるものではなく，オピニオンリーダーとフォロワー，フォロワー同士が活発にコミュニケーションを交わすことで相乗効果が生まれ，ますますパーソナル・コミュニケーションの影響力が高まっていくと考えられている（Watts & Dodds, 2007；図11-3）。

d 市場の達人（market maven）
 オピニオンリーダーは「領域特定」という特徴をもつと述べたが，周囲から頼りにされているオピニオンリーダーと思しき人のなかには，商品カテゴリーにかかわらず情報通であるという人も少なくない。フェイクとプライス（Feick &

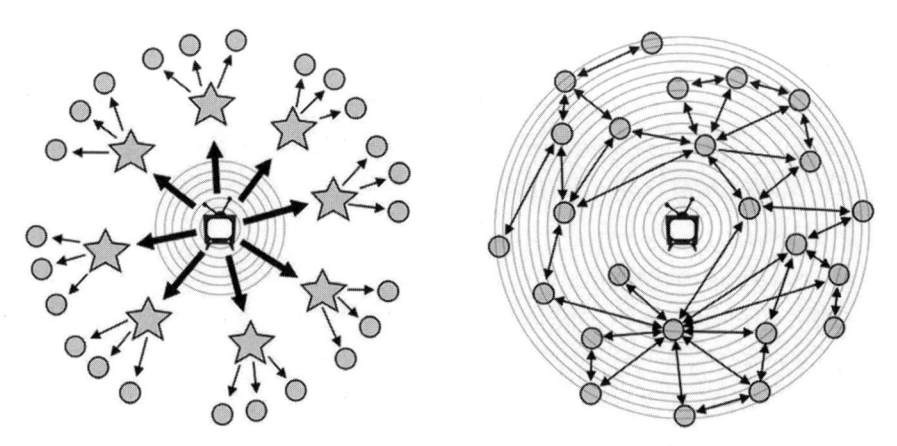

図11-3　情報の流れに関する従来の考え方（左）と近年の考え方（右）
（Watts & Dodds, 2007）

Price, 1987）は，消費者に影響を与える人物には，領域の限られた「オピニオンリーダー」と，領域にかかわらず影響力を発揮するタイプのリーダーがいることを突き止め，後者を「市場の達人」と名づけた。市場の達人は，「複数の商品カテゴリー，小売店などについて熟知し，話を自ら主導すると同時に，人から情報源として頼りにされている消費者」と定義される（Feick & Price, 1987；宮田・池田, 2008）。彼らは，商品自体の特徴，価格，どこで売っているかなどさまざまなことを知っているが，自分では商品を買ったことがなかったりする。つまり，消費にまつわる情報を収集し，それを広めることで，ほかの消費者の助けになることを楽しんで行っている人々である（Walsh, Gwinner, & Swanson, 2004）。インターネットが普及したことで，「市場の達人」の活躍の機会は広がり，影響力は高まっていると考えられる（表11-3）。

2 新商品の普及とイノベータ

a イノベーションとは

イノベーション（innovation）とは，「従来とは性質の異なる考えや行動や物事」を意味し，消費者行動におけるイノベーションとは，「最近市場に導入された新しい製品やサービス」のことを指す（Blackwell et al., 2006；Hoyer & Macinnis, 2010；Solomon, 2011）。例えば，スマートフォンや裸眼3Dテレビ，ネットスーパー（食品の宅配サービス）やクーポンサイト[2]などは，登場して数年で急速に普及したヒット商品・サービスであり，イノベーションの例といえよう。

しかし，すべてのイノベーションが受け入れられ，普及するわけではない。イノベーションが普及するには，以下の5つの条件を満たすことが重要であるとされている（Rogers, 1962；Blackwell et al., 2006；Solomon, 2011）。

(1) **相対的優位性**（relative advantage）
既存の製品と比較して明らかな便益があるか。

(2) **両立性**（compatibility）
消費者が従来使用していた製品や生活スタイルと共存できるか，および消費者の価値観やニーズと合致しているかどうか。新しいパソコンを買ったら以前使っていたソフトが全部使えなくなるようでは，そのパソコンは採用されない。

(3) **複雑性**（complexity）
使用方法が難しいかどうか。当然，複雑性の高い新製品は採用されにくい。

表11-3　オピニオンリーダーと市場の達人を見つけるための質問項目

オピニオンリーダー尺度 (Solomon, 2011 より作成)	1. 普段あなたは友人や近所の人と（　　　）について話すことがありますか？ 2. あなたが友人や近所の人と（　　　）について話す時，多くの情報を提供できますか？ 3. この6ヶ月間で，新しい（　　　）について何人に話をしましたか？ 4. 周りの友人と比べて，あなたは（　　　）についてどれくらい良く尋ねられますか？ 5. 新しい（　　　）について話す時，あなたは聞き手になることが多いですか？話し手になることが多いですか？ 6. 友人との会話の中で，あなたは情報源として利用されることが多いですか？
市場の達人尺度 (Feick&Price, 1987 より作成)	1. 友人に新しいブランドや新商品を紹介するのが好きだ 2. 色々な商品について情報提供をして人の役に立つことが好きだ 3. 人から商品やお店やセールについて聞かれる 4. さまざまな商品について，どこで買ったら一番良いかと尋ねられたら，答えることができる 5. 私の友人は，新商品やセールに関しては私が良い情報源だと思っている 6. さまざまな種類の商品について良く知っており，その情報を他の人と共有するのが好きな人を思い浮かべてください。その人は新商品やセールやお店についてよく知っていますが，自分はある商品の専門家だとは必ずしも思っていません。この説明はあなたに当てはまりますか？

※オピニオンリーダー尺度の（　）には、任意の商品カテゴリーを入れて用いる。

(4) 試用可能性（trialability）

経済的損失をこうむることなく試してみることができるかどうか。サンプルの配布などによってこれを高めることができる。

(5) **観察可能性**（observability）

新製品を使用した結果が目にみえるかどうか。周囲からはっきりと結果がみえるイノベーションは採用されやすい。

b　イノベーションの普及過程

消費者のなかには，新しいもの好きで新発売といわれれば試さずにはいられないという人もいれば，保守的で昔から使っているものを好む人もいる。ロジャーズ（Rogers, 1962）は，新商品やサービスなどのイノベーションを採用する早さによって消費者を以下の5つのカテゴリーに分け，時間の流れとともに新商品が世間に普及していく過程をモデル化した（図11-4）。

(1) **イノベータ**（革新者：Innovator）

イノベーションを最初に採用する人々。製品カテゴリーによって異なる人がイノベータであることが多い。冒険好きで，社会経済的地位が高く，情報通である。周囲には変わり者と思われている。

(2) 初期採用者（Early Adopter）

イノベータの次に採用する人々。オピニオンリーダーに多い。イノベータと異なり，社交的で流行に敏感な人という印象をもたれる。

(3) 前期多数採用者（Early Majority）

慎重だが平均よりは早く採用する人々。

(4) 後期多数採用者（Late Majority）

新しいものに懐疑的で平均より遅く採用する人々。

(5) ラガード（遅滞者：Laggard）

一番遅れて採用する人々であるが，新しいものを受け入れない（最後まで採用しない）人も含まれる。友人ネットワークが狭い人が多い。

このモデルにおいて重要な点は，イノベータや初期採用者とよばれる全体の16％ほどの人々がイノベーションを採用することで，そのメリット・デメリットが明らかにされ，前期多数採用者をはじめとした大多数（80％超）の消費者がそれに続くという指摘である。つまりイノベータや初期採用者はイノベーション採用のリスクを低減させる役割を担っているため，彼らが採用しなければ，それ

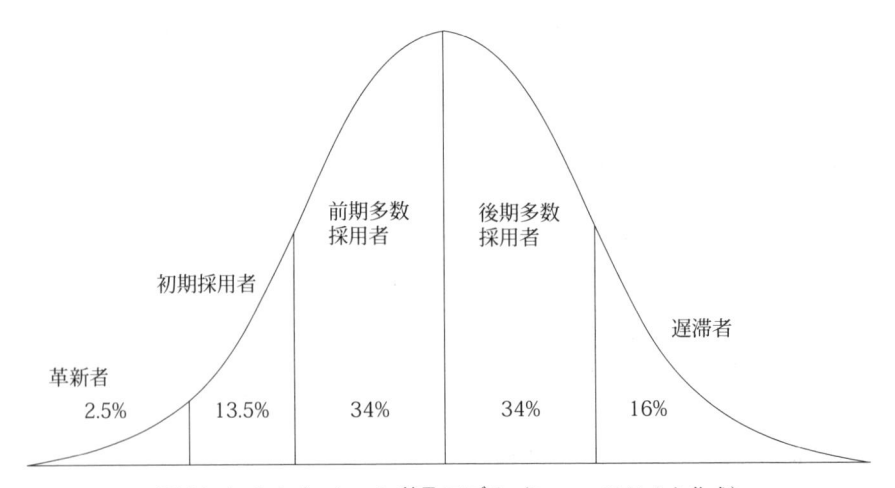

図11-4 イノベーション普及モデル（Rogers, 1962より作成）

革新者 2.5%　初期採用者 13.5%　前期多数採用者 34%　後期多数採用者 34%　遅滞者 16%

以外の人が採用してくれるということは見込めない。したがって，新商品をヒットさせるには，イノベータや初期採用者を見つけ出し，彼らに採用してもらうことが不可欠であることが示唆される。

注

(1) 口コミと同じく不特定多数の人の間に流れるコミュニケーションを指すものとして，「うわさ」「流言」「デマ」という用語もある。「うわさ」とは，「真実かどうかを確認することのないままに，情報が口伝えに人から人へと伝達される連鎖的コミュニケーション（深田，1998)」であり，「流言」や「デマ」は「うわさ」の一種と定義される。「流言」は災害時などの情報が不足した状況で，真偽のほどが定かではない情報が口伝てで広まり，集団が曖昧な状況に意味づけをしていく過程であると定義されており（社会心理学事典，2009)，「社会的でき事に関するうわさ」と位置づけられている（深田，1998)。「デマ」は故意に流す虚偽情報であり，発生動機に悪意があるという特徴がある。したがって，これらはいずれも本書が扱う「口コミ」とは異なった現象を指す用語といえる。
(2) フラッシュマーケティングとよばれ，インターネット上で時間を区切ってさまざまなジャンルの割引券を提供するサービス。「ポンパレ」や「グルーポン」が有名。

12章 ◯ 社会・文化的要因と消費者行動

　消費にかかわる諸事象には社会・文化的な側面があると考えられる。ソロモン (Solomon, 2009, p.604) は，文化を社会のパーソナリティであるとし，価値や倫理のような抽象的な観念と，社会が生み出し，価値を付与する自動車，衣服，食品，芸術，スポーツなどの物質的なモノやサービスの両方を含むと説明している。

　では，具体的に消費のどのような側面が社会・文化的といえるのだろうか。本章では，まず，商品・広告の社会・文化的差異や，消費行為の社会・文化的差異に関する研究を概観する。次いで主流文化から少数派へ視点を変え，下位文化と消費者行動との関係について論じる。さらに，個別の文化から世界全体へと視野を広げ，グローバル・マーケティングについて考える。

　なお，文化に関するかつての消費者行動研究は，インタビューに対する回答や広告の意味解釈を行うものが多かったが，近年は実験や量的調査も増えている。そこで本章では，研究手法を限定せず，広く社会・文化的要因に関する研究を紹介していく。

1節　消費者行動の社会・文化的差異

1　消費者行動研究における社会・文化への関心

　本書のこれまでの章でみてきたように，消費者行動研究の領域では，科学的な視点から消費者行動を分析し，普遍的な理論や法則性を見出すことに主眼が置かれてきた。しかし実際には，消費者の認知や行動には，社会や文化による違いもある。そこで，こうしたことへの関心を出発点として，消費者行動の社会・文化的側面を明らかにしようとする研究が行われてきた。以下では理論的関心の流れを概観したい。

　比較的初期の理論的研究として挙げられるのはマクラッケン（1990）の研究だろう。マクラッケンによれば，私たちは文化的に構成された世界にいるという。マクラッケンは，この世界にさまざまな意味が存在していると考え，意味の移動に関する概念モデルを掲げた。

12章 社会・文化的要因と消費者行動

このモデルによれば、商品が生み出されると、その商品は、文化的に構成された世界から何らかの意味を付与される。つまり、商品によって文化的意味が実体化されるのである。消費者は商品を通してその意味を知る。例えば、私たちはデリカシーや洗練という概念の意味を、女性に想定された衣服や上流の社会階層に想定された衣服を通して理解する。もっともマクラッケンによれば、商品の文化的意味は時代と共に変化する可能性があるという。

ソロモン（Solomon, 2009）もまた、消費と文化の関係を理論化している。ソロモン（Solomon, 2009）は、文化的意味の取捨選択の過程を概念モデルであらわしている（図12-1）。このモデルでは、私たちの生活世界に数多く存在している文化的なシンボルは、文化の生産システムへと送り込まれ、伝達部門を経て市場へと送り出される。しかし実際には、私たちは市場に出された商品すべてを目

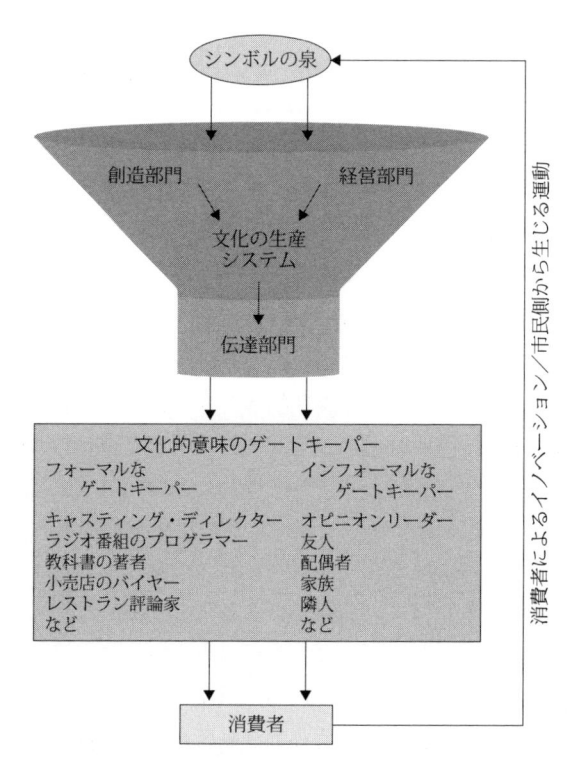

図12-1 文化の生産プロセス（Solomon, 2009）

にするということはまずない。ラジオ番組のプログラマーやレストラン評論家，オピニオンリーダーといったゲートキーパー的な役割を果たす人たちによって選別されたものだけが，個々の消費者に届けられる。ただし，文化的な意味の流れは双方向的である。図12-1のモデルでは，消費者側からシンボルが生み出されるルートも想定されている。

近年は，消費と文化に関する諸研究を包括的に論じる動きがみられる。アーノルド&トンプソン（Arnould & Thompson, 2005, 2007；松井，2010）は，消費の文化研究が多様であることを認めつつも，それらをまとめる消費者文化理論（CCT：Consumer Culture Theory）を掲げている。そして，消費の生産的側面を強調していることが消費者文化理論の特徴であると論じ，諸研究に共通する問題意識を4つの研究プログラムというかたちで示している。

第1は，消費者のアイデンティティに関する研究プログラムである。消費者文化理論においては，消費者は自分のアイデンティティを形成していく人であると想定されている。市場に出された商品は，シンボリックな意味をもつことによって，個々人のアイデンティティ構築に生かされる。第2は，市場文化に関する研究プログラムである。以前は，消費者は文化の影響を受けている人としてとらえられてきた。だが，消費者文化理論においては，消費者は文化を生産する人とみなされている。第3は，消費の社会歴史的構造に関する研究プログラムである。このプログラムでは，消費に影響を及ぼす制度的・社会的構造を調べる。消費者は社会的役割を演じる人としてとらえられる。第4は，市場のイデオロギーの伝達とそれに対する消費者の解釈に関する研究プログラムである。このプログラムにおいては，マスメディアに描かれる理想像を受け入れる消費者だけでなく，市場のイデオロギーから意識的に逸脱しようとする消費者の存在も想定されている。

さらに，アーノルド&トンプソン（Arnould & Thompson, 2007）は，これら4つの研究プログラム間の関係を検討し，消費者文化理論の全体構造を示している。

本項で紹介してきた理論研究は，いずれも商品の意味や消費者行動の理念に焦点を当てたものだが，実際には，意味や理念に限らず消費者行動のさまざまな側面に社会・文化的要因が関わっている。本章でみていくように，商品に対する認知的な反応や購買行動にも，社会・文化的要因が関係していることがある。しかし，それらについては，現時点では消費者行動研究独自の理論は構築されていないようである。

2　商品および広告の社会・文化的差異

　商品や広告にはどのような社会・文化的差異があるだろうか。この問題に関しては，クリスマスや感謝祭などの行事に用いられる商品がしばしば研究対象とされてきたが，日常的な商品に関する研究も行われている。

　ホルブルック＆グレイソン（Holbrook & Grayson, 1986）は，当時の話題映画であった『愛と哀しみの果て』のなかで使用されている商品が象徴する意味の解釈を試みた。ホルブルック＆グレイソン（Holbrook & Grayson, 1986）は，ヨーロッパからアフリカに渡って暮らす主人公たちがもっている精巧な家庭用品や高級ワインから，彼らがアフリカに渡ってもなおヨーロッパ上流階級の生活を続けたいという願望をもっていることを読みとった。また，部屋の本棚が知性の象徴であること，大きな黒い傘が地位の象徴であることなどの解釈を行った。さらに種々の商品から，ヨーロッパ文化とアフリカ文化とのギャップを読みとった。

　この研究は異文化比較研究ではないが，比較の視点からとらえ直してみることもできる。日本でも，高級ワインの意味は同様かもしれないが，大きな黒い傘が地位を象徴するということはないだろう。

　パッケージの社会・文化的意味を検討した研究もある。シェリー＆キャマーゴ（Sherry & Camarg, 1987）は，日本の商品パッケージや広告に英語の表記が多いことに着目し，日本で販売されている缶入り飲料に記載されている英文の意味を分析した。その結果，2つのテーマが見出されたという。1つは，科学技術を利用することによる自然と文化の調和である。例えば，あるメーカーのモカブレンドコーヒーの缶には，自然の最高の豆を独自の製法で加工したことが英語表記されている。この例の場合，豆が自然をあらわし，独自の製法が文化をあらわしている。もう1つのテーマは，伝統と新しさの対比である。彼らは例として，"Come together in old and new"（伝統の味〔ここでは梅のこと〕と新しい美味しさ〔ここではソーダのこと〕が一緒になった）と書いてある梅ソーダの缶を紹介している。そして彼らは，この文章が，伝統と新しさとが混在する現代の日本の文化を反映していると指摘した。

　広告についてもさまざまな社会・文化的研究がなされている。日本では，アメリカに比べて比較広告が少ないことや，情緒的な訴求技法を用いた広告が多いことなどが以前から指摘されているが，昨今は必ずしもこのことが成り立たないようである。

オカザキ＆ミューラー（Okazaki & Mueller, 2008）は，2005 年に発行された日米の雑誌広告 1,752 種類について詳細な内容分析を行った。そして，従来いわれてきたこととは異なる特徴を見出した。西洋的と考えられてきた現代性と若さのアピールは日本の方が多く（アメリカ 1.1%，日本 10.8%），日本的と考えられてきたソフトセル型（間接的，情緒的）の広告はむしろアメリカに多かった（アメリカ 40.8%，日本 21.8%）。これらのことからオカザキとミューラーは，日本の広告の"アメリカ広告化"，アメリカの広告の"日本広告化"が生じていると考察している。

こうした研究からわかるように，同じ商品や似たような商品であっても，文化によって異なる意味をもつことがある。しかし，文化差自体が変化していくこともある。今後はそうした変化が生じる原因やメカニズムを明らかにする必要があるだろう。

3　消費行為の社会・文化的差異

商品や広告ではなく，商品を認知したり使用したりする行為にも社会・文化的差異が存在する。それらについては，文化的な価値観の観点から説明がなされることがある（例えば，プラートと三浦，2006）。しかし，価値観以外の要因が関わっている場合もある。以下では，具体的な研究をとり上げながら，差異が生じる理由を考えてみたい。

ヴァレンズーラ，メラーズ＆ストレベル（Valenzuela, Mellers, & Strebel, 2010）は，予期しない利得はより大きな喜びをもたらすという心理学の諸研究や，原因帰属の文化差に関する研究などを踏まえ，思いがけない金銭的利得に対する喜びに関する異文化比較研究を行った。

実験参加者は，西洋の民族的背景をもつ大学生と，東アジアの民族的背景をもつ大学生だった。消費者満足調査に答えてもらうという名目で参加者を集め，調査の謝礼がもらえると予め伝えておく条件と，何も伝えずあとで突然謝礼がもらえる条件を設けた。そして，謝礼に対する喜びや驚きを 7 段階尺度で測定した。その結果，予期していた場合は東西間に有意な差がなかったが，予期していなかった場合は，西洋の民族的背景をもつ大学生の方が，喜びも驚きも大きかった。

東洋と西洋の認知プロセスの違いに関する心理学研究を応用した研究はほかにもある。例えば，ニスベットほか（Nisbett, Peng, Choi, & Norenzayan, 2001）の

文化心理学研究によれば，東アジアの人々の認知プロセスは全体的であり，西洋の人々の認知プロセスは分析的であるという。モンガとジョン（Monga & John, 2007）は，このような認知プロセスの違いによって，ブランド・エクステンション（既存のブランドを拡張すること）に対する評価の文化差を説明できると考えた。商品を全体的に認知する消費者は，個々の商品と領域全体との関係や商品同士の関係に焦点を当てるため，分析的に認知する消費者より，ブランド・エクステンションの適合度を高く知覚し，好意的であろうと考えたのである。

この研究で彼らは3つの実験を行っているが，そのうち最初の実験では，フィルムで知られるコダックについて，コダックの靴，コダックのキャビネット，コダックのグリーティング・カードというブランド・エクステンションを提示した。そして，ミネソタ大学で，西洋の民族的背景をもつアメリカ人学生57人と，アメリカ滞在年数が3年に満たないインド人学生62人を対象として，それらの商品に対する適合度知覚と好意度を尋ねた。結果は予想通りであった。すなわち，どのエクステンションに対しても，インド人学生の方が適合度知覚も好意度も高かった。

食品の味の好みのような個人的かつ感覚的と思えるような反応にまで，社会・文化の影響はみられる。アレンら（Allen, Gupta, & Monnier, 2008）は，食べ物・飲み物を美味しいと感じるかどうかは，その食べ物・飲み物の文化的な意味が自分自身の価値観に合致するかどうかによると考えた。

アレンら（Allen, Gupta, & Monnier, 2008）によれば，オーストラリアでは，肉類は社会的権力を意味し，果物や野菜は平等や権力の拒否を意味するという。また，彼らが行った予備調査では，コカコーラやペプシコーラを好む人は，安物ブランドのコーラを好む人より，人生を楽しむことを重視する価値観をもっていると思われやすかった。

彼らは，オーストラリアの大学で，学生や教職員を対象として実験を行った。実際に飲食し，味を評定してもらう実験である。この実験によって，社会的権力を重視する人は，ビーフソーセージ・ロールと告げられた食べ物を，野菜でつくられた代替品と告げられた食べ物よりおいしいと感じていることがわかった。また，人生を楽しむことを重視する人は，ペプシコーラと告げられた飲料を，安物ブランドのコーラと告げられた飲料より美味しいと感じていた。

ここにあげた研究以外にも，昨今は，消費行為の社会・文化的差異に関する多

くの研究が行われている。今後は諸研究の成果を体系化していく必要があるだろう。

トピックス12 ◇ハワイ観光と日系人

　ハワイは日本人の観光旅行先として人気がある。国土交通省が2008年に行った調査によれば，過去3年以内に海外旅行に行った人のうち最も多くの人が旅行先として挙げたのはハワイであり（12.8%），再び訪れたいと希望する割合もヨーロッパに次いで高かった（国土交通省ホームページ）。
　名所・史跡などを訪ねることもさることながら，感性的な満足を得るためには，ショッピングや食べ物の体験も欠かせない（津上，2010）。高級ブランド品や，日本では入手が困難なブランド品を買う人も少なくないようだが（例えば，矢口，2002），友人や隣人への土産物としては，いかにもハワイらしいと感じられるものが好まれるだろう。しかし，そのような商品には，しばしば日系人の創意工夫が関わっている。
　例えば，アロハシャツはもともとカリフォルニアで流行していたスタイルのシャツであり，中国系移民が商標登録し，日系人の洋服店が初めて広告を出したということである（石出・石出，2005；角田，2005）。日系人洋服店は日本の着物や布団生地でアロハシャツを仕立てたといわれており，日本風の柄のアロハシャツもある（石出・石出，2005）。しかし，のちにハワイらしい柄を大量生産する工場ができたことや，観光客が日本風の柄よりハワイらしい柄を求めたことにより，ハワイらしい柄が主流になったという（角田，2005）。
　マカデミアナッツ・チョコレートもハワイらしい商品といえそうだが，原料のマカデミアナッツは1881年にオーストラリアからもたらされたものである（石出・石出，2005；MAUNA LOAホームページ）。そしてこれに最初にチョコレートをかけて売り出したのは日系人である（Hawaiian Hostホームページ）。ハワイ島のコナで生産されるコナ・コーヒーも，20世紀初頭からは日系人による栽培が多いという。
　もっともハワイの文化

には，日系人に限らずさまざまな民族の文化が溶け込んでいる。まず，フラやレイなどの先住民の伝統がある。一方，ウクレレの起源は19世紀後半にポルトガル人がもち込んだ「ブラギーニャ」という小型ギターであるといわれている（石出・石出，2005）。「パニオロ」とよばれるカウボーイもいる。したがって，日系人の存在ばかりに目を向けるのは適切ではない。だが，ハワイ観光の人気に日系人が一役買っていることは確かだろう。

2節　下位文化における消費者行動

1　さまざまな下位文化

これまで，社会の主流の文化について，消費者行動との関係を論じてきた。しかしながら，私たちの文化は決して均質ではない。さまざまな特性をもった数多くの小集団から成り立っている。この小集団は，「下位文化」（サブカルチャー）とよばれる。

だが一口に「下位文化」といっても，さまざまな種類がある。日本では，性別，年齢，社会階層，地域などによって下位文化が形成されている。具体的には，「男性」と「女性」，「若者」と「高齢者」，「上流」と「下層」，「関東」と「関西」などの下位文化がある。アメリカでは，民族的背景にもとづく下位文化についても研究が進められている。さらに，デモグラフィック（人口統計学的）な要因だけでなく，生活様式や嗜好の共通性から下位文化が形成される場合もある。そしてこのような下位文化と消費者行動の結びつきについて，これまでにさまざまな研究が行われてきた。

ショータン＆マックアレキサンダー（Schouten & McAlexander, 1995）は，ハーレーダビッドソンのバイカー集団に着目し，3年にわたるフィールドワークを行った。そして，バイカーたちにとって最も中心的な価値とされる事柄が，①個人的な自由，②愛国心と伝統尊重の精神，③男らしさの3つであることを見出した。このうち個人的な自由はバイクという商品自体に象徴されていたという。自動車が内に閉じこもる構造になっているのに対し，バイクは開放的な構造だからである。また愛国心は，バイカーたちがバイクにつけるプレートや，彼らが着用する洋服に示されていたという。国産品に固執するバイカーが多いということも，愛国心のあらわれとして解釈された。さらに，毛皮や重いブーツに男らしさが示

されていたということである。

　バイカー集団は一部の消費者という色彩が強いが，より大きな下位文化もある。昨今の高齢化社会においては，高齢者層によって形成される下位文化について考える必要が増していると考えられる。

　ショーら（Schau, Gilly, & Wolfinbarger, 2009）は，高齢者にとっての消費の意味を研究した。ショーら（Schau, Gilly, & Wolfinbarger, 2009）の研究は，従来の高齢者研究とは異なり，高齢者の能力や成長の可能性に着目したという。彼らは，前述の消費者文化理論（Arnould & Thompson, 2005）に示されているアイデンティティの問題に焦点を当て，アメリカ西海岸・東海岸各地のシニアセンターやリハビリ施設で，61～88歳までの65人の定年退職者を対象にデプス・インタビューや参与観察を行った。ただし，貧困層や外出できないほど弱っている人は含まれていなかった。

　調査の結果，定年退職者を消費へと動かす内的理由として，大きく2つのカテゴリーが見出された。1つは，自己表現だった。これは，自分自身を発展・向上させることを意味する。例えば，ある女性はオンラインのデジタルアート作品を制作しており，さまざまな効果を生みだすためのハードやソフトを買っていた。もう1つのカテゴリーは，社会的な結びつきだった。兄弟の誕生日に高級デパートの洋服を買ってプレゼントするという回答や，地域社会に貢献するために出資しているという回答などがあった。

　社会階層の問題もまた，下位文化研究のなかで以前から繰り返し論じられてきた。例えばヘンリー（Henry, 2005）は，自分に社会的権限があると思うか否かという意識の観点から社会階層をとらえた。そして，この意識が経済面でのやりくりに影響を及ぼすと予想した。

　ヘンリー（Henry, 2005）は，オーストラリアのシドニーで，25～30歳の子どものいない専門職従事者11人および肉体労働者12人（いずれも男性）を対象として，インタビュー調査を行った。

　回答から，専門職従事者は権限のある行為者として自分をとらえていることがわかった。経済面では，環境の変化をチャンスとみており，投資に対して広い視野をもち，入念な予算計画を立てていた。一方，肉体労働者は，権限をもたずに反応する人として自分をとらえており，経済面では，安定性を重視していた。彼らの投資は銀行預金に限られていた。

近年の日本では，水野（2006）による大規模な調査研究（博報堂生活総合研究所の「生活定点調査」のデータにもとづく）がある。この研究では，階層帰属意識と年齢，性別，年次（1994，1998，2002）が生活・消費意識に及ぼす影響を分析している。そして，生活のなかに刺激が欲しいという意識は，高い階層意識をもつ層では以前より弱くなり，低い階層意識をもつ層では以前より強くなっているなどの新たな傾向を見出している。

　このように，近年は，従来とは異なるライフスタイルの高齢消費者層や，従来とは異なる階層意識をもつ消費者層が出現しつつある。下位文化に関する消費者行動研究は，見直しの段階に差しかかっているのではないだろうか。

2　下位文化とマーケティング戦略

　下位文化を研究することのマーケティング的意義は何だろうか。それは，特定の下位文化に属する消費者層の欲求や選好を知り，彼らをターゲットとした効果的なマーケティング戦略を展開できるということだろう。

　例えば，以前と比べて若者がアルコール飲料を飲まなくなったことが指摘される昨今，アルコールを扱う飲料メーカーでは若者をとり込む戦略を考えている（Wedge, 2011）。あるメーカーでは従来のものよりアルコールの度数の低いチューハイを発売し，別のメーカーもまた，度数を下げ，甘くしたという（Wedge, 2011）。

　また，喫茶店の利用状況には地理的な差異があることが知られている。喫茶店で支払う金額が多いのは中京圏であり，2人以上の世帯における年間の喫茶代は2008〜2010年の全国平均が5,181円であるのに対し，岐阜市は1万4,110円，名古屋市は1万4,016円であるという（総務省「家計調査」，総務省ホームページおよび読売新聞，2011より）。こうした消費動向の背景には，モーニングメニューのサービスの充実がある。岐阜県，愛知県の喫茶店では，朝から昼近くまで，コーヒーを頼むと，トーストやゆで卵がついてくる（読売新聞，2011）。店によっては，果物や赤だし味噌汁がついてくるという（読売新聞，2011）。

　しかしこのような喫茶店は，岐阜県と愛知県にとどまってはいないようである。名古屋市のある喫茶店は，各地に出店している。2011年4月には14都府県で合計400店を構えており，さらに関東や関西を中心に50店舗の出店を計画しているという（中村，2011）。

この例からもわかるように，特定の下位文化に焦点を当てたマーケティングは，下位文化の範囲の拡張をもたらす可能性がある。消費者は，当該の下位文化の消費者行動をとり入れることによって，その下位文化自体に関心をもったり，親近感を抱いたりするかもしれない。

3節　グローバル・マーケティングと消費者行動

1　グローバル・マーケティングの考え方と現状

社会・文化的差異の問題は，企業が海外進出する際，とりわけ重要になってくる。というのも，同じ商品を同じ販売戦略で市場に送り出しても，社会・文化が異なれば消費者の反応も異なってくると考えられるためである。また，商品の種類によっては，そもそもどのようなものか理解されないということもある。

日本の老舗和菓子店のなかには，パリに進出している店もある。フランスのあるグルメ雑誌では，この店のことを含め，日本の和菓子がどのようなものかが紹介されている。ここでは，和菓子は，1つの芸術的表現形態であると記されている（Elle à Table, 2010）。そして，春の訪れを告げる鶯を思わせる和菓子や，変わりやすい紅葉の色をあらわす和菓子にみられるように，和菓子には，季節の移り変わりに沿った優れた詩情があるという（Elle à Table, 2010）。この記事を読んだ人は，和菓子をまったく口にせずとも，和菓子に対して何らかの美的イメージを形成するだろう。

近年は，本国から海外へ進出するだけではなく，より広く地球規模でマーケティング活動を展開する企業が増えてきた。このような活動は「グローバル・マーケティング」とよばれる。丸谷（2006）によれば，グローバル・マーケティングは，本国から国外へという方向性を前提としてはおらず，世界各地から資源調達し，世界各地で生産，販売するという。

企業は地球規模でのマーケティング戦略を考える際，ターゲットとする国の消費者の価値観やライフスタイル，伝統や習慣などをあらかじめ充分に検討しておく必要がある。ある国で売れた商品をそのまま別の国の市場に出しても売れそうだという場合もあるだろうが，アレンジすることによって売れる場合もあるだろう。前者の場合は「グローバル標準化」を目指せば良いのであり，後者の場合は「現地適応化」を試みれば良いと考えられる（例えば，諸上・藤沢，2004）。

現地適応化は商品自体だけでなく，パッケージや広告についても行われている。例えば，日本のインスタント食品「チキンラーメン」のパッケージには，生に近い卵の写真が使われているが，海外では，炒り卵，ゆで卵，鶏肉に置き換えられているという（渡部，2010）。

現状分析を行った研究もある。アルデンら（Alden, Steenkamp, & Batra, 1999）は，インド，タイ，韓国，ドイツ，オランダ，フランス，アメリカの7ヶ国のテレビコマーシャルの比較を行った。彼らは，1995年冬から春にかけて，朝6時から真夜中までに放送されたテレビコマーシャル合計1,267本を録画した。そして，商品を，食品，個人用消耗品，家庭用消耗品，ローテクの耐久財，ハイテクの耐久財，サービス，そのほかに分け，用いられている広告戦略を，現地適応化戦略，グローバル標準化戦略（国を特定せず，国際的な要素を盛り込む戦略），外国戦略（フランスワインのアメリカ向け広告で，フランスの田舎を描写するなど，ほかの文化をあらわす戦略）に分類した。さらに，中心テーマや，ソフトセル型（前述）・ハードセル型（直接的，便益訴求型）の別についても，コーディングを行った。コーディング作業はネイティブのコーダーによって行われた。

分析の結果，次の点が明らかになった。第1に，全体的に現地適応化戦略が多かった(59.0%)。第2に，アメリカとインドではグローバル標準化戦略が少なかった（それぞれ5.5%, 10.0%）。第3に，グローバル標準化戦略においてはハードセル型の方がソフトセル型より多かった（それぞれ56.3%, 43.7%）。第4に，製品の種類による違いが明らかになった。現地適応化戦略は食品や家庭用消耗品にとくに多く，グローバル標準化戦略はハイテク製品において相対的に多かった。

グローバル標準化と現地適応化の問題については，ほかにもさまざまな事例が報告されている。例えば，国境を越えたマーケット・セグメンテーションやグローバルなニッチ・マーケティング，あるいはセールス・プロモーションの現地適応化などについて，多様な戦略が試みられている（e.g., Keegan & Green, 2005）。

2 消費者行動研究からみたグローバル・マーケティング

個々の消費者は，増えつつあるグローバル・ブランドをどのようにとらえているのだろうか。

ザン&ケア（Zhang & Khare, 2009）は，消費者が，世界の人々と自己同一化する傾向が強いか，ローカルな社会の人々と自己同一化する傾向が強いかによっ

て，グローバルな製品に対する態度は異なってくると考えた。

　彼らはこの点を解明するために3つの実験研究を行っているが，それらの基盤となる予備研究では，テキサス大学とクイニピアック大学の学生97人を対象とし，パームパイロット（小型情報端末の一種）のような製品に対する好意度を尋ねる実験を行った。設定された実験条件はグローバル製品条件とローカル製品条件だった。ローカル製品条件とは，アメリカ市場のみで販売される予定の製品であると伝えられる条件であり，グローバル製品条件とは，世界市場に向けて売り出される予定の製品であると伝えられる条件である。実験参加者は，各自のアイデンティティがグローバル指向かローカル指向かを測定するための質問項目群への回答も求められた。

　実験の結果，グローバルなアイデンティティが強い消費者はグローバルな製品に対して好意的であり，ローカルなアイデンティティが強い消費者はローカルな製品に対して好意的だった。ただし，引き続き行われた実験研究から，この効果は，自己をどうとらえているかが製品評価に影響を及ぼすと思ったときに生じるのであり，影響を及ぼさないと思ったときや，周囲の他者と同化したくないと思ったときには，逆の効果が生じることが示された。

　グローバル・ブランドに対するとらえ方については，インタビューによる研究もなされている。アルヴァー（Ulver, 2006）は，スウェーデンの大規模大学で，小売業マーケティングを学んでいる大学院生24名（20〜30歳・22名，31歳以上・2名）を対象に，インタビュー調査を実施した。出身国は，シンガポール，中国，カナダ，アメリカ，フランス，スウェーデンなど，さまざまであった。アルヴァー（Ulver, 2006）は，グローバル・ブランドを支持する立場と反対する立場を想定した意見をそれぞれ求めたうえで，具体例としてイケア（IKEA）をあげ，賛成，反対のそれぞれの立場から論じるように求めた。

　賛成の立場の意見としては，世界規模で不適当なものが除かれるのは必然的である，国際的に生活水準が上がる，海外に行ったとき馴染みの商品をみると嬉しくなるなどがあげられた。一方，反対の立場の意見としては，グローバル・ブランドは効率良く利益を増すことだけを望んでおり，文化的多様性を破壊する，グローバル・ブランドは小さな会社がビジネスをする機会を奪うなどがあげられた。また，イケアに対しては，低価格で中程度の品質を目指しているため，中流階級の人や，これから自分の生活を始めようとする若者にとって完璧であるという意

見が出された。

　これらの結果からアルヴァー（Ulver, 2006）は，グローバル・ブランドのもつ同じ側面が，賛成の理由にもなり，反対の理由にもなっていると考察している。また，イケアのような個別ブランドの話題になると，賛成・反対の意見よりブランド・マネジメントに関する意見が出されやすくなり，社会・文化的な危険性の問題には注意が向きにくくなっていたと論じている。

　このように，社会・文化的差異の存在を前提にした研究が進められる一方で，消費者の認知や行動に社会・文化を越えた普遍性があることも指摘されている。とくに，若者消費者においてはファッションや音楽の好みが文化を越えて共通しているといわれている（e.g., Kjeldgaard & Askegaard, 2006）。日本でも，若者が集う街に行けば，ファッションや音楽のグローバル性をみてとることができるだろう（図 12-2）。

　だが，ケルゴー＆オースケゴー（Kjeldgaard & Askegaard, 2006）によれば，近年は異なる見方も出されているという。それは，若者の文化的諸活動自体が世界中で一致しているのではなく，若者文化のグローバルなイデオロギーというものが存在し，それを世界各地の若者たちがそれぞれの文化に合うように解釈し，とり入れているという見方である（Kjeldgaard & Askegaard, 2006）。

　ケルゴー＆オースケゴー（Kjeldgaard & Askegaard, 2006）は，この構造を明らかにするために，デンマークとグリーンランドの都市と地方に住む 17〜21 歳の消費者合計 24 人を対象とし，好きな音楽や洋服，若者であるということなどについて，日記，写真，デプス・インタビューを併用した調査を行った。そして，以下の 3 点を見出した。

　第一に，どこの若者もアイデンティティの構築を回答の中心に据えていたが，アイデンティティ構築のあり方は異なっていた。デンマークの若者は個人のレベルでアイデンティティをとらえており，

図 12-2　若者が集う街・渋谷（著者撮影）

ファッションなどによって独自性を表現しようとしていたが，グリーンランドの若者はより集合的なレベルで自らのアイデンティティをとらえていた。

　第二に，社会経済の中心地で暮らしているか否かは，消費の機会に恵まれているか否かだけでなく，自らのアイデンティティをどう語るかにも影響を与えていた。

　第三に，消費が行われる場（site）に関しては，社会・文化的差異が存在していたものの，若者の関心はグローバルなスタイルへと向かっていた。例えば，グリーンランド・ロック・ミュージックは，内容において他文化のロック・ミュージックとは異なっていたが，表現形態は同様であり，グローバルであった。またグリーンランドの若者にとって，他文化との比較は，インターネットによって容易になっていた。

　グローバル・マーケティングによって生じる諸現象は，消費者の側からとらえれば，特定の商品の購買・消費にとどまらず，ライフスタイルや消費生活に対する全般的な態度にかかわってくると考えられる。

　本章で概観してきたように，これまでの消費者行動研究は主として社会・文化に固有の側面を検討し，異なる社会・文化間の差異を明らかにするものであった。下位文化研究についても，その多くは固有の部分を明らかにすることを目的としてきた感がある。しかし，本章の最後に紹介した若者文化研究にあったように，今後は，差異の縮小や融合の可能性を検討することも必要であろう。とくに，世界各地の消費者によるインターネット利用が増えている昨今，差異の融合という問題は，より重要になっていくのではないだろうか。

引用・参考文献

■1章
青木幸弘　2011　価値共創時代のブランド戦略――脱コモディティ化への挑戦　ミネルヴァ書房
Drucker, P. F.　1973, 1974　*Management: Tasks, responsibilities, practices*. Harper Business　上田淳生（訳）　2001　マネジメント【エッセンシャル版】――基本と原則　ダイヤモンド社
林周二　1987　日本型の情報社会　東京大学出版会
池尾恭一　2010　現代マーケティングと市場志向　p.2-21　池尾恭一・青木幸弘・南智恵子・井上哲浩　マーケティング：*Marketing: Consumer Behevior and Strategy*.　有斐閣
Kotler, P. & Keller, K. L.　2006　*Marketing management*.　12th ed. Pearson Education.　恩蔵直人（監）月谷真紀（訳）　2008　コトラー＆ケラーのマーケティング・マネジメント12版　ピアソン桐原
内閣府　2011　主要耐久消費財等の長期時系列表　(http://www.esri.cao.go.jp/jp/stat/shouhi/shouhi.html)
Perreault, W. D. Jr. & McCarthy, E. J.　2005　*Basic marketing: A global managerial approach*. 15th ed. McGraw-Hill / Irwin.
Toffler, A.　1980　*The third wave*. William Morrow, new York.　徳山二郎（監）　鈴木健次・桜井元雄（訳）　1980　第三の波　日本放送出版協会

■2章
阿部周造　1978　消費者行動――計量モデル　千倉書房
飽戸弘（編著）　1994　消費行動の社会心理学　福村出版
Bettman, J. R.　1979　*An Information Processing Theory of Consumer Choice*. Addison-Wesley.
Blackwell, R. D., Miniard, P. W., & Engel, J. F.　2006　*Consumer Behavior*（10th ed.）. Thomson.
池尾恭一・青木幸弘・南智恵子・井上哲浩　2010　マーケティング　*Marketing: Consumer behavior and strategy*　有斐閣
小嶋外弘　1972　新・消費者心理の研究　日本生産性本部
クルーグマン, P. & ウェルス, R.　大山道広・石橋孝次・塩澤修平・白井義昌・大東一郎・玉田康成・蓬田守弘（訳）　2007　ミクロ経済学　東洋経済新報社
Loken, B. 2006　Consumer psychology: Categorization, inference, affect, and persuation. *Annual review of Psychology*, 57, pp.453-485.
Münsterberg, M.　1913　鈴木久蔵（訳）　実業　能率増進の心理　二松堂書店
中西正雄（編著）　1984　消費者行動分析のニュー・フロンティア――多属性分析を中心に　誠文堂新光社
仁科貞文・田中洋・丸岡吉人　2007　広告心理　電通
佐々木土師二　1988　購買態度の構造分析　関西大学出版会
Scott, W. D.　1903　*The theory of advertising*. Small, Mayanrd & Co.
Scott, W. D.　1908　佐々木十九（訳）　1915　広告心理学　透泉閣書房
清水聰　2006　戦略的消費者行動論　千倉書房
Starch, D.　1914　郡山幸夫（訳）　広告の理論と実際　佐藤出版部
スティグリッツ, J. E. & ウォルシュ, C. E.　薮下史郎・秋山太郎・蟻川靖浩・大阿久博・木立力・清野一治・宮田亮（訳）　2005　入門経済学 第3版　東洋経済新報社
田島義博・青木幸弘（編著）　1989　店頭研究と消費者行動分析――店舗内購買行動分析とその周辺　誠文堂新光社
高橋郁夫　1999　消費者購買行動――小売マーケティングへの写像　千倉書房
竹村和久（編著）　2000　消費行動の社会心理学　北大路書房

引用・参考文献

■3章

Bettman, J. R. 1979 *An Information Processing Theory of Consumer Choice.* Addison-Wesley.
Engel, J. F., Kollat, D. T. & Blackwell, R. D. 1968 *Consumer Behavior.* Holt, Rinehartand Winston.
Howard, J. A. & Sheth, J. N. 1969 *The Theory of Buyer Behavior.* Wiley & Sons.
Jacoby, J., Chestnut, R., & Fisher, W. A. 1978 A Behavioral Process Approach to Information Acquisition in Nondurable Purchasing. *Journal of Marketing Research*, 15, p.532-544.
Sheth, J. N. & Mittal, B. 2004 Customer Behavior: *A Managerial Perspective.* Thomson.
杉本徹雄 1982 消費者情報処理に関する実験的研究 広告科学, 8, p.1-14.

■4章

Abelson, R. P. & Levi, A. 1985 Decision making and decision theory. In G. Lindzey & E. Aronson(Eds.), *The handbook of social psychology*, Vol. 1 (3rd ed.). Random House. pp. 231-309.
Beach, L. R. & Mitchell, T. R. 1978 A contingency model for the selection of decision strategies. *Academy of Management Review*, 3, 439-449.
Bettman, J. 1979 *An information processing theory of consumer choice.* Addison-Wesley.
Bettman, J., Johnson. E. J. & Payne, J. W. 1991 Consumer decision making. In T. S. Robertson & H. H. Kassarjian (Eds), *Handbook of consumer behavior.* Prentice Hall. pp. 50-84.
Cohen, J. B. & Areni, C. S. 1991 Affect and consumer behavior. In T. S. Robertson & H. H. Kassarjian (Eds), *Handbook of consumer behavior.* Prentice Hall. pp. 188-240.
O'Doharty, J. P. 2004 Reward representations and reward-related learning in the human brain: insights from neuroimaging, *Current Opinion in Neurobiology*, 14, 769-776
Engel, J. F., Blackwell, R. D. & Miniard, P. W. 1993 *Consumer behavior* (7th ed.). Dryden Press.
Fugate, D. L. 2007 Neuromarketing: a layman's look at neuroscience and its potential application to marketing practice. *Journal of Consumer Marketing*, 24, 385-394.
Hubert, M. & Kenningy, P. 2008 A current overview of consumer neuroscience. *Journal of Consumer Behaviour*, 7, 272-292.
Hilton, D. J. 1995 The social context of reasoning: Conversational inference and rational judgment. *Psychological Bulletin*, 118, 248-271.
Hirschman, E. C. & Holbrook, M. B. 1992 Postmodern consumer research: *The study of consumption as text.* Sage.
Holbrook, M. B. & Hirschman, E. C. 1993 The semiotics of consumption: *Interpreting symbolic consumer behavior in popular culture and work of art.* Mouton de Gruyter.
Isen, A. M. and Means, B. 1983 The influence of positive affect on decision making strategy. *Social Cognition*, 2, 18-31.
Kahneman, D. & Tversky, A. 1979 Prospect theory: An analysis of decision underrisk. *Econometrica*, 47, 263-291.
小嶋外弘 1959 消費者心理の研究 日本生産性本部
小嶋外弘 1986 価格の心理――消費者は何を購入決定の"モノサシ"にするのか ダイヤモンド社
小嶋外弘・赤松潤・濱保久 1983 心理的財布――その理論と実証 DIAMONDハーバードビジネス 8, 19-28.
Kojima, S. 1994 Psychological approach to consumer buying decisions: Analysis of the psychological purse and psychology of price. *Japanese Psychological Research*, 36, 10-19.
Lee, N., Broderick, A. J. & Chamberlain, L 2007 What is 'neuromarketing'? A discussion and agenda for future research, *International Journal of Psychophysiology*, 63, 199-204
McClure, S. M., Li, J., Tomlin, D., Cypert, K. S., Montague, L. M. & Montague, P. M. 2004 Neural Correlates of Behavioral Preference for Culturally Familiar Drinks. *Neuron*, 44, 379-387.
Thaler, R. H. 1985 Mental accounting and consumer choice. *Marketing Science*, 4, 199-214.

Thaler, R. H.　1999　Mental accounting matters. *Jouranal of Behavioral Decision Making*, 12, 183-206.
Takemura, K.　2001　Contingent decision making in the social world. In C. M. Allwood & M. Selart (Eds.), Decision making: Social and creative dimensions.　Dordrecht, The Netherlands: *Kluwer Academic*. p.153-173.
竹村和久　1994　フレーミング効果の理論的説明——リスク下での意思決定の状況依存的焦点モデル　心理学評論　37（3），270-193.
竹村和久　1996　意思決定の心理——その過程の研究　福村出版
竹村和久　2009　行動意思決定論——経済行動の心理学　日本評論社
竹村和久・井出野尚・大久保重孝・松井博史　2008　神経経済学と前頭葉　分子精神医学，8, 35-40.
竹村和久・井出野尚・大久保重孝・小高文總・高橋英彦　2009　消費者の選好に関する神経経済学的研究——認知反応と脳画像解析　日本消費者行動研究学会第 39 回消費者行動研究コンファレンス要旨集, 33-36.
Tversky, A. & Kahneman, D.　1981　The framing decisions and the psychology of choice. *Science*, 211, 453-458.
Tversky, A. & Kahneman, D.　1992　Advances in prospect theory: Cunmulative representation of uncertainty. *Jouranal of Risk and Uncertainty*, 5, 297-323.

■5章

Appleton-Knapp, S. L., Bjork, R. A., & Wickens, T. D.　2005　Examining the spacing effect in advertising: Encoding variability, retrieval processes, and their interaction. *Journal of Consumer Research*, 32, 266-276.
Atkinson, R. C., & Shiffrin, R. M.　1968　Human memory: a proposed system and its control processes. In K. W. Spence & J. T. Spence (Eds.), The Psychology of Leaning and Motivation: *Advances in Research and Theory* (pp.89-195). New York: Academic Press.
Baddeley, A., & Hitch, G.　1974　Working Memory. In G. A. Bower (Eds.), *Recent Advances in Leaning and Motivation*, pp.47-90, Vol 8. New York: Academic Press.
Baddeley, A.　2002　Human Memory: *Theory and Practice*. Hove, UK: Psychology Press.
Bruner, J. S.　1957　On perceptual readiness. *Psychological Review*, 64, 123-152.
Collins, A. M., & Loftus, E. F.　1975　A spreading activation theory of semantic processing. *Psychological Review*, 82, 407-428.
Craik, F. L. M., Tulving, E.　1975　Depth of processing and the retention of words in episodic memory. Journal of Experimental Psychology: *General*, 104, 268-294.
Eagly, A. H., & Chaiken, S.　1984　Cognitive theories of persuasion, L. Berkowitz (Ed.). *Advances in Experimental Social Psychology* (pp. 268-361). Orlando FL: Academic Press.
Fennis, B. M., & Stroebe, W.　2010　*The Psychology of Advertising*. Psychology Press.
Greenwald, A. G., & Leavitt, C.　1984　Audience involvement in advertising: For levels. *Journal of Consumer Research*, 11, 581-592.
箱田裕司・都築誉史・川畑秀明・萩原滋　2011　認知心理学　New Liberal Arts Selection　有斐閣
Hastie, R., & Park, B.　1986　The relationship between memory and judgment depends on whether the judgment task is memory-based or on-line. *Psychological Review*, 93, 259-268.
Hawkins, S. A., & Hoch, S.　1992　Low-involvement leaning: Memory without evaluation. *Journal of Consumer Research*, 19, 212-225.
Herr, P. M.　1989　Priming price: Prior knowledge and context effects. *Journal of Consumer Research*, 16, 67-75.
Hoyer, W. D., & MacInnis, D. J.　2008　*Consumer Behavior*, 5th Ed. South-Western.
池田謙一・唐沢穣・工藤恵理子・村本由紀子　2010　社会心理学　New Liberal Arts Selection　有斐閣
Janiszewski, C.　1988　Preconscious processing effects: The independence of attitude formation and

conscious thought. *Journal of Consumer Research*, 15, 199-209.
Janiszewski, C. 1990 The influence of print advertisement organization on affect toward a brand name. *Journal of Consumer Research*, 17, 53-65.
Janiszewski, C. 1993 Preattentive mere exposure effects. *Journal of Consumer Research*, 20, 376-392.
Kardes, F. R. 2002 Consumer Behavior and Managerial Decision Marking (2nd edn) *Upper Saddle River*, NJ: Prentice Hall
Kumar, A., & Krishman, S. 2004 Memory interference in advertising: A replication and extension. *Journal of Consumer Research*, 30, 602-611.
Kunst-Wilson, W. R., & Zajonc, R. B. 1980 Affective discrimination of stimuli that cannot be recognized. *Science*, 207, 557-558.
Lee, A. Y. 2002 Effects of implicit memory on memory-based versus stimulus-based brand choice. *Journal of Marketing Research*, 39, 440-453.
McGuire, W. J. 1985 Attitudes and attitude change. In G. Lindzey & E. Aronson (Eds.), *Handbook of Social Psychology*, 3rd edn (Vol. 2, pp.233-346). New York: Random House.
宮本聡介・太田信夫（編） 2008 単純接触効果研究の最前線 北大路書房
Nickerson, R. S. & Adams, M. L. 1979 Long-term memory for a common object. *Cognitive Psychology*, 11, 287-307.
Shapiro, S. 1999 When an ad's influence is beyond our conscious control: Perceptual and conceptual fluency effects caused by incidental ad exposure. *Journal of Consumer Research*, 26, 16-36.
高橋陽太郎（編） 1995 記憶（認知心理学2） 東京大学出版会
Wanke, M., Bless, H., & Biller, B. 1996 Subjective experience versus content of information in the construction of attitude judgments. *Personality and Social Psychology Bulletin*, 22, 1105-1113.
Wheeler, S. C., Petty, R. E., & Bizer, G. Y. 2005 Self-schema matching and attitude change: Situational and dispositional determinants of message elaboration. *Journal of Consumer Research*, 31, 787-797.
Yoo, C. Y. 2008 Unconscious processing of Web advertising: Effects on implicit memory, attitude toward the brand, and consideration set. *Journal of Interactive Marketing*, 22, 2-18.

■6章

Adaval, R. 2003 How good gets better and bad gets worse: Understanding the impact of affect on evaluations of known brands. *Journal of Consumer Research*, 30 (3), 352-367.
Bodenhausen, G. V., Sheppard, L. A., & Kramer, G. P. 1994 Negative affect and social judgment: The differential impact of anger and sadness. *European Journal of Social Psychology*, 24 (1), 45-62.
Carmon, Z., Wertenbroch, K., & Zeelenberg, M. 2003 Option attachment: When deliberating makes choosing feel like losing. *Journal of Consumer research*, 30 (1), 15-29.
Cohen, J. B., Pham, M. T., & Andrade, E. B. 2008 The nature and role of affect in consumer behavior. In C. P. Haugtvedt, P. Herr, & F. Kardes (Eds.), *Handbook of consumer psychology* (pp. 297-348). New York: Lawrence Erlbaum Associates.
Ditto, P. H., Pizarro, D. A., Epstein, E. B., Jacobson, J. A., & MacDonald, T. K. 2006 Visceral influences on risk-taking behavior. *Journal of Behavioral Decision Making*, 19 (2), 99-113.
道家瑠見子 2010 自分の将来の感情の予測 海保博之・松原望（監修） 感情と思考の科学事典 朝倉書店
Gorn, G. J., Goldberg, M. E., & Basu, K. 1993 Mood, awareness, and product evaluation. *Journal of Consumer Psychology*, 2 (3), 237-256.
Haire, M. 1950 Projective techniques in marketing research. *Journal of Marketing*, 14 (5), 649-652.
Hsee, C. K., & Rottenstreich, Y. 2004 Music, pandas, and muggers: On the affective psychology of value. *Journal of Experimental Psychology: General*, 133 (1), 23-30.
井上哲浩 2010 消費者行動把握における定性調査法 池尾恭一・青木幸弘・南知恵子・井上哲浩（著）

マーケティング　有斐閣
Kahneman, D., & Thaler, R. H.　2006　Anomalies: Utility maximization and experienced utility. *Journal of Economic Perspectives*, 20（1）, 221-234.
Kahneman, D., Fredrickson, B. L., Schreiber, C. A., & Redelmeier, D. A.　1993　When more pain is preferred to less: Adding a better end. *Psychological Science*, 4（6）, 401-405.
河合伊六　1976　動物の行動と動機　吉田正昭・祐宗省三（編）　動機づけ・情緒（心理学3）　有斐閣
小嶋外弘　1972　新消費者心理の研究　日本生産性本部
Iyengar, S. S., & Lepper, M. R.　2000　When choice is demotivating: Can one desire too much of a good thing. *Journal of Personality and Social Psychology*, 79（6）, 995-1006.
Maslow, A. H.　1970　*Motivation and personality*. (2nd ed.) Harper & Low.（小口忠彦〔訳〕　1971　人間性の心理学　産能大学出版会）
Lewin, K.　1935　*A dynamic theory of personality*. McGraw-Hill.（相良守次・小川隆〔訳〕　1957　パーソナリティの力学説　岩波書店）
Loewenstein, G. F., Weber, E. U., Hsee, C. K., & Welch, N.　2001　Risk as feelings. *Psychological Bulletin*, 127（2）, 267-286.
牧田亮　1994　消費者行動の定性的アプローチ　飽戸弘（編）　消費行動の社会心理学　福村出版
松山義則　1967　モチベーションの心理　誠信書房
丸岡吉人　2000　消費者の価値意識――マクロとミクロの視点から　竹村和久（編）　消費行動の社会心理学　北大路書房
南智恵子・小川孔輔　2010　日本版顧客満足度指数（JCSI）のモデル開発とその理論的な基礎　季刊マーケティングジャーナル, 30（1）, 4-19.
中谷内一也　2003　環境リスク心理学　ナカニシヤ出版
小川時洋・門地里絵・菊谷麻美・鈴木直人　2000　一般感情尺度の作成　心理学研究, 70（3）, 241-246.
Parasuraman, A., Zeithaml, V. A., & Berry, L. L.　1988　SERVQUAL: A multiple-item scale for measuring consumer perceptions of service quality. *Journal of Retailing*, 64（1）, 12-40.
Pham, M. T.　2007　Emotion and rationality: A critical review and interpretation of empirical evidence. *Review of General Psychology*, 11（2）, 155-178.
Pham, M. T., Cohen, J. B., Pracejus, J., & Hughes, G. D.　2001　Affect monitoring and the primacy of feelings in judgment. *Journal of Consumer Research*, 28（2）, 167-188.
Raghunathan, R., & Irwin, J.　2001　Walking the hedonic product treadmill: Default contrast and mood-based assimilation in judgments of predicted happiness with a target product. *Journal of Consumer Research*, 28（3）, 355-368.
Reynolds, T. J., & Gutman, J.　1988　Laddering theory, method, analysis, and interpretation. *Journal of Advertising Research*, 28（1）, 11-31.
Rick, S., & Loewenstein, G.　2008　The role of emotion in economic behavior. In M. Lewis, J. M. Haviland-Jones, & L. F. Barrett（Eds.）, *Handbook of emotions*, 3rd ed.（pp.38-156）. New York: Guilford Press.
佐藤徳・安田朝子　2001　日本語版 PANAS の作成　性格心理学研究, 9（2）, 138-139.
Schwarz, N.　1990　Feelings as information: Informational and motivational functions of affective states In E. T. Higgins & R. M. Sorrentino（Eds.）, *Handbook of motivation and cognition: Foundations of social behavior*（Vol. 2, pp. 527-561）. New York: Guilford Press.
Schwarz, N., & Clore, G. L.　1988　How do I feel about it? Information function of affective states. In K. Fiedler & J. Forgas（Eds.）, *Affect, cognition and social behavior*（pp. 44-62）. Toronto: Hogrefe International.
Shampanier, K., Mazar, N., & Ariely, D.　2007　Zero as a special price: The true value of free products. *Marketing Science*, 26（6）, 742-757.
Shiv, B., & Fedorikhin, A.　1999　Heart and mind in conflict: The interplay of affect and cognition in

consumer decision making. *Journal of Consumer Research*, 26 (3), 278-278.
田尾雅夫 1993 モチベーション入門 日本経済新聞社
田中洋 2008 消費者行動論体系 中央経済社
Watson, D., Clark, L. A., & Tellegen, A. 1988 Development and validation of brief measures of positive and negative affect: The PANAS scales. *Journal of Personality and Social Psychology*, 54 (6), 1063-1070.
Wilson, T. D., & Gilbert, D. T. 2003 Affective Forecasting. In M. P. Zanma (Ed.), *Advances in experimental social psychology* (Vol. 35, pp. 345-411). San Diego, CA: Academic Press.
Wilson, T. D., Meyers, J., & Gilbert, D. T. 2003 "How happy was I, anyway?" A retrospective impact bias. *Social Congnition*, 21 (6), 421-446.
Zaltman, G. 2003 *How customers think: Essential insights into the mind of the market*. Harvard Business School Press.（藤川佳則・阿久津聡〔訳〕 2005 心脳マーケティング 顧客の無意識を解き明かす ダイヤモンド社）
Zaltman, G., & Coulter, R. H. 1995 Seeing the voice of the customer: Metaphor-based advertising research. *Journal of Advertising Research*, 35 (4), 35-51.

■7章

Ajzen, I. 1991 The theory of planned behavior. *Organizational Behavior and Human Decision Processes*, 50, 179-211.
Ajzen, I., & Fishbein, M. 1970 The prediction of behavior from attitudinal and normative variables. *Journal of Experimental Social Psychology*, 6, 466-487.
Bandura, A. 1977 Self-efficacy: Toward a unifying theory of behavioral change. *Psychological Review*, 84, 191-215.
Bass, F. M. & Talarzyk, W. W. 1972 An attitudinal model for the study of brand preference. *Journal of Marketing Research*, 9, 93-96.
Belch, G. E. 1982 The effects of television commercial repetition on cognitive response and message acceptance. *Journal of Consumer Research*, 9, 56-65.
Brehm, J. W. 1956 Post-decision changes in the desirability of alternatives. *Journal of Abnormal and Social Psychology*, 52, 384-389.
Brehm, J. W. 1966 *A theory of psychological reactance*. Academic Press.
Chaiken, S. 1980 Heuristic versus systematic information processing and the use of source versus message cues in persuasion. *Journal of personality and social psychology*, 39, 752-766.
Cohen, J. B., Fishbein, M., & Ahtola, O. T. 1972 The nature and use of Expectancy-value models in consumer attitude research. *Journal of Marketing Research*, 9, 456-460.
Fazio, R. H. 1990 Multiple processes by which attitudes guide behavior: The MODE model as an integrative framework. *Advances in Experimental Social Psychology*, 23, 75-109.
Fazio, R. H., Jackson, J. R., Dunton, B. C., & Williams, C. J. 1995 Variability in automatic activation as an unobstrusive measure of racial attitudes: A bona fide pipeline? *Journal of Personality and Social Psychology*, 69, 1013-1027.
Festinger, L. 1957 *A theory of cognitive dissonance*. Stanford University Press.
Fishbein, M. 1963 An investigation of the relationships between beliefs about an object and the attitude toward that object. *Human Relations*, 16, 233-240.
Fishbein, M., & Ajzen, I. 1972 Attitudes and opinions. *Annual Review of Psychology*, 23, 487-544.
Fishbein, M., & Ajzen, I. 1975 *Belief, attitude, intention, and behavior: An introduction to theory and research*. Addison-Wesley.
深田博巳（編著） 2002 説得心理学ハンドブック——説得コミュニケーション研究の最前線 北大路書房
Gardner, D. 1970 The distraction hypothesis in Marketing. *Journal of Advertising Research*, 10, 25-30.

Greenwald, A. G., McGhee, D. E., & Schwartz, J. L. K. 1998 Measuring individual differences in implicit cognition: The implicit association test. *Journal of Personality and Social Psychology*, 74, 1464-1480.
Heider, F. 1958 *The psychology of interpersonal relations*. New York: John Wiley & Sons.
Hovland, C. I. & Weiss, W. 1951 The influence of source credibility on communication effectiveness. *Public Opinion Quarterly*, 15, 635-650.
Hovland, C. I., Janis, I. L., & Kelley, H. H. 1953 *Communication and Persuasion: Psychological studies of opinion change*. Yale University Press. (辻正三・今井省吾〔訳〕 1960 コミュニケーションと説得 誠信書房)
Hovland, C. I., Lumsdaine, A. A., & Sheffield, F. D. 1949 *Experiments on Mass Communication*. Princeton: Princeton Univ. Press.
Jackson, L. A., Hunter, J. E., & Hodge, C. N. 1995 Physical attractiveness and intellectual competence: A meta-analytic review. *Social Psychology Quarterly*, 58, 108-122.
Jones, C. R. M. & Fazio, R. H. 2008 Associative strength and consumer choice behavior. In Haugtvedt, C. P., Herr, P. M., & Kardes, F. R. (Eds.), *Handbook of Consumer Psychology*, 437-459.
Katz, D. 1960 The functional approach to the study of attitudes. *Public Opinion Quarterly*, 24, 163-204.
北村英哉・沼崎誠・工藤恵理子 1995 説得過程におけるムードの効果 感情心理学研究, 2, 49-59.
小島健司 1984 多属性型態度と行動意図モデル 中西正雄(編著) 消費者行動分析のニュー・フロンティア, p.27-76. 誠文堂新光社
Reid, L. N. & Soley, L. C. 1983 Decorative models and the readership of magazine ads. *Journal of Advertising Research*, 12, 27-32.
Leventhal, H. 1970 Findings and theory in the study of fear communication. In L. Berkowitz (Ed.), *Advances in experimental social psychology*. Academic Press. pp.119-186.
Lumsdain, A. A., & Janis, I. L. 1953 Resistance to "counter-propaganda" produced by a one-sided versus a two-sided "propaganda" presentation. *Public Opinion Quarterly*, 17, 311-318.
Petty, R. E., & Cacioppo, J. T. 1986 *Communication and Persuasion: Central and Peripheral Routes to Attitude Change*. New York: Springer-Verlag.
Rosenberg, M. J. 1956 Cognitive structure and attitudinal affect. *Journal of Abnormal and Social Psychology*, 53, 367-372.
Schwarz, N. 1990 Feelings as information: Informational and motivational functions of affective states. In E. T. Higgins & R. Sorrentino (Eds.), *Handbook of motivation and cognition: Foundations of social behavior* (Vol. 2). Guilford Press. pp. 527-561.
Solomon, M. R. 2011 *Consumer behavior - buying, having, and being*. Pearson.
杉本徹雄 1982 多属性態度モデルの妥当性研究 実験社会心理学研究, 37-48.
Wicker, A. W. 1969 Attitudes versus actions: The relationship of verbal and overt behavioral responses to attitude objects. *Journal of Social Issues*, 25, 41-78.
Weinberger, M. G., & Campbell, L. 1991 The use and impact of humor in radio advertising. *Journal of Advertising Research*, 31, 44-52.
Zajonc, R. B. 1968 Attitudinal effects of mere exposure. *Journal of Personality and Social Psychology*, 9, 1-27.

■8章

Assael, H. 2004 *Consumer behavior: A strategic approach*. Houghton Mifflin.
Batra, R. & Ray, M. L. 1986 Situational effects of advertising repetition: The moderating influence of motivation, ability, and opportunity to respond. *Journal of Consumer Research*, 12, 432-445.
Blackwell, R. D., Miniard, P. W., & Engel, J. F. 2001 *Consumer behavior* (9th ed.). South-Western

Pub.
小嶋外弘・杉本徹雄・永野光朗　1985　製品関与と広告コミュニケーション効果　広告科学, 11, 34-44.
Krugman, H. E.　1965　The impact of television advertising: Learning without involvement. *Public Opinion Quarterly*, 29, 349-356.
Krugman, H. E.　1977　Memory without recall, exposure without perception. *Journal of Advertising Research*, 17, 7-12.
Laurent, G. & Kapferer, J. N.　1985　Measuring consumer involvement profiles. *Journal of Marketing Research*, 22 (February), 41-53.
中川秀和　1994　購買行動と関与　飽戸弘（編）　消費者行動の社会心理学　福村出版　pp. 120-151.
Peter, J. P. & Olson, J. C.　2010　*Consumer behavior and marketing strategy*. Mcgraw-Hill.
Petty, R. E., Cacioppo, J. T., & Schumann, D.　1983　Central and peripheral routes to advertising effectiveness: The moderating role of involvement. *Journal of Consumer Research*, 10, 135-146.
Sherif, M. & Hovland, C. I.　1961　Social judgment: *Assimilation and contrast effects in communication and attitude change*. Yale University Press.
Simonson, I.　1990　The effect of purchase quantity and timing on variety-seeking behavior. *Journal of Marketing Research*, 27 (May), 150-162.
Solomon, M. R.　2002　*Consumer behavior: Buying, having, and being* (5th ed.). Prentice Hall.
Zaichkowsky, J. L.　1985　Measuring the involvement construct. *Journal of Consumer Research*, 12 (December), 341-352.
Zaichkowsky, J. L.　1986　Conceptualizing involvement. *Journal of Advertising*, 15 (2), 4-14,34.

■9章
飽戸弘　1987　新しい消費者のパラダイム　中央経済社
Allport, G. W.　1943　The ego in contemporary psychology. *Psychological Review*, 50, 451-478.
Bettman, J. R.　1979　*An information processing theory of consumer choice*. Addison-Wesley.
Capon, N., & Burke, M.　1980　Individual, product class, and task-related factors in consumer information processing. *Journal of Consumer Research*, 7, 314-326.
Capon, N., & Kuhn, D.　1980　A developmental study of consumer information-processing strategies. *Journal of Consumer Research*, 7, 225-233.
Cohen, J. B.　1967　An interpersonal orientation to the study of consumer behavior. *Journal of Marketing Research*, 4, Pp.270-278.
Donnelly, J. H.　1970　Social character and acceptance of new products. *Journal of Marketing Research*, 7, Pp.111-113.
Edwards, A. L.　1954　*Edwards Personal Preference Schedule Manual*. New York: Psychological Corporation.
Evans, F. B.　1959　Psychological and objective factors in the prediction of brand choice: Ford versus Chevrolet. *Journal of Business*, 32, Pp.340-369.
Frank, R. E., Massy, W. L., & Lodahl, T. M.　1969　Purchasing behavior and personal attitudes. *Journal of Advertising Research*, 9, Pp.15-24.
Henry, W. A.　1980　The effect of information-processing ability on processing-accuracy. *Journal of Consumer Research*, 7, 42-48.
Horney, K.　1937　*Neurotic Personality in Our Times*. New York: Norton.
井関利明　1979　ライフスタイル概念とライフスタイル分析の展開　ライフスタイル全書　ダイヤモンド社
Kassarjian, H. H.　1965　Social character and differntial prefernce for mass communication. *Journal of Marketing Research*, 2, Pp.146-153.
Kassarjian, H. H.　1971　Personality and consumer behavior: A review. *Journal of Marketing Research*,

15, 532-544.
小嶋外弘　1976　マーケット・セグメンテーションの展開と戦略上の問題点　小嶋外弘・村田昭治（編）マーケット・セグメンテーションの新展開　ダイヤモンド社
国生理枝子　2001　ライフスタイルと広告・プロモーションへの態度によるコンシューマ・インサイト――首都圏の消費者調査オリコム SCR2000 より　『日経広告研究所報』, 195, 25-31.
Lewin, K.　1935　*A dynamic theory of personality*. New York: McGraw-Hill
Riesman, D.　1950　*The Lonely Crowd*. Yale University Press.
佐々木土師二　1984　消費者購買態度の合理性と情緒性の測定――REC scale の確定的構成とその妥当性分析　関西大学社会学部紀要, 第16巻第1号, Pp.1-26.
Spranger, E.　1921　Lebensformen: *Geisteswissenschaftliche Psychologie und Ethik der Pers nlichkeit*, 2. Aufl. Tu bingen: Max Niemeyer.（シュプランガー, E.　伊勢田耀子〔訳〕　1961　文化と性格の諸類型　明治図書）
Tucker, W. T., & Painter, J. J.　1961　Personality and product use. *Journal of Applied Psychology*, 45, Pp.325-329.
Westfall, R.　1962　Psychological factors in predicting product choice. *Journal of Marketing*, 26, Pp.34-40.
William, D. W., & Douglas, J. T.　1971　Activities, Interests, and Opinions. *Journal of Advertising Research*, 11, Pp.27-35.
Woodside, A. G.　1968　Social character, product use and advertising appeals. *Journal of Advertising Research*, 8, Pp.31-35.

■10章

青木幸弘　1989　店頭研究の展開方向と店舗内購買行動分析　田島義博・青木幸弘（編著）　店頭研究と消費者行動分析　誠文堂新光社
Belk, R. W.　1974　An exploratory asessment of situational effects in buyer behavior. *Journal of Marketing Research*, 11, Pp.156-163.
Belk, R. W.　1975　Situational variables and consumer variables. *Journal of Consumer Research*, 2, 157-163.
Bellizzi, J. A., Crowley, A. E., & Hasty, R. W.　1983　The effects of color in store design. *Journal of Retailing*, Pp.21-45.
Burger, J. M.　1986　Increasing compliance by improving the deal: The that's-not-all technique. *Journal of Personality and Social Psychology*, 51, 277-283.
Burger, J. M., & Petty, R. E.　1981　The low-ball technique: Task or person commitment? *Journal of Personality and Social Psychology*, 40, 491-500.
Cialdini, R. B.　2001　*Influence and practice*（4th ed.）（社会行動研究会〔訳〕　2007　影響力の武器（第2版）――なぜ, 人は動かされるのか　誠信書房）
Cialdini, R. B., Vincent, J. E., Lewis, S. K., & Catalar, J., Wheeler, D., & Darley, B. L.　1975　Reciprocal consessions procedure for inducing compliance: The door-in-the-face techinique. *Journal of Personality and Social Psychology*, 31, 206-215.
Dickson, P. R.　1982　Person-situation: Segmentation's missing link. *Journal of Marketing*, 6, Pp.56-64.
Engel, J. F., Blackwell, R. D., & Miniard, P. W.　1993　*Consumer Behavior*（7th ed.）. New York: Dryden Press.
Freedman, J. L. & Fraser, S. C.　1966　Compliance without Pressure: The foot-ib-the-door technique. *Journal of Personality and Social Psychology*, 4, 195-202.
Hansen, F.　1972　Consumer Choice Behavior: *A cognitive theory*. New York: Free Press.
Harrell, G. D., Hutt, M. D., & Anderson, J. C.　1980　Path analysis of buyer behavior under conditions of cowding. *Journal of Marketing Research*, 17, Pp.45-51.
Hornik, J.　1982　Situational effects on the consumption of time. *Journal of Marketing*, 46, Pp.44-55.
Hornik, J.　1988　Diurnal variation in consumer response. *Journal of Consumer Research*, 14, Pp.588-591.
伊藤忠ファッションシステム　1996　おしゃれ消費トレンド――次なるマーケットは母娘が決める

PHP 研究所
Lewin, K. 1935 *A dynamic theory of personality*. New York: McGraw-Hill.
Milliman, R. E. 1982 Using background music to affect the behavior of supermarket shoppers. *Journal of Makeing*, 46, Pp.86-91.
永野光朗 1988 購買状況の計量分析 同志社心理, 35, Pp.61-66.
中谷内一也 1993 消費者心理の落し穴――催眠商法の誘導テクニック (1), 『繊維製品消費科学』, 第34巻第2号, Pp.66-70.
Nisbett, R. E., & Kanouse, D. E. 1969 Obesity, food deprivation, and supermarket shopping behavior. *Journal of Personality and Social Psychology*, 12, Pp.289-294.
大槻博 1986 店頭マーケティング 中央経済社
大槻博 1991 店頭マーケティングの実際 日本経済新聞社
Russell, J. A., & Mehrabian, A. 1976 Environmental variables in consumer research. *Journal of Consumer Research*, 3, Pp.62-64.
Wilkie, W. L. 1994 *Consumer behavior* (3rd ed.). John Willey & Sons.
Woodside, A. & Motes, W. 1979 *Husband and wife perceptions of marital roles in consumer decision processes for six products*. AMA Educators' Products.

■11章
Basuroy, S., Chatterjee, S., & Ravid, S. A. 2003 How critical are critical reviews? The box office effects of film critics, star power, and budgets. *Journal of Marketing*, 67, 103-117.
Baumeister, R., Bratslavsky, E., Finkenauer, C., & Vohs, K. 2001 Bad is Stronger than Good. *Review of General Psychology*, 5 (4), 323-370.
Blackwell, R. D., Miniard, P. W., & Engel, J. F. 2006 *Consumer behavior 10th edition*. Thomson southwestern.
Brown, J. J. & Reingen, P. H. 1987 Social Ties and Word-of-Mouth Referral Behavior. *Journal of Consumer Research*, 14, 350-362.
Cantrill, H. 1940 斎藤耕二・菊池章夫 (訳) 1985 火星からの侵入――パニックの社会心理学 川島書店
Commercial Alert 2005 P&G 'Buzz Marketing' Unit Hit With Complaint. (http://www.commercialalert.org/issues/culture/buzz-marketing/pg-buzz-marketing-unit-hit-with-complaint)
Defleur, M. L. & Ball-Rokeach, S. J. 1989 *Theories of Mass Communication 5th edition*, Longman. (柳井道夫・谷藤悦史 (訳) 1994 マス・コミュニケーションの理論 敬文堂)
Dodds, P. S., Muhamad, R., Watts, D. J. 2003 An experimental study of search in global social networks. Science, 301, 827-829.
East, R., Hammond, K. & Wright, M. 2007 The Relative incidence of positive and negative word of mouth: A multi-category study. *International Journal of Research in Marketing*, 24, 175-184.
Engel, J. F., Blackwell, R. D. & Miniard, P. W. 1995 *Consumer Behavior, 8th edition*. Dryden Press.
Evans, M., Jamal, A., & Foxall, G. 2009 *Consumer Behavior 2nd edition*. John Wiley & Sons.
Feick, L. F., & Price, L. L. 1987 The market maven: A diffuser of marketplace information. *Journal of Marketing*, 51, 83-97.
深田博巳 1998 インターパーソナル・コミュニケーション――対人コミュニケーションの心理学 北大路書房
Granovetter, M. S. 1973 The strength of weak ties. *American Journal of Sociology*, 78, 1360-1380. (野沢慎司〔編・監訳〕2006 リーディングス ネットワーク論――家族・コミュニティ・社会関係資本 勁草書房)
濱岡豊・里村卓也 2009 消費者間の相互作用についての基礎研究――クチコミ, eクチコミを中心に 慶応義塾大学出版会

Herr, P. M., Kardes, F. R., Kim, J. 1991 Effects of word-of-mouth and product-attribute information on persuasion: An accessibility-diagnosticity perspective. *Journal of Consumer Research*, 17, 454-462.

Holmes, J. H. & Lett, J. D. Jr. 1977 Product Sampling and Word of mouth. *Journal of Advertising Research*, 17, 35-40.

Hoyer, W. D. & Macinnis, D. J. 2010 *Consumer behavior 5th edition*. South-Western Cengage Learning.

池田謙一　2000　コミュニケーション　東京大学出版

池田謙一（編）　2010　クチコミとネットワークの社会心理――消費と普及のサービスイノベーション研究　東京大学出版

Iyengar, Sheena S. & Lepper, Mark R. 2000 When choice is demotivating: Can one desire too much of a good thing? *Journal of Personality and Social Psychology*, 79, 995-1006.

Kats, E. & Lazarsfeld, P. F. 竹内郁郎（訳）　1965　パーソナル・インフルエンス――オピニオン・リーダーと人々の意思決定　培風館

金相美　2009　文化とインターネット（第9章）　三浦麻子・森尾博昭・川浦康至（編）　インターネット心理学フロンティア――個人・集団・社会　誠信書房

岸志津江・田中洋・嶋村和恵　2000　現代広告論　有斐閣

Laczniak, R. N., DeCarlo, T. E., & Ramaswami, S. N. 2001 Consumers' responses to negative word-of-mouth communication: An attribution theory perspective. *Journal of Consumer Psychology*, 11, 57-73.

McCombs, M. E. & Shaw, D. L. 1972 The Agenda-Setting Function of Mass Media. *Public Opinion Quarterly*, 36, 176-187.

Milgram, S. 1967 The Small World Problem. *Psychology Today*, 60-67.（野沢慎司〔編・監訳〕2006 リーディングス　ネットワーク論――家族・コミュニティ・社会関係資本　勁草書房）

宮田加久子　2000　インターネットを通じた消費者間コミュニケーション過程（第6章）　竹村和久（編）　消費行動の社会心理学――消費する人間のこころと行動（シリーズ21世紀の社会心理学）　北大路書房

宮田加久子・池田謙一（編）　2008　ネットが変える消費者行動――クチコミの影響力の実証分析　NTT出版

Mizerski, R. W. 1982 An attribution explanation of the disproportionate influence of unfavorable information. *Journal of Consumer Research*, 9, 301-310.

日本社会心理学会（編）　2009　社会心理学事典　丸善

仁科貞文（監修）　1991　新広告心理　電通

Rogers, E. M. 1962 *Diffusion of Innovations*. Glencoe: Free Press.（三藤利雄〔訳〕2007 イノベーションの普及　翔泳社）

Rozin, P., & Royzman, E. B. 2001 Negativity bias, negativity dominance, and contagion. *Personality and Social Psychology Review*, 5, 296-320.

Schindler, R. M. & Bickart, B. 2005 Published Word of Mouth: Referable, Consumer-Generated Information on the Internet. In C. P. Haugtvedt, K. A. Machleit, & R. F. Yalch, (Eds.), Online Consumer Psychology. Routledge.

Solomon, M. R. 2011 *Consumer Behavior 9th edition; buying, having, and being*. Prentice Hall.

杉本徹雄（編）　1997　消費者理解のための心理学　福村出版．

杉谷陽子　2011　消費者の態度における感情と認知――「強い」ブランドの態度構造の検討　消費者行動研究，17, 143-166.

Sundaram, D. S. & Webster, C. 1999 The role of brand familiarity on the impact of word-of-mouth communication on brand evaluations. *Advances in Consumer Research*, 26, 664-670.

田路則子　2002　クチコミ伝播のプロセスとジレンマ　マーケティングジャーナル，85, 30-42.

竹之内祥子　2010　消費パラダイムシフトの現場（第5回）　*Ad Studies*, 34, 48-50.

田崎篤郎・児島和人（編）　1992　マス・コミュニケーション効果研究の展開　北樹出版

Walker, C. 1995 Word of mouth. *American Demographics*, 17 (7), 38-43.
Walsh, G., Gwinner, K. P., & Swanson, S. R. 2004 What makes mavens tick? Exploring the motives of market mavens' initiation of information diffusion. *Journal of Consumer Marketing*, 21, 109-122
Watts, D. J. & Dodds, P. S. 2007 Influentials, networks, and public opinion formation. *Journal of Consumer Research*, 34, 441-458.
Wetzer, I. M., Zeelenberg, M. & Pieters, R. 2007 Never eat in that restaurant, I did!: Exploring why people engage in negative word-of-mouth communication. *Psychology & Marketing*, 24, 661-680.

■12章

Alden, D. L., Steenkamp, J. E. M., & Batra, R. 1999 Brand positioning through advertising in Asia, North America, and Europe: The role of global consumer culture. *Journal of Marketing*, 63 (1), 75-87.
Allen, M. W., Gupta, R., & Monnier, A. 2008 The interactive effect of cultural symbols and human values on taste evaluation. *Journal of Consumer Research*, 35 (2), 294-308.
Arnould, E. J. & Thompson, C. J. 2005 Consumer culture theory (CCT): Twenty years of research. *Journal of Consumer Research*, 31 (4), 868-882.
Arnould, E. & Thompson, C. 2007 Consumer culture theory (and we really mean *theoretics*): Dilemmas and opportunities posed by an academic branding strategy. In R. W. Belk & J. F. Sherry, Jr. (Eds.), *Research in Consumer Behavior*, Vol. 11, Consumer Culture Theory. Elsevier. pp. 3-22.
Elle à Table 2010 Pâtisseries Japonaises, Juillet - Août, 24-25.
Hawaiian Host, About Us, The Hawaiian Host Story (http://www.hawaiianhost.com).
Henry, P. C. 2005 Social class, market situation, and consumers' metaphors of (dis)empowerment. *Journal of Consumer Research*, 31 (4), 766-778.
Holbrook, M. B. & Grayson, M. W. 1986 The semiology of cinematic consumption: Symbolic consumer behavior in *Out of Africa*. *Journal of Consumer Research*, 13 (3), 374-381.
石出みどり・石出法太 2005 これならわかるハワイの歴史Q&A 大月書店
Keegan, W. J. & Green, M. C. 2005 *Global Marketing* (4th ed.), Pearson Prentice Hall.
Kjeldgaard, D. & Askegaard, S. 2006 The globalization of youth culture: The global youth segment as structures of common difference. *Journal of Consumer Research*, 33 (2), 231-247.
国土交通省 総合政策局観光化事業 平成20年7月 海外旅行者満足度・意識調査報告 (http://www.mlit.go.jp/report/press/kanko06_hh_000011.html)
丸谷雄一郎 2006 グローバル・マーケティング 創成社
松井剛 2010 書評 R. W. Belk & J. F. Sherry, Jr. (Eds.) Consumer culture theory (*Research in consumer behavior*, Volume 11) 消費者行動研究, 17 (1), 111-119.
MAUNA LOA (Mauna Loa Macadamia Nut Corporation), ABOUT MAUNA LOA (http://www.maunaloa.com/about/history.asp).
マクラッケン, G. 小池和子 (訳) 1990 文化と消費とシンボルと 勁草書房
水野誠 2006 日本人の階層帰属意識とその生活・消費意識へのインパクト 消費者行動研究, 13 (1), 57-77.
Monga, A. B. & John, D. R. 2007 Cultural differences in brand extension evaluation: The influence of analytic versus holistic thinking. *Journal of Consumer Research*, 33 (4), 529-536.
諸上茂登・藤沢武史 2004 グローバル・マーケティング (第2版) 中央経済社
中村紘子 2011 「名古屋の喫茶」広げる 読売新聞 (朝刊) 4月4日付4面
Nisbett, R. E., Peng, K., Choi, I. & Norenzayan, A. 2001 Culture and systems of thought: Holistic versus analytic cognition. *Psychological Review*, 108 (2), 291-310.
Okazaki, S. & Mueller, B. 2008 Evolution in the usage of localized appeals in Japanese and American print advertising. *International Journal of Advertising*, 27 (5), 771-798.
プラート, カロラス・三浦ふみ 2006 消費者行動と広告における文化的影響 田中洋・清水聰 (編)

消費者・コミュニケーション戦略［現代のマーケティング戦略④］　有斐閣　pp. 269-307.
Schau, H. J., Gilly, M. C., & Wolfinbarger, M.　2009　Consumer Identity Renaissance: The resurgence of identity-inspired consumption in retirement. *Journal of Consumer Research*, 36 (2), 255-276.
Schouten, J. W. & McAlexander, J. H.　1995　Subcultures of consumption: An ethnography of the new bikers. *Journal of Consumer Research*, 22 (1), 43-61.
Sherry, J. F., Jr. & Camargo, E. G.　1987　"May your life be marvelous:" English language labelling and the semiotics of Japanese promotion. *Journal of Consumer Research*, 14 (2), 174-188.
Solomon, M. R.　2009　*Consumer behavior: Buying, having, and being* (8th ed.). Pearson Education, Inc.
総務省　統計局　家計調査（http://www.stat.go.jp/data/kakei/5.htm）
津上英輔　2010　あじわいの構造　感性化時代の美学　春秋社
角田潤　2005　ヴィンテージアロハシャツ　枻出版社
Ulver, S.　2006　Consumers' accounts re-producing the cultural contradiction of global shopping brands -A socio-cultural level of analysis. In K. M. Ekstrom & H. Brembeck (Eds.), *European Advances in Consumer Research*, 7, 12-17.
Valenzuela, A., Mellers, B., & Strebel, J.　2010　Pleasurable surprises: A cross-cultural study of consumer responses to unexpected incentives. *Journal of Consumer Research*, 36 (5), 792-805.
渡部千春（著）日経デザイン（編）　2010　日本ブランドが世界を巡る　日経BP社
Wedge　2011　アサヒビール，サントリー，キリンビール　上司の固定観念を乗り越える　株式会社ウエッジ，4月号，38-39.
矢口祐人　2002　ハワイの歴史と文化　中央公論新社
読売新聞（朝刊）　2011　充実モーニングで激戦　3月3日付35面
Zhang, Y. & Khare, A.　2009　The impact of accessible identities on the evaluation of global versus local products. *Journal of Consumer Research*, 36 (3), 524-537.

人名索引

A
阿部周造　29
Abelson, R. P.　70
Adams, M. L.　79
Adaval, R.　114
Ahtola, O. T.　121
Ajzen, I.　122, 124
赤松　潤　65
飽戸　弘　35, 163
Alden, D. L.　211
Allen, M. W.　207
Allport, G. W.　155
Anderson, J. C.　171
Andrade, E. B.　107
青木幸弘　18, 36, 172
Appleton-Knapp, S. L.　97
Areni, C. S.　70
Ariely, D.　110
Arnould, E. J.　204, 210
Askegaard, S.　215
Assael, H.　141-145
Atkinson, R. C.　77, 78

B
Baddeley, A.　79
Ball-Rokeach, S. J.　195
Basu, K.　114
Basuroy, S.　187
Batra, R.　145
Batra, R.　212
Baumeister, R.　188
Beach, L. R.　71
Belch, G. E.　132
Belk, R. W.　168
Bellizzi, J. A.　170
Berry, L. L.　108
Bettman, J. R.　34, 41-42, 46-48, 52, 58, 69-71, 73, 258
Bickart, B.　183
Bjork, R. A.　97
Blackwell, R. D.　32, 50, 70, 139, 141, 169, 184-186, 196, 198
Bodenhausen, G. V.　114
Bratslavsky, E.　188
Brehm, J. W.　129, 133
Broderick, A. J.　74
Brown, J. J.　193

Bruner, J. S.　83
Burger, J. M.　176, 177
Burke, M.　158

C
Cacioppo, J. T.　124, 134, 148
Camargo, E. G.　205
Campbell, L.　133
Cantrill, H.　194
Capon, N.　158, 159
Carmon, Z.　113
Chaiken, S.　94
Chaiken, S.　124
Chamberlain, L.　74
Chatterjee, S.　187
Choi, I.　206
Cialdini, R. B.　176, 177
Clark, L. A.　107
Clore, G. L.　113
Cohen, J. B.　70, 107, 108, 110, 112, 114, 121, 156
Collins, A. M.　83
Coulter, R. H.　106
Craik, F. I. M.　79
Crowley, A. E.　170

D
DeCarlo, T. E.　188
Defleur, M. L.　195
Dickson, P. R.　171
Ditto, P. H.　111
Dodds, P. S.　194, 197
Donnelly, J. H.　156
Drucker, P. F.　18
Dunton, B. C.　126

E
Eagly, A. H.　94
East, R.　187
Edwards, A. L.　157
Engel, J. F.　32, 50, 70, 169, 184, 185
Epstein, E. B.　111
Evans, F. B.　157
Evans, M.　196

F
Fazio, R. H.　125, 126
Fedorikhim, A.　111

Feick, L. F.　197, 198
Fennis, B. M.　88
Festinger, L.　129
Finkenauer, C.　188
Fishbein, M.　118, 121, 122
Foxall, G.　196
Frank, R. E.　157
Fraser, S. C.　176
Fredrickson, B. L.　109
Freedman, J. L.　176
Fugate, D. L.　74
藤沢武史　212
深田博巳　129, 131, 133

G
Gardner, D.　133
Gilbert, D. T.　109, 110
Gilly, M.C.　210
Goldberg, M. E.　114
Gorn, G. J.　114
Granovetter, M. S.　193
Grayson, M. W.　205
Green, M. C.　213
Greenwald, A. G.　91, 125, 126
Gupta, R.　207
Gutman, J.　106
Gwinner, K. P.　198

H
Haire, M.　103
濱　保久　65
濱岡　豊　186
Hammond, K.　187
Hansen, F.　169
Harrell, G. D.　171
Hastie, R.　94
Hasty, R. W.　170
Hawkins, S. A.　90
林　周二　25
Heider, F.　128
Henry, P. C.　210
Henry, W. A.　158
Herr, P. M.　81, 187
Hirschman, E. C.　73, 74
Hitch, G.　79
Hoch, S.　90
Hodge, C. N.　130
Holbrook, M. B.　73, 74, 205
Holmes, J. H.　185

人名索引

Horney, K.　156
Hornik, J.　168, 171
Hovland, C. I.　130, 132, 138
Howard, J. A.　42, 45, 52, 53
Hoyer, W. D.　187, 193, 198
Hsee, C. K.　111
Hubert, M.　74
Hughes, G. D.　112
Hunter, J. E.　130
Hutt, M. D.　171

I

井出野　尚　174
池田謙一　184, 185, 187, 193, 194, 198
池尾恭一　20, 36
井上哲治　36, 105
Irwin, J.　113
Isen, A. M.　70
石出みどり　208
石出法太　208
Iyengar, S. S.　113, 189
井関利明　159

J

Jackson, J. R.　126
Jackson, L. A.　130
Jacobson, J. A.　111
Jacoby, J.　43
Jamal, A.　196
Janis, I. L.　130, 132
Janiszewski, C.　86
John, D. R.　207
Johnson, E. J.　58, 71
Jones, C. R. M.　125

K

Kahneman, D.　58, 59, 61, 63, 64, 66-68, 74, 109
Kanouse, D. E.　171
Kapferer, J. N.　146
Kardes, F. R.　90, 187
Kassarjian, H. H.　156, 158
Kats, E.　195
Katz, D.　116
河合伊六　100
Keegan, W. J.　213
Keller, K. L.　17, 19
Kelley, H. H.　130
Kenningy, P.　74
Khare, A.　213
菊谷麻美　107
Kim, J.　187

金　相美　191
岸　志津江　186
北村英哉　134
Kjeldgaard, D.　215
児島和夫　194, 195
小島健司　121
小嶋外弘　31, 35, 61, 65-67, 102, 103, 147, 158
国生理枝子　159
Kollat, D. T.　50
Kotler, P.　17, 19
Kramer, G. P.　114
Krishman, S.　97
Krugman, H. E.　137, 138
Krugman, P.　31
工藤恵理子　134
Kuhn, D.　159
Kumar, A.　97

L

Laczniak, R. N.　188
Laurent, G.　146
Lazarsfeld, P. F.　195
Leavitt, C.　91
Lee, A. Y.　95
Lee, N.　74
Lepper, M. R.　113, 189
Lett, J. D. Jr.　185
Leventhal, H.　131
Levi, A.　70
Lewin, K.　112, 152, 167
Lodahl, T. M.　157
Loewenstein, G. F.　111
Loftus, E. F.　83
Loken, B.　35
Lumsdaine, A. A.　132

M

MacDonald, T. K.　111
Macinnis, D. J.　187, 193, 198
牧田　亮　105
丸岡吉人　36, 106
丸谷雄一郎　211
Maslow, A. H.　101
Massy, W. L.　157
松井博史　74
松井　剛　204
松山義則　100
Mazar, N.　110
McAlexander, J. H　209
McCarthy, E. J.　23
McCombs, M. E.　195
McGhee, D. E.　125

McGuire, W. J.　94
Means, B.　70
Mehrabian, A.　168
Mellers, B.　206
Meyers, J.　110
Milgram, S.　194
Milliman, R. E.　170
南　智恵子　36, 108
Miniard, P. W.　32, 50, 70, 169, 184, 185
Mitchell, T. R.　71
Mittal, B.　51
宮田加久子　184, 185, 187, 190, 198
Mizerski, R. W.　187
水野　誠　210
門地里絵　107
Monga, A. B.　207
Monnier, A.　207
諸上茂登　212
Motes, W.　180
Mueller, B.　206
Muhamad, R.　194
Münsterberg, M.　26, 33

N

永野光朗　147, 169
中川秀和　139
中村紘子　211
中西正雄　36
中谷内一也　111, 175
Nickerson, R. S.　79
Nisbett, R. E.　171, 206
仁科貞文　36, 186
Norenzayan, A.　206
沼崎　誠　134

O

小川孔輔　108
小川時洋　107
大久保重孝　74
大槻　博　173, 174
Okazaki, S.　206
Olson, J. C.　138, 139

P

Painter, J. J.　157
Parasuraman, A.　108
Park, B.　94
Payne, J. W.　58, 71
Peng, K.　206
Perreaut, W. D.　23
Peter, J. P.　138, 139

人名索引

Petty, R. E. 124, 134, 148, 176
Pham, M. T. 107, 108, 112
Pieters, R. 186
Pizarro, D. A. 111
Pracejus, J. 112
Price, L. L. 198

R
Raghunathan, R. 113
Ramaswami, S. N. 188
Ravid, S. A. 187
Ray, M. L. 145
Redelmeier, D. A. 109
Reid, L. N. 131
Reingen, P. H. 193
Reynolds, T. J. 106
Rogers, E. M. 198, 199
Rosenberg, M. J. 118
Rottenstreich, Y. 111
Royzman, E. B. 188
Rozin, P. 188
Russell, J. A. 168

S
佐々木土師二 35, 164, 166
佐藤　徳 107
里村卓也 186
Schau, H. J. 210
Schindeler, R. M. 183
Schouten, J. W. 209
Schreiber, C. A. 109
Schumann, D. 148
Schwartz, J. L. K. 125
Schwarz, N. 112, 113, 188
Scott, W. D. 33
Shampanier, K. 110
Shapiro, S. 85
Shaw, D. L. 195
Sheffield, F. D. 132
Sheppard, L. A. 114
Sherif, M. 138
Sherry, J. F. 205
Sheth, J. N. 42, 45, 51-53
Shiffrin, R. M. 77, 78
嶋村和恵 186
清水　聰 36
Shiv, B. 111
Simon, H. A. 74
Simonson, I. 144
Soley, L. C. 231
Solomon, M. R. 117, 122, 131, 132, 138, 196, 198, 202, 203
Spranger, E. 162

Starch, D. 33
Steenkamp, J. E. M. 212
Stiglits, J. E. 31
Strebel, J. 206
Stroebe, W. 88
杉本徹雄 121, 147, 185
杉谷陽子 188
Sundaram,D.S. 188
鈴木直人 107
Swanson, S. R. 198

T
田島義博 36
田路則子 185
高橋郁夫 36
竹村和久 35, 58, 62-63, 69-70, 72, 74, 76, 100
竹之内祥子 192
田中　洋 36, 100, 186
田尾雅夫 102
田崎篤郎 194, 195
Tellegen, A. 107
Thaler, R. H. 67, 68
Thaler, R. H. 109
Thayer, F. 82
Thompson, C. J. 204, 210
Toffler, A. 25
津上英輔 208
角田　潤 208
Tucker, W.T. 157
Tulving, E. 79
Tversky, A. 58, 59, 61, 63, 64, 66-68

U
Ulver, S. 214

V
Valenzuela, A. 206
Vicary, J. M. 82
Vohs, K. 188

W
Walker, C. 187
Walsh, C. E. 31
Walsh, G. 198
Wanke, M. 92
渡部千春 212
Watson, D. 107
Watts, D. J. 194, 197
Weber, E. U. 111
Webster, C. 188
Weinberger, M. G. 133

Weiss, W. 130
Welch, N. 111
Wells, R. 31
Wertenbroch, K. 113
Westfall, R. 157
Wetzer, I. M. 186
Wickens, T. D. 97
Wicker, A. W. 122
Wilkie, W. L. 179, 181
Williams, C. J. 126
Wilson, T. D. 109, 110
Wolfinbarger, M. 209
Woodside, A. G. 156, 180
Wright, M. 187

Y
矢口祐人 208
安田朝子 107
Yoo, C. Y. 93

Z
Zaichkowsky, J. L. 137, 146
Zajonc, R. B. 132
Zaltman, G. 106
Zeelenberg, M. 113, 186
Zeithaml, V. A. 108
Zhang, Y. 213

事項索引

ア 行
IAT　126
IDB 法　43
アイデンティティ　204
悪徳商法　175

EPPS　156
意見　160
意思決定　39
意思決定過程　58
一面提示　131
イノベーション　198
イノベータ　200
意味記憶　80
意味分析　85
インターネット　188
インターネット・ショッピング　15
インパクト・バイアス　109

VALS2　161
ウォンツ　100

HM 理論　102
AIO　160
SF 商法　175
SPT　21
エピソード記憶　80
MDS　169
エンゲル係数　16
エンド陳列　174

オピニオンリーダー　196
オンライン判断　94

カ 行
解釈主義的アプローチ　73
下位文化　202
買物行動　14
快楽追求的フレーミング　67
学際的研究　28
学習構成概念　44
革新者　200
家族　178
家族世帯　178
価値観　162
葛藤　112
活動性　160

カテゴリー　83
カテゴリー化　89
環境　152
環境要因　32
観察法　36
感情　99
感情価　107, 112
感情情報機能説　112, 114, 133
感情の関与　147
感情転移　112
関心　160
完全情報　31
関与　137
関連感情　108
関連陳列　174

記述　29, 153
機能的核磁気共鳴画像　74
気分　107
気分一致効果　113
逆行干渉　96
恐怖喚起コミュニケーション　131
近視眼的　111

偶発感情　108, 114
口コミ　183
口コミ・マーケティング　192
クラスター分析　159
グループ・インタビュー　105
グローバル・マーケティング　211

計画購買　172
計画的行動理論　124
経験感情　108, 110
経済型　162
計算論的アプローチ　71
決定関連感情　112
決定フレーム　58
決定方略　69
言語プロトコール法　62
顕在記憶　80
顕在的態度　125
検索仮説　97
検索性　189
限定商法　178
限定の意思決定　144, 145
限定の問題解決　46

権力型　162

後悔　113
高関与製品　139
後期多数採用者　200
広告　186, 202
行動意思決定論　74
行動意図モデル　123
行動経済学　31, 74
行動統制感　124
購買　53
購買意思決定　58, 186
購買意思決定過程　31
購買関与　139
購買行動　13
購買後行動　13
購買後評価　53
購買状況　169
購買状況関与　138
購買前行動　13
購買態度　166
購買動機　104
広範の問題解決　45
効用極大化　31
効用理論　59
合理性　166
合理的意思決定　31
合理的経済人　30, 74
合理的行為理論　123
顧客（消費者）志向　19
顧客満足　108
個人　152
個人差要因　32
個人特性　152
コミュニケーション状況　169
コミュニケーション戦略　75
コミュニケーションの2段階流れ仮説　195
コミュニケーションの双方向性　189
コンサマトリー　185

サ 行
SERVQUAL　108
サイコグラフィックス　154
最終消費者　12
サブリミナル広告　82
ZMET　106
産業財消費者　12

事項索引

三種の神器　16

CIP　146
自我関与研究　138
時間　171
自己スキーマ　92
自己知覚　176
自己知識　139
自己表現　185
市場細分化　21
市場の達人　197
辞書編集型　49
辞書編纂型　69
システマティック情報処理　124
質問紙調査法　36
社会型　162
社会経済的地位　158
社会経済的特性　154
社会的責任マーケティング　20
習慣的反応行動　46
宗教型　162
集団面接法　105
周辺のルート　148
主観的規範　124
準拠集団　181
順守干渉　96
状況要因　167
使用状況　169, 171
承諾先取要請法　176
情緒性　166
焦点化　109
焦点的注意　87
情動　107
消費行動　13
消費者　12
消費者情報処理パラダイム　34
消費情報処理モデル　46
消費者のネットワーク　191
消費者文化理論　204
消費目標　40
商品　15
情報環境　170
情報処理過程　158
情報処理能力　158
情報処理パラダイム　73
情報探索　52
情報モニタリング法　158
譲歩の要請法　176
初期採用者　200
初頭効果　98
処理水準モデル　79
新古典派経済学　30

新近性効果　98
新・三種の神器　16
深層面接法　105
心的会計　63
心的構成効果　58
審美型　162
信憑性　130
心理生理学的方法　37
心理的財布　63
心理的免疫システム　109
心理的リアクタンス　133

スキーマ　83
スクリプト　84
ステレオタイプ　84
スモールワールド理論　194
スリーパー効果　91

制御　29, 153
生産志向　18
精神分析学　156
精緻化見込みモデル　124, 148
精緻な推論　91
製品　15
製品関与　138
製品コンセプト　21
製品差別化　23
製品志向　18
製品知識　139
説得　127
説得的コミュニケーション　128
説明　153
説明的記述　29
前期多数採用者　200
線形代償型　49, 69
潜在記憶　80
潜在的態度　125
選択肢評価　53
選択ヒューリスティクス　48, 69
前注意処理　85

相互作用　152
属性処理型選択　48

タ 行

対抗活性化仮説　86
第三の波　17
態度　122
態度依拠型　69
態度参照型　48
大量陳列　174

他者志向　155
惰性　143
段階的要請法　176
弾丸モデル　194
単純化の心理　45
単純接触効果　87
知覚構成概念　44
知覚マップ　23
知覚リスク　140, 141
遅滞者　200
注意仮説　97
中心的ルート　148
低関与学習理論　137
低関与製品　139
デジタル三種の神器　16
デマンド　100
デモグラフィック・セグメンテーション　154
デモグラフィック特性　154
典型性　89
伝統志向　155
店頭マーケティング　61
店舗間買物行動　14
店舗内買物行動　14
店舗内環境　170
動因　99
動機づけ　99
統合感情　108, 110
特性論　155
特徴分析　85
特典付加法　177
トライアル　46

ナ 行

内部志向　155

ニーズ　100
二重過程モデル　124
二重貯蔵庫モデル　77
日本版CSI　108
ニューロマーケティング　74
認知的アクセシビリティ　94
認知的関与　148
認知的整合性理論　128
認知的不協和理論　128

ハ 行

パーソナリティ　155
バーチカル（垂直）陳列　174
PANAS　107

事項索引

バラエティ・シーキング 46,144
バランス理論 128
ハワード&シェスモデル 42
パワー品目 174
販売志向 19
反復 132

PII 146
皮下注射モデル 194
ピーク・エンドの法則 109
非計画購買 144,172
非代償型 69
ヒューリスティック情報処理 124
評価段階 60
標的市場の設定 21

複雑な購買意思決定 143,145
符号化変動性仮説 97
プライミング 81
ブランド 15
ブランド・エクステンション 207
ブランド構築 20
ブランド処理型選択 47
ブランド・スイッチ 145
ブランド・ロイヤルティ 143
ブランドコミットメント 148
フレーミング効果 58
プロシューマー 17
プロスペクト理論 60
プロセス分析法 36
文化的意味 203
分離型 49,69

編集段階 60
返報性 184

忘却 96
ポジショニング 23
POSデータ 37

マ 行

マーケット・セグメンテーション 154
マーケティング 59
マーケティング・ミックス 23
マーケティング・リサーチ 30
マス・コミュニケーション 194

右側優位の原則 174

魅力 130

無関連感情 108

メタ認知 72,92
メッセージ反応関与 138
メモリベース判断 94
面接法 36

目標階層構造 40
モデル 32
MODEモデル 124
モチベーション・リサーチ 33,104
問題意識 51

ヤ 行

役割 180

誘因 100
ユーモア 132

予期感情 108
予測 29,153
欲求 99
欲求階層説 100
弱い紐帯の強さ 191

ラ・ワ 行

ライフスタイル 159
ラガード 200
ラダリング法 106

理解 90
利他行動 184
流行 140
両面提示 131
リレーションシップ・マーケティング 19
理論型 162

類型論 155
ルーティン的問題解決 145

RECスケール 166
レビンの図式 152
連結型 49,69
連想ネットワーク 82

ワーキングメモリ 79
悪い口コミ 185

執筆者 (執筆順, (　) 内は執筆担当箇所, ＊は編者)

＊杉本　徹雄 (すぎもと　てつお)　上智大学経済学部教授（1・2・3章・7章1節, 2節）

竹村　和久 (たけむら　かずひさ)　早稲田大学文学学術院教授（4章）

棚橋　菊夫 (たなはし　きくお)　流通科学大学人間社会学部教授（5章）

秋山　学 (あきやま　まなぶ)　神戸学院大学心理学部教授（6章）

杉谷　陽子 (すぎたに　ようこ)　上智大学経済学部准教授（7章3節, 4節・11章）

前田　洋光 (まえだ　ひろみつ)　京都橘大学健康科学部心理学科准教授（8章）

永野　光朗 (ながの　みつろう)　京都橘大学健康科学部心理学科教授（9・10章）

牧野　圭子 (まきの　けいこ)　成城大学文芸学部教授（12章）

新・消費者理解のための心理学

2012年4月15日　初版第1刷発行
2019年1月20日　　　第5刷発行

編著者　　杉 本 徹 雄
発行者　　宮 下 基 幸
発行所　　福村出版株式会社
　　　〒113-0034　東京都文京区湯島2-14-11
　　　　　　　　　電　話　03-5812-9702
　　　　　　　　　ＦＡＸ　03-5812-9705
　　　　　　https://www.fukumura.co.jp
　　　印刷・モリモト印刷株式会社　製本・協栄製本株式会社

© Tetsuo Sugimoto　2012
Printed in Japan
ISBN978-4-571-25040-8　C3011
乱丁・落丁本はお取替えいたします。
定価はカバーに表示してあります。

福村出版◆好評図書

堀 洋道 監修／吉田富二雄・松井 豊・宮本聡介 編著
新編 社会心理学〔改訂版〕
◎2,800円　ISBN978-4-571-25036-1　C3011

豊富な図表とともに丁寧な説明を加えた入門書。最新の成果を盛り込み、オーソドックスでありつつ up-to-date な内容。

藤森立男・矢守克也 編著
復興と支援の災害心理学
●大震災から「なに」を学ぶか
◎2,400円　ISBN978-4-571-25041-5　C3011

過去に起きた数々の大震災から、心の復興・コミュニティの復興・社会と文化の復興と支援の可能性を学ぶ。

米谷 淳・米澤好史・尾入正哲・神藤貴昭 編著
行動科学への招待〔改訂版〕
●現代心理学のアプローチ
◎2,600円　ISBN978-4-571-20079-3　C3011

行動科学は現代社会で直面するさまざまな問題の解決に有効である。より学びやすく最新情報を盛り込んで改訂。

藤田主一 編著
新 こころへの挑戦
●心理学ゼミナール
◎2,200円　ISBN978-4-571-20081-6　C3011

脳の心理学から基礎心理学、応用心理学まで幅広い分野からこころの仕組みに迫る心理学の最新入門テキスト。

日本応用心理学会 企画／大坊郁夫・谷口泰富 編
現代社会と応用心理学 2
クローズアップ「恋愛」
◎2,400円　ISBN978-4-571-25502-1　C3311

若者の恋愛、同性愛、おとなの恋愛、結婚、離婚、浮気、夫婦関係、家族……現代社会の恋愛にフォーカス！

日本応用心理学会 企画／浮谷秀一・大坊郁夫 編
現代社会と応用心理学 5
クローズアップ「メディア」
◎2,400円　ISBN978-4-571-25505-2　C3311

日々目まぐるしく変化を遂げるメディア。21世紀の現代社会と人間関係を象徴するトピック満載。

日本応用心理学会 企画／谷口泰富・藤田主一・桐生正幸 編
現代社会と応用心理学 7
クローズアップ「犯罪」
◎2,400円　ISBN978-4-571-25507-6　C3311

犯罪心理はもとより、現代の犯罪の特徴から犯罪をとりまく事象を25のトピックで解説。現代社会の本質に迫る。

◎価格は本体価格です。